Schriftenreihe

Sozialpädagogik
in Forschung und Praxis

Band 25

ISSN 1615-1151

Verlag Dr. Kovač

„Frühe Hilfen" als soziale Unterstützung.

Eine Evaluation des Modellprojekts „Starke Mütter – Starke Kinder".

Inauguraldissertation zur Erlangung des
Akademischen Grades eines
Dr. phil.

vorgelegt dem Fachbereich 02 Sozialwissenschaften, Medien und Sport

der Johannes Gutenberg-Universität

Mainz

von

Sabine Krömker, geb. Haase

aus Ludwigshafen am Rhein

2011

Die vorliegende Arbeit wurde vom Fachbereich 02 Sozialwissenschaften, Medien und Sport der Johannes Gutenberg-Universität Mainz im Jahr 2011 als Dissertation zur Erlangung des akademischen Grades eines Doktors der Philosophie (Dr. phil.) angenommen.

Referent: Prof. Dr. Franz Hamburger

Korreferent: Prof. Dr. Heiner Ullrich

Tag des Prüfungskolloquiums: 10. August 2011

Sabine Krömker

„Frühe Hilfen" als soziale Unterstützung

Eine Evaluation des Modellprojekts
„Starke Mütter – Starke Kinder"

Verlag Dr. Kovač

Hamburg
2012

VERLAG DR. KOVAČ GMBH
FACHVERLAG FÜR WISSENSCHAFTLICHE LITERATUR

Leverkusenstr. 13 · 22761 Hamburg · Tel. 040 - 39 88 80-0 · Fax 040 - 39 88 80-55

E-Mail info@verlagdrkovac.de · Internet www.verlagdrkovac.de

Die Veröffentlichung wurde durch den CLEMENTIA Verein zur Förderung gemeinnütziger und kirchlicher Zwecke e.V. sowie durch die Wagener-Stiftung unterstützt.

Bibliografische Information der Deutschen Nationalbibliothek
Die Deutsche Nationalbibliothek verzeichnet diese Publikation
in der Deutschen Nationalbibliografie;
detaillierte bibliografische Daten sind im Internet
über http://dnb.d-nb.de abrufbar.

ISSN: 1615-1151

ISBN: 978-3-8300-6010-9

Zugl.: Dissertation, Johannes Gutenberg-Universität Mainz, 2011

© VERLAG DR. KOVAČ GmbH, Hamburg 2012

Umschlagillustration: Sabine Krömker

Meinen Kindern Jakob und Lya

Dank

Die Zeit des Promovierens geht mit vielen Entbehrungen, aber auch mit sehr vielen schönen und bereichernden Momenten einher.

An dieser Stelle möchte ich all den Menschen danken, die mich in den letzten fünf Jahren begleitet und die Zeit des Promovierens so für mich zu einer sehr schönen Zeit haben werden lassen.

Besonderer Dank gilt meinem Doktorvater Universitätsprofessor Dr. Franz Hamburger, dessen Betreuung sich nicht nur durch eine herausragende fachliche Kompetenz, sondern auch durch ein hohes Maß an Menschlichkeit auszeichnete.

Weiter danke ich meinen Kolleginnen Lisa Baum, Nadine Bondorf, Dr. Frauke Choi, Silke Schuster, Nicole von Langsdorff und Svetlana Bojcetic für die engagierten Diskussionen, die ich mit ihnen führen durfte sowie für die vielfältigen Rückmeldungen, die moralische Unterstützung und die vielen schönen Augenblicke, die sich im Rahmen unserer Arbeitstreffen ergaben.

Ich danke dem Deutschen Kinderschutzbund Mainz e.V., allen voran der Projektleiterin des Projektes „Starke Mütter – Starke Kinder" und jetziger Leiterin des „El KiKo – international" Marion Biesemann sowie allen am Projekt beteiligten Familien und ehrenamtlichen MitarbeiterInnen für die gute Zusammenarbeit und das Vertrauen, das sie mir und meiner Arbeit entgegengebracht haben.

Meiner Freundin und Kollegin Dr. Angelika Treibel danke ich in besonderem Maße für das Interesse an meiner Arbeit, die zahlreichen fachlichen und methodischen Diskussionen, die wir darüber geführt haben sowie für die intensive Aufmunterung in schwierigen Phasen.

Auch danke ich meinen Freundinnen Silke Huber, Annett Kovar und Anuschka Hiller, die mir in allen Lebenslagen eine große Stütze sind.

Nicht zuletzt danke ich meiner Familie: Meinem Ehemann Joachim, meinen Kindern Jakob und Lya sowie meinen Eltern, ohne deren Liebe, Unterstützung und Geduld diese Arbeit niemals zustande gekommen wäre.

Inhaltsverzeichnis

Verzeichnis der Abkürzungen

ALG II	Arbeitslosengeld II
AOK	Allgemeine Ortskrankenkasse
ASD	Allgemeiner Sozialer Dienst
AWO	Arbeiterwohlfahrt
AZ	Allgemeine Zeitung
BMFSFJ	Bundesministerium für Familie, Senioren, Frauen und Jugend
BSG	Hamburger Behörde für Soziales, Familie, Gesundheit und Verbraucherschutz
BtM	Betäubungsmittel
BZgA	Bundeszentrale für gesundheitliche Aufklärung
DiCV	Diözesan-Caritasverband
DJI	Deutsches Jugendinstitut
DKSB	Deutscher Kinderschutzbund
DRK	Deutsches Rotes Kreuz
El Ki*Ko*	Eltern-Kind-Kompetenzzentrum
JVA	Justizvollzugsanstalt
MBWJK	Ministerium für Bildung, Wissenschaft, Jugend und Kultur
NZFH	Nationales Zentrum Frühe Hilfen
SKF	Sozialdienst katholischer Frauen

SPAZ   Sozialpädagogisch allgemeinbildendes Zentrum (Mainzer Gesellschaft für berufsbezogene Bildung und Beschäftigung)

SPFH   Sozialpädagogische Familienhilfe (nach §31 SGB VIII)

VHS   Volkshochschule

WHO   World Health Organization (Weltgesundheitsorganisation)

WHOQOL   World Health Organization Quality of Life

Teil 1:
Frühe Hilfen in Deutschland am Beispiel der wissenschaftlichen Begleitung des Modellprojekts „Starke Mütter – Starke Kinder"

1 Einleitung

Die ersten drei Lebensjahre eines Kindes sind aus entwicklungspsychologischer Perspektive die intensivste Zeit des Lernens und können den Zugang zu den Bildungssystemen grundlegend öffnen. Gleichzeitig sind die ersten Lebensjahre auch mit großen Unsicherheiten auf Seiten der Eltern verbunden, da diese „alles richtig machen" und ihren Kindern eine positive Entwicklung ermöglichen möchten. Dieser Anspruch stellt eine Herausforderung dar, die auch zu Überforderungs- oder Überlastungssituationen führen kann. Aus diesen Erkenntnissen heraus wurden in den letzten Jahren bundesweit Projekte im Bereich der „Frühen Hilfen" ins Leben gerufen die darauf zielen, Eltern und Kinder in dieser frühen Phase kindlicher Entwicklung zu unterstützen.

Das in dieser Arbeit evaluierte Modellprojekt „Starke Mütter – Starke Kinder" des Deutschen Kinderschutzbundes Mainz e.V. kann diesen „Frühen Hilfen" zugeordnet werden und orientiert sich an den Bedürfnissen der Kinder in dieser sensiblen ersten Lebensphase. Zielsetzung des Projekts ist es, die Erziehungskompetenz der Eltern zu erweitern und damit gleichermaßen Förderung für das Kind als auch Entlastung für die Eltern zu ermöglichen. Das Ausgangskonzept, das sich vor allem an Schwangere und Familien mit Kindern im Alter von acht Wochen oder älter richtete, hatte zum Ziel, Eltern oder allein erziehenden Elternteilen über aufsuchende, individuelle Begleitung im Rahmen so genannter „Erziehungspartnerschaften" Hilfe und Anregung im Alltag zur frühen Förderung des Babys anzubieten. Diese Unterstützung erfolgte „auf Augenhöhe" durch Mütter, die aus dem gleichen Stadtteil stammten und zuvor zur „Erziehungspartnerin" geschult wurden. Die Fokussierung auf die Mütter, die im Projektnamen zum Ausdruck kommt, ist nicht im Sinne einer Ausgrenzung von Vätern zu verstehen (- im Rahmen des Gesamtprojekts gab es auch Angebote für beide Elternteile), sondern sie ist der Tatsache geschuldet, dass die angestrebte Niedrigschwelligkeit des Projekts aus Sicht der Mütter eher gewährleistet ist, wenn es sich um Hilfen von „Frauen für Frauen" handelt.

Das Modellprojekt „Starke Mütter – Starke Kinder" startete im Oktober 2005 in der Mainzer Neustadt und wurde durch das Ministerium für Bildung, Wissenschaft, Jugend und Kultur (MBWJK) Rheinland-Pfalz unterstützt. Die wissen-

schaftliche Begleitung fand durch das Zentrum für Bildungs- und Hochschulfor-
schung (ZBH) der Johannes Gutenberg-Universität Mainz unter der Leitung von
Univ.-Prof. Dr. Franz Hamburger statt und stellt die Grundlage dieser Arbeit
dar.

Ein zentrales Element des Projektes war es, die ursprüngliche Projektidee bei
Bedarf zu erweitern oder zu modifizieren. Hierbei spielte die Methode der
formativen Evaluation, wie sie durch die wissenschaftliche Begleitung umgesetzt wurde, eine wesentliche Rolle. Diese, das Projekt nicht ausschließlich
abschließend beurteilende, sondern den Projektverlauf permanent begleitende
Methode, bietet die Möglichkeit, wichtige Ergebnisse noch im Projektverlauf an
die Projektleitung zurückzumelden. Die Erkenntnisse fließen so direkt in die
konzeptionelle Weiterentwicklung des Projektes ein. Auf diese Weise können
Defizite schnell erkannt und neue Strategien erprobt werden, weshalb diese
wissenschaftliche Methode sich besonders gut für die Begleitung von Modellprojekten eignet, die eine Weiterentwicklung im Projektverlauf anstreben und
somit nicht „linear", sondern „zirkulär" ausgerichtet sind.

In den drei Jahren Projektlaufzeit (2005 – 2008) wurde die ursprüngliche Projektidee in einigen Punkten stark modifiziert. Außerdem war es aufgrund des
großen Projekterfolges möglich, das Projekt nach Ablauf der drei Jahre zu
institutionalisieren und in Form eines Eltern-Kind-Kompetenzzentrums („El
KiKo – international") im Stadtteil als feste Anlaufstelle für Familien mit Kleinkindern zu etablieren.

Die wissenschaftliche Begleitung des Projektes fand auf drei Ebenen statt:
Zum einen wurde das Projekt „Starke Mütter – Starke Kinder" evaluativ begleitet, d.h. alle Schritte des Projektes wie z.B. die Erziehungspartnerinnenschulung,
die vermittelten Erziehungspartnerschaften, aber auch die Öffentlichkeitsarbeit
oder die Einführung neuer Kurse wurden evaluiert. Diese Evaluationsergebnisse
trugen dazu bei, neue Ideen für eine Optimierung des Projektes zu entwickeln.

Die zweite Ebene ist die Entwicklung des Modellprojektes „Starke Mütter –
Starke Kinder" hin zum Eltern–Kind–Kompetenzzentrum „El KiKo – international". Diese Entwicklung fand zum einen aufgrund diverser Projektmodifikatio-
nen, zum anderen aufgrund des großen Projekterfolges im Stadtteil statt. Auch

diese Entwicklung wurde wissenschaftlich begleitet. Hier kann zum Beispiel die Evaluation der offenen Projektangebote, die aufgrund der ermittelten Nachfrage schrittweise hinzukamen, genannt werden.

Als dritte Ebene der wissenschaftlichen Begleitung lässt sich die Darstellung der Erziehungspartnerschaften aus Sicht der Akteurinnen beschreiben. Aufgrund ermittelter Ambivalenzen gegenüber diesem Modell sowie aufgrund nur weniger vermittelter Erziehungspartnerschaften ergab sich die Notwendigkeit einer intensiveren Betrachtung dieser Form der aufsuchenden Arbeit durch ehrenamtliche Mitarbeiterinnen. Diese erfolgten anhand der Durchführung leitfadengestützter Interviews sowohl mit begleiteten Müttern als auch mit deren Erziehungspartnerinnen. Die Interpretationen der Interviews lassen eingehende Reflexionen der Erziehungspartnerschaften zu, aus denen sich relevante Hinweise für die Weiterentwicklung des Angebotes sowie ähnlich konzipierter Angebote anderer Projekte ergeben.

Die vorliegende Arbeit ist in zwei Teile gegliedert und beschreibt alle drei Ebenen der wissenschaftlichen Begleitung. Der erste Teil beinhaltet eine Bestandsaufnahme an Projekten aus dem Bereich „Frühe Hilfen" in Deutschland sowie einen Blick auf den Forschungsstand in diesem Bereich. Anschließend wird die wissenschaftliche Begleitung des Modellprojektes „Starke Mütter – Starke Kinder" und dessen Entwicklung hin zum Eltern-Kind-Kompetenzzentrum „El KiKo – international" ausführlich dargestellt. Im zweiten Teil der Arbeit wird das Konzept der „Erziehungspartnerschaft" anhand qualitativer Analysen reflektiert und Hinweise, die sich aus den Reflexionen für die Entwicklung derartiger Angebote ergeben, erarbeitet. Die Arbeit endet mit einer Zusammenfassung sowie der Darstellung der sich aus den Ergebnissen dieser Arbeit ergebenden Forschungsdesiderate.

2   Frühe Hilfen in Deutschland

Immer wieder – und man hat den Eindruck, in den letzten Jahren immer häufiger
– sind der Presse Meldungen von Kindesvernachlässigung, Kindesmisshandlung
bis hin zur Kindstötung zu entnehmen. Der Tod des zwei Jahre alten Kevin aus
Bremen im Oktober 2006 sowie das Unglück der – trotz aller Rettungsversuche
am 22. November 2007 in der Schweriner Notaufnahme – verstorbenen Lea-
Sophie sind Beispielfälle, die besonders in den Blick der Öffentlichkeit gerieten
und die Bevölkerung für die Themen „Kindesvernachlässigung" und „Kindeswohlgefährdung" sensibilisiert haben.

Die meisten Fälle von Verwahrlosung und Misshandlung geschehen innerhalb
der Familie – dem Ort, an dem Kinder Schutz und Geborgenheit erfahren sollen.
Gerade wenn Kinder klein sind und die Geborgenheit der Familie am dringends-
ten benötigen, sind sie am meisten gefährdet. Kommt es zu schweren Fällen von
Misshandlung und Vernachlässigung innerhalb der Familie, waren die Eltern
meist mit der Situation überfordert. Jugendämter und Jugendhilfe geraten in die
Kritik, da sie häufig über Missstände in den Familien informiert waren. An den
Trauerstätten sind, neben unzähligen Kerzen und Kuscheltieren, die der Trauer
der Bevölkerung Ausdruck verleihen, immer wieder ähnliche Plakate zu lesen:
„Warum?" und „Schon wieder" fassen die Ratlosigkeit und Betroffenheit der
Bevölkerung in wenigen Worten zusammen. Leider sind Eltern in der heutigen
Zeit häufig auf sich selbst gestellt, wenn es um die Erziehung und Versorgung
ihrer Kinder geht. Viele Familien leben isoliert in ihrer Kleinfamilie, so dass
familiäre oder nachbarschaftliche Hilfe häufig nicht mehr greifen. Kommen
weitere psychosoziale Belastungsfaktoren wie Arbeitslosigkeit, Armut, Sucht,
psychische Erkrankung, Partnerschaftskonflikte oder eigene negative Kindheits-
erfahrungen hinzu, ist eine ausreichende Fürsorge für die Kinder von Seiten der
Eltern in manchen Fällen nicht mehr möglich. Auch Besonderheiten auf Seiten
des Kindes, wie z.B. Verhaltensauffälligkeiten oder Behinderung, spielen eine
wichtige Rolle bei der Aufsummierung der Gesamtbelastung. In diesen Fällen
sind die Eltern auf staatliche und private Hilfen angewiesen. Hier ist es sinnvoll,
die Hilfen so früh wie möglich anzusetzen, möglichst, bevor sich ungünstige
Entwicklungsverläufe manifestiert haben. Eltern können so frühzeitig lernen,

mit schwierigen und stressigen Situationen umzugehen. Im Rahmen der Elternbildung lernen Eltern, die Bedürfnisse und Signale ihres Kindes besser zu verstehen, den Entwicklungsstand des Kindes realistisch einzuschätzen und angemessen auf ihr Kind einzugehen, was eine positive Interaktion und somit auch
die Bindung zwischen Eltern(-teil) und Kind unterstützt. Der Aufbau einer
sicheren Bindung bildet wiederum die Grundlage für das kindliche „Kennen
lernen" der Welt sowie die Entfaltung seiner motorischen, kognitiven und
emotionalen Potenziale (vgl. Suess, Scheuer-Englisch & Pfeifer, 2001, Esser &
Weinel, 1990, S. 22).

Durch einen frühzeitigen positiven Kontakt zu einer sozialen Einrichtung wissen
die Eltern darüber hinaus, wohin man sich im Falle einer Überforderung oder
Überlastung unbürokratisch und ohne die Gefahr, aufgrund seiner Probleme
stigmatisiert zu werden, wenden kann. Denn genau in der Angst vor Stigmatisierung steckt auch die Gefahr. Gerade aufgrund der negativen Presse zum Thema
Kindesvernachlässigung und Kindstötung fällt es Eltern zunehmend schwer,
eine Überforderung zuzugeben, da immer die Angst mitschwingt, als „gefährde-
te" Familie eingestuft zu werden oder gar das Kind oder die Kinder vom Jugendamt entzogen zu bekommen. Diese Angst war auch im Fall der fünf Jahre
alten Lea-Sophie bei den Eltern vorherrschend. Wie einer Pressemeldung des
Spiegel-Online vom 13. April 2008 zu entnehmen ist, starb Lea-Sophie nicht
aufgrund einer bösen Absicht der jungen, unerfahrenen Eltern, sondern vielmehr
aufgrund völliger Unkenntnis kindlichen Verhaltens sowie der Angst, beide
Kinder zu verlieren, wenn man Hilfe holte (Friedrichsen, 2008). Auch der Tod
des vierjährigen Angelo im Mai 2003 wäre zu verhindern gewesen, hätte die
Mutter, die außer für Angelo für weitere sechs Kinder Sorge zu tragen hatte, den
Mut gefunden, sich nach einer starken Verbrennung Angelos unter der Dusche
an einen Arzt zu wenden. Stattdessen verabreichte sie Angelo eine Fettsalbe und
Quarkwickel aus Angst, alle Kinder an das Jugendamt zu verlieren. Angelo starb
zehn Tage später an den Folgen seiner schweren Verbrennungen (Haarhoff,
2007).

Eine gewisse oder zeitweise Überforderung im Zusammenleben mit kleinen
Kindern ist ein normales Phänomen, das in allen gesellschaftlichen Schichten
vorkommt. Es ist daher sinnvoll und möglich, Programme für frühe Hilfen so

einzurichten, dass sich *alle* Eltern Rat oder Unterstützung holen können, wenn sie diese benötigen.

Liegle (2003) schlägt in seinem Beitrag „Sollte es einen ‚Elternführerschein' geben, um mehr ‚Sicherheit' im ‚Familienverkehr' zu gewährleisten?" etwas provokativ einen Elternführerschein für werdende Eltern vor, um Familienbildung für *alle* werdenden Eltern zu gewährleisten (Liegle, 2003, S. 140). Wie Lösel (2006) zeigen konnte, werden Familienbildungsangebote in Deutschland bislang vorwiegend von bildungsnahen Familien der mittleren und höheren sozialen Schichten wahrgenommen (Lösel, 2006, S. 9; vgl. Kap. 2.3).

Vor dem Hintergrund eines präventiven und weniger kontrollierenden Vorgehens hat die Bundesregierung das Aktionsprogramm „Frühe Hilfen" ins Leben gerufen. Ziel ist es, den Schutz von Kindern vor Vernachlässigung und Misshandlung zu verbessern, insbesondere durch die Stärkung der Erziehungskompetenz ihrer Eltern.

Im Abschnitt 2.1 wird der Begriff der „Frühen Hilfen" näher erläutert, in Abschnitt 2.2 werden beispielhaft Projekte im Bereich „Frühe Hilfen" aus den einzelnen Bundesländern vorgestellt. Abschnitt 2.3 gibt einen Überblick über Evaluationsstudien zum Thema „Frühe Hilfen" in Deutschland.

2.1 Zum Begriff der „Frühen Hilfen"

In den letzten Jahren war in der Bundesrepublik ein starker Zuwachs an Projekten und Initiativen zu beobachten, die sich den „Frühen Hilfen" in Familien mit Kindern im Alter von 0 bis 3 Jahren widmen.

Um einen besseren Überblick über Inhalte und Arbeitsweise der Projekte zu erlangen sowie eine Vernetzung der einzelnen Projekte untereinander anzustreben, hat die Bundesregierung „zum besseren Schutz von Säuglingen und Kleinkindern vor Vernachlässigung und Misshandlung" das Aktionsprogramm „Frühe Hilfen für Eltern und Kinder und soziale Frühwarnsysteme" ins Leben gerufen (Bundesministerium für Familie, Senioren, Frauen und Jugend (BMFSFJ), 2007, S.1). Im Mittelpunkt stehen dabei die Förderung der Zusammenarbeit von Kinder- und Jugendhilfe und dem Gesundheitswesen sowie die wissensbasierte

Weiterentwicklung von Hilfeansätzen. Im Zuge dieses Programms wurde das Nationale Zentrum Frühe Hilfen (NZFH) eingerichtet, das unter anderem Modellprojekte in den einzelnen Bundesländern koordiniert (Sann & Schäfer, 2008, S. 103).

Träger des NZFH sind die Bundeszentrale für gesundheitliche Aufklärung (BZgA) und das Deutsche Jugendinstitut (DJI). Das NZFH hat im März 2007 seine Arbeit aufgenommen. In der Selbstbeschreibung auf der Website des Zentrums sind die Zielsetzungen wie folgt beschrieben:

„Das Zentrum unterstützt die Praxis dabei, familiäre Belastungen früher und effektiver zu erkennen und bedarfsgerechte Unterstützungsangebote bereitzustellen. Die gemeinsame Trägerschaft soll Ausdruck sein für die beispielgebende Entwicklung multiprofessioneller Kooperationen im Arbeitsfeld Frühe Hilfen" (NZFH, 2009).

Der Begriff „Frühe Hilfen" bezeichnet gemäß dem Aktionsprogramm BMFSFJ präventiv ausgerichtete Unterstützungs- und Hilfsangebote für Eltern ab Beginn einer Schwangerschaft bis etwa zum Ende des dritten Lebensjahres eines Kindes. Sie richten sich vorwiegend an Familien in belastenden Lebenslagen mit geringen Bewältigungsressourcen. Dabei sollen Eltern frühzeitig zur Inanspruchnahme passender Angebote zur Stärkung der Erziehungskompetenz motiviert werden (NZFH, 2008, S.9). Das Aktionsprogramm „Frühe Hilfen" richtet sich an Familien in sehr unterschiedlichen Lebenslagen und mit unterschiedlichem sozialen Hintergrund, da Überforderung im familiären Kontext nicht nur ein Problem der sozial schwächeren und bildungsferneren Familien ist. Aus diesem Grund benötigen Familien „eher individualisierte, aufsuchende, sozialraumorientierte Hilfeformen, die die Förderung einer positiven Eltern-Kind-Interaktion mit vielfältiger alltagspraktischer Unterstützung verbinden, die zeitlich flexibel auf den Bedarf der Familien reagieren und eine längerfristige Begleitung und Betreuung umfassen" (DJI, 2006, S. 75). Gerade die flexible Orientierung am Bedarf der Familien scheint ein entscheidendes Merkmal zu sein, wenn man möglichst viele Familien mit unterschiedlichen Bedürfnissen und Hintergründen erreichen möchte.

Peveling (2008) betont, dass gerade aufsuchende Elternarbeit eine entsprechende Kundenorientierung aufweisen muss. Da Eltern nicht verpflichtet sind, Hilfe
anzunehmen, muss ihnen ein attraktives Angebot unterbreitet werden, welches
sie zur Mitarbeit motiviert. Dies setzt ein vorbehaltloses, empathisches Zugehen
auf Eltern voraus, auch wenn diese möglicherweise zunächst wenig Motivation
und Entgegenkommen zeigen und unter Umständen einen Lebensstil aufweisen,
der den Besucherinnen und Besuchern völlig fremd ist (Peveling, 2008, S. 76).

Kindler (2007) stellt in einer Analyse des Forschungsstandes zur Kindeswohlgefährdung fest, dass in Bezug auf die Forschung zur Qualität der Arbeit des
Kinderschutzsystems gravierende Wissenslücken vorhanden sind, die es in den
nächsten Jahren zu schließen gilt (Kindler, 2007, S. 41). Derzeit wird versucht,
einen Teil dieser Wissenslücken im Rahmen zahlreicher Modellprojekte in den
einzelnen Bundesländern sowie deren zugehörigen wissenschaftlichen Begleit-
forschungen zu schließen. Im folgenden Abschnitt wird die Entwicklung der
„Frühen Hilfen" in Deutschland anhand einer beispielhaften Aufzählung und
Beschreibung von 61 Modellprojekten aus den unterschiedlichen Bundesländern
aufgezeigt werden.

Der Begriff der „Frühen Hilfen" wird hier und im Folgenden als Oberbegriff für
alle Angebote verwendet, bezeichnet also nicht nur das Aktionsprogramm des
BMFSFJ.

2.2 Projekte „Früher Hilfen" in Deutschland

Projekte zur frühen Förderung von Kindern unter drei Jahren existieren in der
Bundesrepublik Deutschland mittlerweile in hoher Anzahl. Dabei handelt es sich
meist um kleinere (Stadtteil-) Projekte, die zum Ziel haben, einen Zugang zu
Familien mit erhöhtem psychosozialem Belastungsrisiko zu schaffen. Diese
Projekte weisen eine große Unterschiedlichkeit auf und sind in den meisten
Fällen nicht länderübergreifend angelegt sondern auf den Kontext lokaler Be-
dingungen begrenzt.

Tabelle 6 (Anhang B) bietet einen tabellarischen Überblick über 61 Programme,
die in den einzelnen Kommunen und Bundesländern stattfinden und in den
Forschungsbereich „Frühe Hilfen" fallen, d.h. Förderung und Unterstützung für

Familien mit Kindern im Alter von 0-3 Jahren bieten. Die Projekte werden im Rahmen dieser Arbeit vorgestellt, jedoch nicht bewertet. Die Eruierung und Beschreibung der Projekte entstammen sowohl eigenen Recherchen als auch Studien des Deutschen Jugendinstituts (DJI) (Helming, Sandmeier, Sann & Walter, 2006) sowie des Nationalen Zentrums Frühe Hilfen (NZFH, 2008).

Schmucker (2008, S. 143) schlägt für eine übersichtsartige Darstellung von Frühförderprojekten eine Kategorisierung nach folgenden Fragen vor:

- Was wird angeboten?Wer bietet an?
- Welche Zielsetzungen werden verfolgt?
- Wie erfolgt die konkrete Umsetzung?
- Wer wird erreicht?
- Welche Maßnahmen der Qualitätssicherung werden ergriffen?

Dieser Vorschlag wurde für die Erstellung von Tabelle 6 (Anhang B) aufgegriffen und in modifizierter Form anhand der Kategorien

- Name des Projekts
- Wer bietet an?
- Land/Region/Ort
- Zielgruppe
- Zielsetzung
- Methodik
- Maßnahmen der Qualitätssicherung?
- URL

umgesetzt.

Bei Betrachtung der aufgelisteten Projekte (Tab. 6, Anhang B) aus dem Bereich „Frühe Hilfen" fällt auf, dass kein einheitliches, länderübergreifendes Konzept in diesem Bereich besteht, auch wenn in allen Bundesländern Projekte angeboten und durchgeführt werden und einige Projekte durchaus Standorte in mehreren Bundesländern haben. Die einzelnen Projekte unterscheiden sich in ihren Inhalten und lassen sich im Wesentlichen nach den von Helming et al., 2006, S.26) vorgeschlagenen Dimensionen differenzieren (vgl. Kap. 2.3).

Somit sprechen sie unterschiedliche und auch unterschiedlich breite Zielgruppen an und variieren in der Angebotsbreite sowie in den angewandten Methoden und Vorgehensweisen. Die Projekte können auf spezielle Zielgruppen, wie z.b. sehr junge Eltern, Eltern mit psychischer Erkrankung, Familien mit Migrationshintergrund oder Familien in schwierigen Lebenslagen ausgerichtet sein. Es existieren jedoch auch viele Projekte, die sich an keine bestimmte Adressatengruppe richten und somit für alle Familien mit Kindern im Alter von 0-3 Jahren zugänglich sind. Programme „Früher Hilfen" können in Form aufsuchender Arbeit durch geschulte MultiplikatorInnen[1], Hebammen, Jugendamts- oder GesundheitsamtmitarbeiterInnen erfolgen oder als offene Angebote am Projektstandort angeboten werden. Häufig findet sich bei den Projekten eine Kombination aus offener und aufsuchender Arbeit. Ziel der aufsuchenden Arbeit ist in erster Linie die Bereitstellung von Informationen sowie von Hilfe und Organisation im Alltag. Als offene Angebote sind v.a. Elternbildungs- und Begegnungsangebote sowie Kinderbetreuungs- und Förderungsangebote zu nennen. Die Programme können der Jugendhilfe, der Gesundheitshilfe und/oder dem Bildungssektor zugeordnet werden. Die Finanzierung der Projekte erfolgt zum Teil über die Länder und Kommunen, aber auch Stiftungen und freie Träger sind häufig an einer Finanzierung und Unterstützung der Projekte interessiert.

Die Zielsetzungen der einzelnen Programme ähneln sich sehr stark und erstrecken sich von der Stärkung der Erziehungskompetenz der Eltern und der daraus resultierenden Vorbeugung von Überforderungssituationen hin zum Brückenbau zwischen isolierten Familien und entsprechenden Beratungs- und Begegnungsangeboten.

Die meisten Projekte zielen zwar auf eine präventive Arbeit, jedoch wird zum Teil in der Zielsetzung der Projekte auch eine frühzeitige Erkennung von Kindeswohlgefährdung klar formuliert. Der Anspruch der Niedrigschwelligkeit wird in nahezu allen Projekten formuliert.

---

[1] In der vorliegenden Arbeit wird das „Binnen-I" zur Vermeidung des generischen Maskulinums verwendet. Angesichts des hohen Anteils weiblicher Akteurinnen im Rahmen dieser Arbeit ist die *Betonung* des Anteils weiblicher Personen, der dieser Schreibform innewohnt, zu vertreten.

Ein weiterer wichtiger Baustein der Projekte scheint eine intensive und zuverlässige Kooperation zwischen bzw. mit Hebammen, GynäkologInnen, Kinderärz-
tInnen, Geburtskliniken, Jugendämtern und unterschiedlichen sozialen Trägern
zu sein.

Viele Projekte werden im Sinne einer Qualitätssicherung wissenschaftlich
begleitet.

2.3   Evaluationsstudien im Bereich „Frühe Hilfen" in Deutschland

Wie Abschnitt 2.2 zeigt, existieren mittlerweile bundesweit zahlreiche Modelle
und Projekte, die es sich zum Ziel gemacht haben, Familien mit Säuglingen und
Kleinkindern bereits sehr früh zu fördern und zu unterstützen, um eine positive
Eltern-Kind-Interaktion zu fördern und Kindesvernachlässigungen und Kindes-
misshandlungen entgegenzuwirken. Allerdings ist ebenso erkennbar, dass die
Projekte häufig auf den Kontext lokaler Bedingungen begrenzt sind.

Die am Ende wichtigste Frage, nämlich die, inwieweit die Projekte ihre gesetzten Ziele tatsächlich erreichen, kann noch nicht endgültig beantwortet werden.
Dies ist darin begründet, dass die Evaluationsforschung sozialer Interventionen
im Bereich der Kinder-, Jugend- und Familienhilfe im Vergleich zum angloame-
rikanischen Sprachraum noch in den Kinderschuhen zu stecken scheint. Groß
angelegte Wirkungsanalysen sind in der Bundesrepublik Deutschland eher selten
zu finden (vgl. Bastian, Böttcher, Lenzmann, Lohmann & Ziegler, 2008, S. 98).

Im Folgenden wird ein Überblick über Evaluationsstudien im Bereich Frühe
Hilfen und frühe Förderung von Kindern im Alter von 0-3 Jahren gegeben.

Eine „Kurzevaluation von Programmen zu Frühen Hilfen für Eltern und Kinder
und sozialen Frühwarnsystemen in den Bundesländern" (Helming et al., 2006)
wurde vom Deutschen Jugendinstitut (DJI) im Auftrag des Bundesministeriums
für Familie, Senioren, Frauen und Jugend (BMFSFJ) durchgeführt, um einen
Überblick über die unterschiedlichen Modelle und Arbeitsansätze in den Bundesländern zu geben. Hierzu wurden 67 leitfadengestützte Interviews mit Pro-
jektleitungen sowie Projektmitarbeiterinnen und Projektmitarbeitern und einigen
Kooperationspartnern (aus dem Jugendhilfe- und Gesundheitssystem) durchge-

führt. Die Interviews dienten sowohl der detaillierten Beschreibung der Projekte als auch der Erfassung weitergehender Informationen wie beispielsweise Einschätzungen und Bewertungen durch die am Projekt beteiligten Personen. Die auf diese Weise erfasste Projektlandschaft zeichnete sich im Ergebnis durch eine große Bandbreite auf den folgenden, von Helming et al. (2006, S. 26) vorgeschlagenen Dimensionen aus (genannt wird jeweils die Dimension sowie beispielhafte Positionen im breiten Spektrum der jeweiligen Dimension):

Zielgruppe: Hochrisikofamilien vs. alle Familien

Zuordnung: Jugendhilfe vs. Gesundheitshilfe vs. Bildungssektor

Verortung: Home-based vs. Center-based

Setting: Gemeinwesen vs. Gruppen vs. Familien vs. einzelne Personen

Zeitrahmen: Einzeltermin vs. langjährige Begleitung

Frequenz: mehrmals wöchentlich vs. selten

Fokus: Alltagspraxis vs. Beziehung vs. Pflege vs. soziale Integration

Methoden: Wissensvermittlung vs. Therapie

Professionen: Medizinisch/pflegerisch vs. erzieherische- vs. sozialpädagogische- vs. therapeutische Berufe

Angebotsbreite: Kombinationen vs. einzelne Angebote

Vorgehensweise: curricular vs. situationsorientiert

Trägerschaft/Finanzierung: öffentlich (Kommune, Land) vs. Stiftungen vs. Freie Träger

Es zeigte sich, dass vorwiegend das Gesundheitssystem einen eher breiten Zugang zu allen Familien bietet (z.B. über FrauenärztInnen, Entbindungsstationen, Hebammen etc.), der als kaum stigmatisierend wahrgenommen wird. Idealerweise können Familien bei erkanntem Bedarf in geeignete Hilfen weitervermittelt werden, was eine systematische Verzahnung von Gesundheits- und Jugendhilfesystem voraussetzt.

Projekte oder Ansätze mit spezifischen Zugängen, die sich von vornherein an bestimmte Teilpopulationen wenden, sind in der Regel im Jugendhilfesystem angesiedelt und setzen häufig die Eigenmotivation der Familien voraus, entsprechende Angebote aufzusuchen. Allerdings weisen gerade Familien mit erhöhter psychosozialer Belastung häufiger eine geringere Eigeninitiative auf, was die

Anforderung an die jeweiligen Einrichtungen erhöht, selbst Motivierungsarbeit zu leisten (Helming et al., 2006, S. 30ff, Sann, 2007, S. 1f.). In diesem Zusammenhang bieten „Center-based-Angebote" den Vorteil, sich an alle Familien richten zu können und damit wenig stigmatisierend und eher motivierend zu wirken. Innerhalb der Center-based-Angebote erscheint es wichtig, weiter zu differenzieren, will man zu einer klaren Aussage über Zugänge zu Zielgruppen gelangen. Während verschiedene empirische Untersuchungen (vgl. z.B. Lösel, 2006, S. 158f.) zeigten, dass Elternkurse stärker von bildungsorientierten Eltern aufgesucht werden, haben sich offene Treffs, die zentral und gut erreichbar liegen und einen weniger offensichtlichen pädagogischen Charakter haben, als willkommener Anlaufpunkt für Familien mit unterschiedlichem Sozial- und Bildungshintergrund erwiesen (Lösel, 2006, S. 159). Zusätzliche praktische Unterstützung in Form einer Kleiderkammer oder günstiger Verköstigung ist dabei von Vorteil.

Setzt man stärker auf die Methode der aufsuchenden Hilfen („Home-based-Angebote"), besteht der Vorteil, dass auch Familien erreicht werden können, die nicht für eine Teilnahme an Center-based-Angeboten zu motivieren sind. Allerdings besteht eine erhöhte Gefahr der Ablehnung aufgrund der Angst vor Stigmatisierung, bedingt durch die Selektivität des Angebots (Helming et al., 2006, S. 45ff, Sann, 2007, S. 2f.).

Helming et al. (2006) weisen ausdrücklich darauf hin, wie bedeutend der Aufbau einer vertrauensvollen Beziehung zur betreuten Familie im Hinblick auf eine nachhaltige Erreichbarkeit der jeweiligen Familie ist. Hierzu ist es von großer Wichtigkeit, den Familien respektvoll gegenüberzutreten und die jeweiligen Hilfsangebote immer im Kontext der individuellen Lebenswelt der Familie zu betrachten, Familien nicht zu überfordern und Abwertungen jeglicher Art zu vermeiden (ebd., S. 57f.).

Helming et al. (2006) empfehlen schlussfolgernd eine stärkere und umfassendere Vernetzung der Projekte, die im Bereich „Frühe Hilfen" angesiedelt sind, „um eine gute Versorgung von Familien mit Unterstützungsangeboten zu gewährleisten und den Schutz von Kindern zu verbessern" (ebd., S. 79).

Cierpka, Stasch und Groß (2007) haben im Rahmen einer „Expertise zum Stand der Prävention/Frühintervention in der frühen Kindheit in Deutschland" anhand einer Fragebogenuntersuchung die Daten von insgesamt 288 Anlaufstellen, die sich an Eltern mit jungen Säuglingen wenden, erfasst. Im Rahmen der Studie sollte die Versorgungsqualität der einzelnen Angebote anhand der Versorgungsmerkmale „Kooperationsstrukturen", „Berufserfahrung und Qualifikation der Leistungserbringer", „beraterische/therapeutische Grundorientierung", „formale Aspekte des Versorgungsangebotes", „inhaltliche Aspekte des Versorgungsangebotes", „Zufriedenheit der Leistungserbringer", „Falldokumentation", „Diagnostik" sowie „Qualitätssicherung und Qualitätsmanagement" vorgenommen werden (Cierpka et al., 2007, S. 22). Ziel der Studie war ein Anstoß zur möglichen Ausweitung, Vereinheitlichung, Standardisierung und/oder Vernetzung der Angebote, um dem Bedarf von Eltern mit Säuglingen differenzierter und angemessener begegnen zu können.

Es zeigte sich, dass sich Anzahl und Merkmale der Angebote zur frühen Intervention zum Teil regional sehr stark unterscheiden. Insgesamt scheint das Angebot an psychosozialer Beratung für Eltern mit Säuglingen im Vergleich zu den Bedarfszahlen nicht ausreichend. Besonders hoch ist diese Diskrepanz in den neuen Bundesländern sowie in strukturell benachteiligten Regionen. Häufig führt eine ungeklärte oder nicht ausreichende Finanzierung der Angebote dazu, dass Eltern viele Leistungen selbst finanzieren müssen, was die Teilnahme für viele, insbesondere sozial schwache Familien, erheblich erschwert (Cierpka et al., 2007, S. 72).

Eine Evaluationsstudie von 18 Eltern-Kind-Zentren in Hamburg, die im Auftrag der zuständigen Hamburger Behörde für Soziales, Familie, Gesundheit und Verbraucherschutz (BSG) durchgeführt wurde, sollte zeigen, „inwieweit diese Einrichtungen dem Anspruch der Erreichung von sozial benachteiligten Eltern und ihrer Bildung in der Erziehung gerecht werden" (Sturzenhecker & Richter, 2009, S. 416). Die Evaluationsstudie hatte einen formativen Rahmen, der von Sturzenhecker und Richter (2009) wie folgt beschrieben wird:

„ ...sie ist dazu bestimmt, in der Einführungsphase des Programms mit wissenschaftlich angeleitetem Blick von außen Reflexionshilfen bereitzustellen, die dann den Beteiligten dazu dienen können, das Projekt fachlich angemessen weiter zu entwickeln. Als ‚ongoing-Evaluation' hat sie die Aufgabe, sozialpädagogische Praxisprozesse zu beobachten, begrifflich zu beschreiben und anhand der konzeptionell gesetzten Kriterien zu be- werten. "
(Sturzenhecker & Richter, 2009, S. 418)

Die Ergebnisse bezogen sich sowohl auf die Erreichung der Zielgruppe als auch auf die Arbeitsweise der Eltern-Kind-Zentren. Es zeigte sich, dass ca. 95 % der regelmäßigen BesucherInnen der Eltern-Kind-Zentren Mütter sind. Zwei Drittel der Besucherinnen befinden sich in einer ökonomisch und/oder psychosozial belasteten Lebenslage, die durch Armut, Abhängigkeit von staatlichen Transferleistungen, Bildungsarmut, Arbeitslosigkeit, Wohnungsnot, Migrationshintergrund, Isolation, Desintegration, Alleinerziehendenstatus, psychische Belastung sowie Gewalterfahrungen (in der eigenen Sozialisation oder der aktuellen Partnerschaft) gekennzeichnet ist. Sturzenhecker und Richter (2009) berichten, dass trotz eines stark belasteten Alltags sowie geringer Kenntnisse hinsichtlich der Erziehung und Förderung der Kinder bei vielen Teilnehmerinnen nur sehr selten Fälle zu beobachten sind, in denen sich die Situation zu einer kompletten Handlungsunfähigkeit und somit zu einer Gefährdung des Kindeswohles zuspitzt. Im Gegenteil bestehe bei allen BesucherInnen ein (zumindest rudimentäres) Interesse, Erziehung zu thematisieren und zu verbessern.

Der Bedarf nach einer Verbesserung der Erziehungskompetenz richtet sich allerdings nicht ausschließlich an ökonomisch und psychosozial belastete Familien. Auch in der Gruppe der BesucherInnen, die der sozialen „Mittelschicht" zugeordnet werden können, konnte ein dringender Bedarf zur Erweiterung der Erziehungskompetenz beobachtet werden. Zwar teilen sie in den meisten Fällen nicht die ökonomischen Probleme der sozioökonomisch stark belasteten TeilnehmerInnen, unterliegen aber dennoch einer als belastend empfundenen Situation, häufig bedingt durch soziale Isolation und Überforderung. In diesen Fällen sind die Mütter häufig den ganzen Tag mit der Herausforderung, ein oder mehrere Kinder versorgen und erziehen zu müssen, allein; es fehlt an Austausch und

Entlastung, besonders, wenn wenig soziale oder familiäre Kontakte bestehen. Im Rahmen der Studie konnte beobachtet werden, dass diese Mütter den Besuch der Eltern-Kind-Zentren als Chance nutzen, ihrer Isolation zu entkommen und Kontakt zu anderen Müttern aufzubauen. Des Weiteren sind sie bemüht, ihre Erziehungskompetenz zu erweitern, um ihr Kind optimal fördern zu können (Sturzenhecker & Richter, 2009, S. 420f.).

Im Gegensatz zu den von Lösel (2006, s.u.) berichteten Ergebnissen, denen zufolge nur 15,1 % der TeilnehmerInnen von Familienbildungsangeboten ökonomisch schwachen Schichten entstammen, konnten die Eltern-Kind-Zentren in Hamburg einen Anteil sozial benachteiligter Zielgruppen von ca. 66 % erreichen. Dieses außerordentliche Ergebnis wird im Wesentlichen auf die im Folgenden aufgeführten Aspekte der Arbeitsweise der Eltern-Kind-Zentren zurückgeführt:

Bei den Angeboten der Eltern-Kind-Zentren handelt es sich um **niedrigschwellige** Angebote, die sich durch eine Freiwilligkeit der Teilnahme, einen Verzicht auf Bürokratie (Eintragen in Namenslisten etc.) sowie eine zeitliche Ungebundenheit auszeichnen. Eine Stigmatisierung aufgrund der ökonomischen oder psychosozialen Lebenssituation soll streng vermieden werden. Alle NutzerInnen der Zentren werden als „NachbarInnen" oder „Bekannte" von den Fachkräften begrüßt und integriert.

Eine weitere Besonderheit in der Arbeitsweise stellt das **Bildungssetting** dar. Elternbildung erfolgt in den Eltern-Kind-Zentren in den wenigsten Fällen im Rahmen einer Elternschulung. Vielmehr soll eine Reflexion und Veränderung von Erziehungshandeln anhand der Schaffung alltäglicher Situationen erfolgen. Derartige Situationen können beispielsweise durch den Besuch eines Eltern-Kind-Cafés geschaffen werden, in dem Lernen informell als eine „fachlich assistierte, aber letztendlich selbsttätige Aneignung von Reflexions- und Handlungspotentialen im Alltag" stattfindet (Sturzenhecker & Richter, 2009, S. 422).

Des Weitern unterscheidet sich die **Haltung** der MitarbeiterInnen der Hamburger Eltern-Kind-Zentren von denen anderer Familienbildungsstätten. Obwohl die MitarbeiterInnen den TeilnehmerInnen durchaus als Fachfrauen zur Verfügung stehen und Unterstützung, Wissen wie auch Handlungsalternativen zu alltagsrelevanten Themen anbieten, treten sie nicht als distanzierte ExpertInnen, sondern als gleichberechtigte, vertrauensvolle Bezugspersonen auf.

Nicht zuletzt spielen auch grundsätzliche **Strukturstandards** wie Raumgröße und -qualität, Finanzierung und personelle Besetzung eine entscheidende Rolle für die Zielerreichung des Angebots.

Die Einführung des aus den Niederlanden stammenden präventiven Frühförder-programms „Opstapje – Schritt für Schritt", das sich an Kinder im Alter von 18 Monaten bis zu drei Jahren richtet, wurde vom Deutschen Jugendinstitut e.V. (DJI), sowie von der Universität Bremen (Prof. Baumgärtel) und der Universität Regensburg (PD Dr. Zimmermann) begleitet und evaluiert. Da es sich in der Regel als schwierig erweist, Familien in belasteten Lebenssituationen zu errei-chen, wurde Opstapje als Hausbesuchsprogramm konzipiert. Wie die For-schungsergebnisse zeigen, gelang es, sozial benachteiligte und bildungsferne Familien für Angebote der Familienbildung zu gewinnen und kontinuierlich zu begleiten. In den zwei Jahren Programmlaufzeit wurde von nur 16,5 % die Programmteilnahme vorzeitig beendet. Diese positive Quote wird auf die Geh-struktur mit Hausbesuchen in Kombination mit vierzehntägigen Müttertreffen in den Projekträumen sowie auf die Tatsache, dass die Hausbesucherinnen (ge-schulte Laien) aus dem Umfeld der Zielgruppe stammen, zurückgeführt (Sann & Thrum, 2007, S. 3).

Von den MitarbeiterInnen und besuchten Familien wurde das Programm weit-gehend positiv beurteilt, es zeigte sich eine hohe Akzeptanz des Programms (Sann & Thrum, 2007, S. 7f.). Was die Entwicklung der Kinder betrifft, bestä-tigten sowohl die subjektiven Einschätzungen der TeilnehmerInnen und Mitar-beiterInnen als auch die kinderpsychologischen Tests eine positive Entwicklung der teilnehmenden Kinder (vgl. Zimmermann & Moritz, 2006, S. 21ff., Zim-mermann, 2007, S. 33, Sann & Thrum, 2007, S. 5).

Als Kritikpunkte führen Sann und Thrum (2007) an, dass Projekte zur frühen Förderung noch früher ansetzen sollten, um eine optimale Entwicklung der Kinder zu gewährleisten. Des Weiteren wird eine zusätzliche Förderung der Kinder durch Center-based-Angebote empfohlen, um die positiven Effekte auf die Entwicklung zu vertiefen und zu stabilisieren (Sann & Thrum, 2007, S. 8).

Mit der Evaluation von Familienbildungsangeboten in Deutschland hat sich Lösel (2006) beschäftigt. Lösel definiert Familienbildung als „Bildungsarbeit zu familienrelevanten Themen, die Kompetenzen für das private Alltagsleben vermittelt" (Lösel, 2006, S. 18). Dabei steht der präventive Gedanke im Vordergrund, demzufolge frühe Hilfen nicht erst bereitgestellt werden, wenn sich Problemsituationen bereits manifestiert haben. Durch die Angebote im Rahmen der Familienbildung soll bereits die Entstehung überfordernder Problemsituationen vermieden werden (ebd., S. 18).

In einer groß angelegten Untersuchung, die sowohl eine Bestandsaufnahme als auch eine Meta-Evaluation von Einrichtungen, die Veranstaltungen zur Eltern- und Familienbildung anbieten, umfasste, konnten Fragebögen von 883 Einrichtungen ausgewertet sowie 27 Evaluationsstudien aus Deutschland metaevaluiert werden.

Wie die Bestandsaufnahme zeigte, wurde vonseiten der Einrichtungsleitungen ein beträchtlicher Mehrbedarf an familienbezogener Prävention ermittelt. Demgegenüber steht allerdings eine Verschlechterung der finanziellen Lage in den Einrichtungen, die sowohl durch einen Rückgang der öffentlichen Mittel in den letzten Jahren als auch durch eine geringere Finanzierung der Träger bedingt ist. Vor diesem Hintergrund müssen für den überwiegenden Teil der eruierten Angebote (63%) Kostenbeiträge erhoben werden, was wiederum nicht den Anforderungen der Niedrigschwelligkeit Rechnung trägt. Kostenfrei bzw. kostengünstig können häufig offene Treffs und Elterngruppen angeboten werden. Was die Teilnehmerschaft der Familienbildungsangebote betrifft, zeigte sich, dass die Angebote vorwiegend von Frauen wahrgenommen werden, der Anteil der teilnehmenden Männer lag bei 17 %, allerdings mit steigender Tendenz. Die TeilnehmerInnen der Angebote entstammen vorwiegend mittleren und höheren sozialen Schichten, 15% der TeilnehmerInnen konnten der sozialen Unterschicht zugeordnet werden (Lösel, 2006, S. 7ff.).

Die Meta-Evaluation der Familienbildungsangebote ergab, „dass vor allem solche Maßnahmen Erfolg versprechen, die auf spezifische Problemstellungen in der Familie ausgerichtet, relativ intensiv, stark übungsorientiert und durch Programmvorgaben strukturiert sind" (Lösel, 2006, S. 11). Dieses Ergebnis wird auch von Beelmann (2006) bestätigt. Dieser fand in seiner Studie über die allgemeine Wirksamkeit präventiver Maßnahmen heraus, dass gezielte Präventionsmaßnahmen in der Regel höhere Effektstärken aufweisen als universelle Strategien (Beelmann, 2006, S. 151). Dieses Ergebnis findet sich auch bei Schmucker (2008, S. 148).

Lösel (2006) weist jedoch darauf hin, dass die untersuchten, kontrollierten Wirksamkeitsstudien nicht den Gesamtbereich familienbezogener Bildungsangebote abdecken, sondern vielmehr spezielle Elternkurse untersuchen, die sich meist an spezielle Risikogruppen wenden. Wirksamkeitsstudien zu offeneren Angebotsformen bzw. Eltern-Kind-Gruppen fehlen vollständig (Lösel, 2006, S. 11).

Aus den Ergebnissen der Bestandsaufnahme und der Meta-Evaluation von Familienbildungsangeboten in Deutschland erschließt Lösel die folgenden fünf Bereiche, die in der Hauptsache dazu beitragen, ein angemessenes Angebot zu sichern und die Qualität der jeweiligen Angebote weiter zu entwickeln:

1.) Kooperation und Vernetzung:
Die unterschiedlichen Einrichtungen mit familienbezogenen Präventionsangeboten sollten noch stärker als bisher kooperieren und ihre Angebote vernetzen.

2.) Verstärkung gezielter Maßnahmen:
Lösel (2006) empfiehlt einen stärkeren Zuschnitt der Angebote auf Zielgruppen mit besonderen Belastungen (z.B. Alleinerziehende, sehr junge Eltern, MigrantInnen, finanziell schwache Familien), da Wirksamkeitsstudien darauf hindeuten, dass gerade bei belasteten Zielgruppen gute Effekte erzielt werden können. Allerdings ist hierbei darauf zu achten, die Betroffenen nicht aufgrund der Beschreibung der Angebote zu stigmatisieren, da potenzielle TeilnehmerInnen ungern als „Problemfälle" bezeichnet und behandelt werden (Lösel, 2006, S. 13; S. 161).

3.) Senkung von Teilnahmeschwellen:
Lösel (2006) fordert eine weitere Senkung der Teilnahmeschwellen, da gerade belastete Familien nach wie vor durch die Angebote der Familienbildung schwer erreichbar sind. Zu diesem Zweck wird eine persönliche Ansprache empfohlen, gerade an Orten, die im Alltag der Zielgruppen von Bedeutung sind (Kindergär-

ten, Schulen, Ärzte etc.). Auch der Weg über offene Angebote zum Einstieg in strukturierte Familienangebote könnte einen möglichen Zugang darstellen, da offene Angebote von bildungsferneren Bildungsgruppen stärker genutzt werden als strukturierte Angebote. Nicht zuletzt spielt der Kostenfaktor eine wichtige Rolle. Gerade um sozial schwache Bevölkerungsgruppen zu erreichen, bedarf es der Ermöglichung einer kostenfreien bzw. kostengünstigen Teilnahme an Familienbildungsangeboten (Lösel, 2006, S. 13).

4.) Qualitätssicherung und Evaluation:

Weiterhin empfiehlt Lösel (2006) eine stärkere Dokumentation der Implementierung und Prozessevaluation, wobei nach Lösel (2006) vor allem „Merkmale der Teilnehmer, die Teilnehmerzufriedenheit, die Teilnahmequoten, die inhaltliche und organisatorische Umsetzung sowie operationale Kriterien der Zielerreichung" von Bedeutung sind (Lösel, 2006, S. 14).

5.) Angemessene Finanzierung:

Wie an anderer Stelle bereits beschrieben, ist nach Lösel (2006) in den letzten Jahren ein Rückgang an finanziellen Mitteln für die Durchführung familienbezogener Bildungsmaßnahmen zu verzeichnen, was in vielen Fällen Teilnahmegebühren erforderlich macht und somit zu einer Erhöhung der Zugangsschwellen für sozial benachteiligte Gruppen führt. Lösel (2006) empfiehlt die Entwicklung mittel- und längerfristiger Finanzierungskonzepte mittels staatlicher Unterstützung.

Im Rahmen des bundesweiten Aktionsprogramms „Frühe Hilfen für Eltern und Kinder und soziale Frühwarnsysteme" des BMFSFJ (vgl. Kap. 2.2) wurden insgesamt sieben Forscherteams gegründet, um die beteiligten Modellprojekte wissenschaftlich zu begleiten und zu evaluieren. Die geplante Arbeit eines dieser sieben Teams soll an dieser Stelle exemplarisch erläutert werden. Es handelt sich hierbei um die sich derzeit in der Planungsphase befindliche Wirkungsevaluation von 14 Projekten, die im Rahmen von Landesprogrammen, Initiativen einzelner Kommunen oder als Modelle eines freien Trägers arbeiten (Bastian et al., 2008). Die Schwierigkeit im Evaluationsdesign besteht darin, dass der Evaluationsgegenstand einerseits in seiner Kerndimension abgebildet und auf alle Evaluationsstandorte anwendbar sein muss, um später vergleichende Aussagen über die Möglichkeiten und Grenzen Früher Hilfen treffen zu können, andererseits aber auch die Unterschiedlichkeiten der Einzelmaßnahmen erfasst und in den Ergebnissen abgebildet werden müssen (Bastian et al., 2008, S. 88f.). Zu diesem Zweck soll das geplante quasi-experimentelle, im Längsschnitt angelegte Design auch qualitativ-sinnverstehende Prozessanalysen wie Experteninterviews, Feldbeobachtungen und Dokumentenanalysen beinhalten.

Als allgemeiner Wirkindikator über alle Projekte hinweg wird das „elterliche Erziehungskonzept" herangezogen, da ein Schwerpunkt des Aktionsprogramms „Frühe Hilfen für Eltern und Kinder und soziale Frühwarnsysteme" in der Stärkung der Erziehungskompetenz der Eltern liegt (BMFSFJ, 2007, S. 1).

Da sich das „elterliche Erziehungskonzept" in der Evaluation von Projekten im Bereich Frühe Hilfen auf Erziehungsthemen im Säuglings- und Kleinkinderbereich bezieht, wurden die Indikatoren „elterliche Versorgungskompetenzen", „Kompetenzüberzeugung der Eltern" sowie die „Erziehungseinstellung der Eltern" herangezogen, um das Konstrukt „Erziehungskompetenzen im Säugling- und Kleinkinderbereich" zu operationalisieren (Bastian et al., 2008, S 93). Allerdings werden im Studiendesign auch weitere Kontextfaktoren wie externe Einflüsse (z.B. sozioökonomische Lage) und kindbezogene Einflüsse (z.B. übermäßiges Schreien, schlechtes Durchschlafen) sowie Bedingungen, die das Verhalten der Eltern beeinflussen (z.B. Lebenszufriedenheit, Eingebundenheit in soziale Netzwerke, Partnerschaft) auf das Erziehungsverhalten berücksichtigt. Die Ergebnisse dieser und anderer Studien können der Praxis große Hilfestellung beim Aufbau und der Durchführung von Projekten und Maßnahmen liefern.

2.4 Zwischenbilanz zum Angebot der Frühen Hilfen

Wie in den Abschnitten 2.2 und 2.3 gezeigt werden konnte, bestehen in der Bundesrepublik Deutschland viele Bemühungen, „Frühe Hilfen" und somit präventive Maßnahmen zum Kinderschutz voranzutreiben. Können durch diese Bemühungen jedoch auch die Ziele der Präventionsarbeit im Kinderschutz erreicht werden?

Kindler (2007) kritisiert, dass zur Prävention von Kindeswohlgefährdung zwar viel getan wird, bislang aber zu wenige kontrollierte Studien existieren, die zeigen können, dass die Teilnahme an derartigen Projekten tatsächlich Einfluss auf das Fürsorge- und Erziehungsverhalten der teilnehmenden Eltern oder auf Entwicklungsmerkmale betroffener Kinder hat. Ebenso wenig konnte bislang gezeigt werden, dass die Anzahl an vernachlässigten Kindern in den beteiligten Kommunen verringert werden konnte (Kindler, 2007, S. 10). Bastian et al. (2008) unterstreichen zwar ebenso, dass bislang im Hinblick auf die Wirkungen von Interventionen im Rahmen von Frühen Hilfen nur „weiche" Daten vorliegen, weisen aber darauf hin, dass die Evaluation des bundesweiten Aktionsprogramms „Frühe Hilfen für Kinder und soziale Frühwarnsysteme" auch darauf zielt, Wirkungen zu beschreiben und ihr Zustandekommen zu erklären (Bastian et al., 2008, S. 83). Allerdings machen sie auch darauf aufmerksam, dass eine Wirkungsevaluation immer die Schwierigkeit mit sich bringt, Ergebnisse eines Programms nicht zwingend mit Programmaktivitäten in Verbindung bringen zu können, da derartige Ergebnisse auch sehr stark von externen Faktoren wie Veränderungen in der Umgebung, besonderen Ereignissen, „natürlichen" Veränderungen der Zielgruppe etc. beeinflusst werden können. Darüber hinaus sei auch eine Generalisierung ermittelter Effekte auf andere Projekte schwierig, da soziale Projekte niemals einheitlich sind und sehr stark vom Verhältnis zwischen Pädagogen und Adressaten abhängen (ebd., S. 85f.).

Aus diesen Überlegungen heraus stellen Bastian et al. (2008) zur Diskussion, ob sich die Experimentalforschung, die in den Naturwissenschaften als „Königsdisziplin" gilt, ohne weiteres auch für die Evaluation von pädagogischen Programmen eignet und zeigen auf, dass in sozialpädagogischen Kontexten die qualitative Forschung einen bedeutenden Stellenwert einnimmt, denn „Mechanismen und Kontexte sozialer Interaktion lassen sich häufig erst durch rekonstruktive und sinnverstehende Methoden angemessen beschreiben und analysieren." (ebd., S. 86f.).

Auch Sann und Schäfer (2008) haben aus der Kurzevaluation Früher Hilfen durch das DJI (vgl. Kap. 2.3) den Schluss gezogen, dass die in Deutschland praktizierten Arbeitsansätze bislang zu wenig empirisch überprüft werden und weisen auf die Notwendigkeit hin, „langfristige Evaluationen verschiedener

Arbeitsansätze unter Einbezug der NutzerInnenperspektive vorzunehmen" (Sann & Schäfer, 2008, S. 115).

Diese Überlegungen sowie die vorangegangene Beschreibung der Praxisprojekte und der Evaluationsstudien zeigen, dass derzeit in der Bundesrepublik im Bereich Früher Hilfen durchaus sehr viel getan wird. Vor allem die Anzahl der Praxisprojekte hat ein unüberschaubares Ausmaß angenommen, wobei leider bislang noch wenig Vernetzung und Austausch der Projekte untereinander besteht. Die Einrichtung des „Nationalen Zentrums Frühe Hilfen" (NZFH, vgl. Kap. 2.3) mit der Schaffung einer Wissensplattform, der gezielten Öffentlichkeitsarbeit und der Förderung des wechselseitigen Transfers von Erfahrungen und Erkenntnissen aus Forschung und Praxis erscheint in diesem Zusammenhang sehr sinnvoll, gerade auch, um eine bessere Vernetzung sowie einen Erkenntnis- und Wissenstransfer der einzelnen Projekte untereinander zu gewährleisten. Auch die in diesem Zusammenhang geplante Wirkungsevaluation von 14 Projekten, bei der sowohl quantitative als auch qualitative Methoden der empirischen Sozialforschung Berücksichtigung finden sollen (vgl. Bastian et al., 2008, S. 90), legt die Vermutung nahe, dass sich sowohl die Praxis- als auch die Forschungswelt in den nächsten Jahren auf einen großen Wissenszuwachs bezüglich der Durchführung und Wirkung von primären Präventionsprojekten freuen kann.

Die in den folgenden Kapiteln beschriebene wissenschaftliche Begleitung des Modellprojekts „Starke Mütter – Starke Kinder" bis hin zur Gründung des Eltern – Kind- Kompetenzzentrums „El-Ki*ko* – International" ist bemüht, diesem Anspruch Rechnung zu tragen.

3   Das Modellprojekt „Starke Mütter – Starke Kinder"

3.1   *Ausgangskonzept*

Das Ministerium für Bildung, Wissenschaft, Jugend und Kultur Rheinland-Pfalz hat den Deutschen Kinderschutzbund Mainz e.v. (DKSB) mit der Durchführung des Modellprojektes „Starke Mütter – Starke Kinder" beauftragt, welcher mit diesem Projekt ein Bildungsangebot zur frühen Förderung neugeborener Kinder sozial benachteiligter Familien bereitstellte. Es handelte sich um ein Angebot mit gemischter Komm- und Gehstruktur, der Fokus lag allerdings ursprünglich auf der aufsuchenden Arbeit durch ehrenamtlich tätige, vom DKSB geschulte Mütter. Durch Erfahrungs- und Lernangebote für die Kinder sollte eine erfolgreiche Integration in den Kindergarten vorbereitet werden.

Über einen Zeitraum von drei Jahren (Oktober 2005 – Oktober 2008) sollten mindestens 15 bzw. bis zu 30 benachteiligte Familien begleitet werden.

Das Projekt richtete sich an Kinder ab der siebten Lebenswoche bis zum Eintritt in den Kindergarten und an deren Mütter/Bezugspersonen. Das Projekt sollte *alle* Familien, die im Stadtteil lebten, ansprechen, aber auch die im Folgenden genannten Zielgruppen sozial benachteiligter Familien sollten durch das Projekt erreicht werden:

- Familien in benachteiligten Lebenslagen; junge Mütter und Alleinerziehende mit mehreren Kindern,
- Familien mit binationalem oder multikulturellem Hintergrund,
- Familien mit mehreren Belastungsfaktoren.

Das Projekt war im Sozial- und Lebensraum der Zielgruppen implementiert. Es wurde in einem Stadtteil von Mainz durchgeführt, der hinsichtlich Bildungsniveau und sozialer Lage eine breite Streuung aufweist. Sowohl für sozial benachteilige Familien, Alleinerziehende und Familien mit Migrationserfahrung, als auch für StudentInnen sowie deutsche und zugewanderte Familien mit hohem Bildungsniveau ist dieser Mainzer Stadtteil ein beliebter Wohnort. Die Attraktivität des Stadtteils konnte in den letzten Jahren durch Investitionen im Rahmen der Sozialen Stadt deutlich verbessert werden.

Ein spezielles Merkmal dieses Projektes war es, dass Mütter aus dem gleichen Stadtteil, die durch den DKSB geschult und begleitet wurden („Erziehungspartnerinnen"), quasi als „Türöffner" fungierten. Sie waren darüber hinaus die zentralen Vermittlerinnen zwischen den Müttern/Bezugspersonen und den Förderzielen. Da sie selbst aus dem Umfeld der Zielpopulation stammten und eigene Erfahrungen und Ressourcen als Mütter mitbrachten, wurden sie als kompetente Ansprechpartnerinnen akzeptiert.

Die Zielsetzung des Projektes richtete sich sowohl an die Kinder als auch an deren Mütter/Bezugspersonen und an die Erziehungspartnerinnen.

Die *Kinder* sollten im Rahmen des Projektes von einem entwicklungsfördernden Umgang mit der Hauptbezugsperson profitieren. Dieser betrifft eine aufmerksame Zuwendung, Körperkontakt und Pflege, verbale Stimulierung und Sprachförderung, Materialanregung, Responsivität sowie Wärme und Bindungsverhalten.

Die *Bezugspersonen* hatten die Möglichkeit, im Projektverlauf einen akzeptierenden und klar strukturierten Erziehungsstil zu erlernen. Weiterhin gab das Projekt ihnen die Möglichkeit, ihre persönlichen, emotionalen, sozialen und motivationalen Ressourcen weiterzuentwickeln, eventuelle Isolation zu überwinden und sich ein selbsttätiges privates Netzwerk aufzubauen.

Die *Erziehungspartnerinnen* wurden durch ihre neue Tätigkeit zur erhöhten Selbstreflexion mit den eigenen Kindern angeregt und bauten sich selbst neue soziale Netzwerke auf. Außerdem wurde aufgrund der Erweiterung der eigenen Fachkompetenz gegebenenfalls die Grundlage einer beruflichen (Wieder-) Eingliederung geschaffen.

Die Fokussierung auf die Mütter, die im Projektnamen „Starke Mütter – Starke Kinder" zum Ausdruck kommt, ist nicht im Sinne einer Ausgrenzung von Vätern zu verstehen, sondern sie ist der Tatsache geschuldet, dass die angestrebte Niedrigschwelligkeit des Projekts aus Sicht der Mütter eher erreicht werden kann, wenn es sich um Hilfen von „Frauen für Frauen" handelt. Im Rahmen des Gesamtprojekts gab es auch Angebote für beide Elternteile, wie z.B. die Elternschule „Starke Eltern – Starke Kinder". Ein Vätercafé am Nachmittag kam aufgrund zu geringer Nachfrage nicht zustande.

Im Laufe der drei Jahre, die für das Modellprojekt veranschlagt worden waren, gelang es, die ursprüngliche Konzeption weiter zu entwickeln und das Projekt noch stärker auf die Bedürfnisse der im Stadtteil lebenden Familien auszurichten. Nach Ablauf der drei Jahre Projektlaufzeit gelang es weiter, das Projekt als Eltern – Kind – Kompetenzzentrum „El Ki*Ko* – International" im Stadtteil zu institutionalisieren. Auf diese Punkte wird im Rahmen der Ergebnisdarstellung (vgl. Kap. 7 und Kap. 9) ausführlich eingegangen werden.

3.2 Hintergründe und systematische Grundlagen

3.2.1 Bedürfnisse von Kindern im Alter von 0-3 Jahren

Das Konzept der *Reggiopädagogik* stellt das pädagogische Grundkonzept des Modellprojekts „Starke Mütter – Starke Kinder" dar. Die Reggiopädagogik geht zurück auf ein pädagogisches Gesamtkonzept, das in den 1960er Jahren in der italienischen Stadt Reggio nell'Emilia entwickelt wurde. Das Konzept zeichnet sich aus durch eine Orientierung am humanistischen Menschenbild sowie eine demokratische Gesellschaftsvorstellung. Bezogen auf die Kinder geht die Reggio-Pädagogik davon aus, dass Kinder ein hohes Maß an Kompetenzen mitbringen und diese aus eigenem Antrieb erweitern möchten. Die Reggiopädagogik basiert weitgehend auf Beobachtungen sowie etablierten pädagogischen Theorien und stellt die Kompetenzen der Kinder und deren Weiterentwicklung in wechselseitiger Beziehung zur Welt sowie die vielfältigen Möglichkeiten der Kinder, diese Welt zu entdecken und zu erforschen, in den Vordergrund (Dreier, 1993, S. 71).

Orientiert man sich an diesem Konzept, ist es ein Grundbedürfnis von Kindern, dass ihre Signale von Erwachsenen erkannt und verstanden werden und dass eine angemessene Reaktion vonseiten der Erwachsenen auf diese Signale erfolgt (Dreier, 1993, S. 131). Die Reggianer sehen eine Kopplung zwischen dem Wunsch des Sehens und dem Wunsch des Berührens bei jedem Kind, wodurch sich die Wahrnehmung, Erforschung und das Lernen intensivieren (Dreier, 1993, S.75). Aus reggianischer Sicht ist die Lust am Lernen, Wahrnehmen und Verstehen eine der ersten fundamentalen Erfahrungen, die sich das Kind allein, mit Gleichaltrigen oder Erwachsenen erhofft (Senatsverwaltung für Jugend und

Familie, 1992, S. 18). In der Reggiopädagogik wird das Kind von Geburt an als soziales Wesen angesehen, das mit der Kompetenz ausgestattet ist, sich aktiv an der Gestaltung seiner Entwicklung zu beteiligen (Biesemann, 1997, S. 34). Ziel der Reggiopädagogik ist es also, ein aktives Kind in seinen Lernprozessen zu unterstützen.

3.2.2 Kompetentes elterliches Verhalten

Wie lassen sich die Bedürfnisse von Kindern befriedigen und was macht kompetentes elterliches Verhalten aus? In seinem aktuellen Gutachten zur „Stärkung familialer Beziehungs- und Erziehungskompetenzen" hat der Wissenschaftliche Beirat für Familienfragen beim Bundesministerium für Familie, Senioren, Frauen und Jugend den aktuellen Stand der Wissenschaft zusammengefasst. Einen guten Mittelweg zwischen einem autoritären Erziehungsstil („Grenzen ohne Freiheit") und einem antiautoritären Erziehungsstil („Freiheit ohne Grenzen") stellt der *autoritative Erziehungsstil* („Freiheit in Grenzen") dar. Das Konzept „Freiheit in Grenzen" fordert von Eltern, dass sie, unter Berücksichtigung der Individualität und des Entwicklungsstandes ihrer Kinder, deren Bedürfnisse nach einem liebevollen, akzeptierenden und unterstützenden Verhalten befriedigen und sie in ihrer individuellen Besonderheit respektieren und wertschätzen. Des weiteren sind Eltern dazu angehalten, an ihre Kinder entwicklungsangemessene Anforderungen zu stellen und damit Lern- und Entwicklungsanreize zu setzen sowie den Kindern die Grenzen für unerwünschtes Verhalten klar aufzuzeigen und zu begründen. Schließlich umfasst das Konzept die Forderung, dass Eltern ihren Kindern auf vielfältige Weise ermöglichen, aus den Konsequenzen ihres eigenen Handelns zu lernen und sich als selbstverantwortliche und eigenständige Akteure erleben zu können (BMFSFJ, 2005, S. 12). Elterliche Erziehungs- und Beziehungskompetenzen lassen sich nach *kindbezogenen, kontextbezogenen, selbstbezogenen* und *handlungsbezogenen* Kompetenzen differenzieren.

Kindbezogene Kompetenzen ermöglichen den Eltern, in entwicklungsgerechter Weise auf die individuellen Besonderheiten und Entwicklungserfordernisse ihrer Kinder einzugehen. Hierzu gehören die Fähigkeit und Bereitschaft, auf vielfältigen Wegen Zuneigung zu zeigen, für kindliche Bedürfnisse oder Nöte empfäng-

lich zu sein, kindliche Entwicklungspotenziale zu erkennen und zu ihrer Ver-
wirklichung beizutragen, kindliche Kompetenzentwicklung zu fördern und
unangemessenes Verhalten zu verhindern.

Kontextbezogene Kompetenzen umfassen die Fähigkeit und Bereitschaft von
Eltern, ihren Kindern Möglichkeiten zum Erfahrungsgewinn (auch außerhalb
der Familie) und zu eigenständigem Handeln zu eröffnen, d.h. positive Entwick-
lungsgelegenheiten zu arrangieren und negative Entwicklungskontexte zu erkennen und zu mindern oder zu vermeiden.

Selbstbezogene Kompetenzen betreffen die Fähigkeit und Bereitschaft der Eltern, sich Wissen über die Entwicklung und den Umgang mit Kindern anzueig-
nen, eigene Wertvorstellungen, Handlungsvorlieben und Verhaltensgewohnhei-
ten zu reflektieren, Entwicklungsziele für ihre Kinder und für sich zu klären und
zu begründen und diese Ziele zu Maximen auch für das eigene Handeln zu
machen, außerdem negative Emotionen zu kontrollieren und im Umgang mit
dem Kind überlegt zu handeln.

Handlungsbezogene Kompetenzen umfassen das Vertrauen in die Angemessen-
heit und Wirksamkeit des eigenen Tuns. Dies bedeutet, Versprechungen einzu-
halten, dem Kind gegenüber konsistent zu handeln, zugleich aber auch das
eigene Handeln erfahrungsgeleitet ändern zu können und an neue Gegebenheiten anzupassen.

Die positive Wirksamkeit eines autoritativen Erziehungsstils im Hinblick auf
pädagogische Leitziele wie „Eigenverantwortlichkeit" und „Gemeinschaftsfä-
higkeit" wurden in mehreren Langzeitstudien nachgewiesen. Inhalte dieser
positiven Leitziele sind v.a. Merkmale wie Leistungsbereitschaft, schulische
Kompetenz, Selbstvertrauen, Fähigkeit zur Impulskontrolle, emotionale Reife,
Resistenz gegen abweichendes Modellverhalten in der Peer-Group sowie moralische Urteilsfähigkeit (vgl. Borkowski, Ramey & Bristol-Power, 2002;
Schneewind, 2002, zitiert nach BMFSFJ 2005, S. 13f.).

Die Beschreibung der Erziehungskompetenzen, die von Eltern verlangt werden,
macht deutlich, vor welcher großen Herausforderung Eltern stehen und welche
vielseitigen Fähigkeiten Eltern in der Erziehung ihrer Kinder abverlangt werden.
Umso weniger verwundert es, dass es beim Zusammenleben mit Kindern schnell

zu Überforderungssituationen kommen kann, wenn Eltern bei Bedarf keine adäquate Unterstützung innerhalb oder außerhalb der Familie finden.

3.2.3 Die Erziehungspartnerin

Der Ansatz der Reggiopädagogik, der ursprünglich für den Einsatz in Kinderkrippen und Kindertagesstätten entwickelt wurde, lässt sich sehr gut auf die Ausbildung von Erziehungspartnerinnen, die die Familien zu Hause beraten, übertragen. Grundverständnis der Erziehungspartnerschaft ist die begleitende Unterstützung von Müttern im Umgang mit ihrem Kind und sich selbst. Die Schulungsinhalte, die den Erziehungspartnerinnen im Rahmen des Projektes vermittelt wurden, waren entsprechend breit gefächert. Sie umfassten einerseits die Vermittlung von Wissen, u.a. zu den Themen Gesundheit und medizinische Vorsorge, Kommunikation und Wahrnehmung, Grundlagen der Entwicklungspsychologie und Anregungen zum Umgang mit dem Säugling sowie Informationen für den Notfall und die Klärung von Rechtsfragen. Andererseits ging es auch um die Anleitung zur Selbstreflexion bezogen auf das eigene Mutterbild und das Bild vom Kind sowie auf das eigene Rollenverständnis. Aufgabe der Erziehungspartnerin ist es, der begleiteten Mutter zuzuhören, sie zu verstehen und eine Gesprächspartnerin auf Augenhöhe zu sein. Neben der Vermittlung von Information und der Unterstützung bei konkreten Problemen geht es in der Erziehungspartnerschaft darum, die Kompetenzen der Mutter zu fördern und die Mutter dabei zu unterstützen, ihre Ressourcen auszubauen und zu nutzen. Des Weiteren kann die Erziehungspartnerin der Mutter als Unterstützung zur Überwindung eventueller Isolation zur Seite stehen.

3.3 Praktische Grundlagen

3.3.1   Zirkuläres Projektmanagement

Das Prinzip der Zirkularität sowie eine systemische Herangehensweise sowohl an praktische als auch methodische Fragestellungen waren von Anfang an Voraussetzung für die Projektarbeit und somit auch eine Vorgabe für die wissenschaftliche Begleitung des Projektes „Starke Mütter – Starke Kinder". Das Prinzip der Zirkularität war insofern ein „zwingendes" Prinzip, da die Grundkonzeption des Projekts die kontinuierliche Rückkopplung von praktischer

Erfahrung aus dem Projektverlauf an die konzeptionelle Weiterentwicklung beinhaltete.

Für die Projektentwicklung bedeutete dies konkret: Anlass, das Projekt „Starke Mütter – Starke Kinder" überhaupt ins Leben zu rufen war die Erkenntnis, dass es Defizite in der psychosozialen Unterstützung von Kindern und ihren Müttern in der ersten Lebensphase gibt, was sich nachteilig auf die Entwicklung und die Versorgung der Kinder und auf die Lebensqualität der Mutter auswirken kann. Darüber hinaus gab es zwar zahlreiche praktische Erfahrungen aus dem Bereich der Frühen Hilfen, nur wenige Projekte waren jedoch systematisch aufgebaut, mit klarem Theoriebezug und wissenschaftlich begleitet. Damit waren die Zielsetzungen an das Projekt formuliert: Die Entwicklung und Durchführung eines Projekts zur „Frühen Hilfe" mit dem Ziel, Mütter und ihre Kinder nachhaltig zu unterstützen und dies wissenschaftlich zu begleiten. Während im Rahmen eines *linearen* Projektmanagements festgelegte Schritte aufeinander gefolgt wären, um am Ende mittels einer Evaluation die Zielerreichung zu kontrollieren, verläuft das zirkuläre Projektmanagement gewissermaßen kreis- bzw. spiralförmig – das heißt, verschiedene Phasen des Projektverlaufs können sich wiederholen, die Reihenfolge von Schritten kann sich ändern; nach jedem Schritt kann es Anlass geben, die geplanten weiteren Schritte umzugestalten oder auch die vorausgesetzten Grundannahmen kritisch zu hinterfragen. Die Vorteile des zirkulären Projektmanagements liegen dabei auf der Hand: Durch die ständige Rückkopplung von Praxis und Konzeptentwicklung können Erfahrungen sofort umgesetzt werden – Rückmeldungen von Teilnehmerinnen oder Mitarbeiterinnen werden nicht nur dokumentiert, sondern finden ihre sofortige Umsetzung im weiteren Projektverlauf.

Zirkuläres Projektmanagement stellt jedoch auch bestimmte Anforderungen an die teilnehmenden Personen: Zirkularität setzt funktionierende Kommunikationsstrukturen voraus, die die Rückmeldungen von der „praktischen Basis" an die Konzeptentwicklerinnen und die wissenschaftliche Begleitung sicherstellen. Dies setzt die Installation entsprechender Kommunikationswege voraus. Von zentraler Bedeutung ist eine permanente Begleitung des Projektverlaufs, wie es im vorliegenden Projekt durch die wissenschaftliche Begleitung gewährleistet war. Zirkuläres Projektmanagement verlangt im Vergleich zu linearem Projektmanagement auch ein höheres Maß an Flexibilität insofern, als die Bereitschaft vorhanden sein muss, bereits Geplantes in Frage zu stellen und abzuändern. Zwar waren im Modellprojekt auch alle einzelnen Arbeitsschritte exakt geplant, aber über den gesamten Projektverlauf hinweg bestand durch die Rückkopplung die Möglichkeit, auf Probleme, die im Verlauf des Projektes auftreten, direkt *reagieren* zu können und so geplante Schritte kurzfristig abzuändern. Durch eine permanente Erfassung von Zwischenständen durch die wissenschaftliche Begleitung konnten Probleme und Defizite sehr schnell erkannt werden und es bestand die Möglichkeit, neue Wege einzuschlagen und andere Strategien auszuprobieren, Schritte mehrfach zu durchlaufen, während man andere zunächst übersprang, um erst zu einem späteren Zeitpunkt auf sie zurückzukommen. Um den zirkulären Projektverlauf wissenschaftlich begleiten zu können, bot sich die Methode der formativen Evaluation an, die im Kap. 5.2.2 näher erläutert wird.

Das Prinzip des zirkulären Projektmanagements steht im engen Zusammenhang mit den systemischen Grundannahmen, die dem Modellprojekt „Starke Mütter – starke Kinder" zugrunde liegen und die im Folgenden dargelegt werden.

3.3.2 Systemische Grundannahmen

Das oben dargestellte zirkuläre Projektmanagement stellt insofern einen Teil des systemischen Grundgedankens dar, als es auf dem systemischen Paradigma aufbaut,

„dass Phänomene, welcher Art auch immer, nicht isoliert betrachtet werden können,   sollen sie verstanden bzw. verändert werden. Nur wenn die spezifischen Wechselwirkungen und Rückkopplungsmechanismen in komplexen Systemen begriffen werden, können grundsätzliche Veränderungen, Handlungsalternativen, neue Perspektiven und Entwicklungsmöglichkeiten entwickelt bzw. erzielt werden. Zu solchen Systemen gehören Paarbeziehungen, Familien, Gruppen, Arbeitsteams, Organisationen und andere Beziehungssysteme, die in der Regeln nach einem Gleichgewichtszustand mit den sie jeweils umgebenden Umweltsystemen streben." (Mücke, 2001. S. 19)

Im Einzelnen sind folgende systemischen Grundannahmen für die Projektidee und das Projektmanagement des Modellprojekts „Starke Mütter – Starke Kinder" von Bedeutung:

1. **Jeder Mensch konstruiert sich seine eigene Wirklichkeit (radikaler Konstruktivismus).**

   Es gibt keine „objektive Wirklichkeit" – unsere Wahrnehmungen und Empfindungen sind das Resultat eines inneren und autonomen „Konstruktionsprozesses". „Wirklichkeit kann nie losgelöst werden von ihrem Betrachter." (von Schlippe & Schweitzer, 2007, S. 87).

2. **Der Prozess der eigenen Wirklichkeitskonstruktion beginnt schon, bevor das Denken beginnt (Säuglingsforschung, Hirnforschung).**

   Jede Wahrnehmung und deren Verarbeitung ist ein Konstruktionsprozess. Auch Säuglinge und Kleinkinder nehmen nicht einfach wahr, was um sie herum geschieht, sondern auch hier finden schon Selektions- und Konstruktionsprozesse statt. „Dem Gehirn steht nur das zur Verfügung, was ihm die Sinnesorgane anliefern, und nicht etwa die Umwelt als solche." (Roth 1995, 48).

3. **Diese Wirklichkeitskonstruktionen sind in sich schlüssig und machen Sinn.**

   Was für Außenstehende oder Professionelle als „problematisches Verhalten" bezeichnet wird, kann aus der Sicht der subjektiven Wirklichkeitskonstruktion eine sehr sinnvolle Vorgehensweise sein. Wenn beispielsweise eine Mutter keine Chance sieht, eine benachteiligende Ausgangslage zu verändern, kann es durchaus „vernünftig" sein, sich in dieser Situation einzurichten und ihr subjektiv einen Sinn zu geben, um erwartete Frustrationen und Selbstabwertungen zu vermeiden.

4. **Technokratische Ursache-Wirkungszusammenhänge täuschen darüber hinweg, dass – selbst wenn auf eine Intervention etwas Erwünschtes folgt – wir trotzdem nicht wissen, ob es nun *deshalb* oder *trotzdem* erfolgt ist oder ob ein ganz anderer Aspekt oder ein unbekannter Wirkzusammenhang oder eine Zufallskonstellation förderlich waren.**

Von Schlippe und Schweitzer (2007, S. 92f.) schreiben hierzu: „Es ist nicht *falsch*, das Geschehen zwischen einer Mutter und ihrem Kind in kleine Ausschnitte von kausalen Teilbeziehungen zu zerlegen: ‚Weil die Mutter X tut, darum tut das Kind Y.' Ein solcher Versuch der Komplexitätsreduktion *kann* hilfreich sein, er ist in unzähligen Beratungsfällen handlungsleitende Landkarte des Beraters gewesen (und wahrscheinlich nicht permanent erfolglos). Doch scheint eine Sichtweise, die beide Personen als Teil eines gemeinsam entwickelten Musters sieht, diesem rekursiven Prozess mehr gerecht zu werden und vor allem implizite Schuldvorwürfe zu vermeiden. Es ist also nicht so sehr die Frage, ob es *richtig* ist, sondern wie *sinnvoll* und *ethisch vertretbar* es ist, die Interaktionen zum Beispiel zischen Eltern und Kind in Richtung auf eine bestimmte Ursache-Wirkungs-Abfolge hin zu interpunktieren [...]". [...] „Daher leistet die Systemtherapie weder eine ‚Behandlung der Ursachen' noch eine der Symptome, sondern sie gibt lebenden Systemen Anstöße, die ihnen helfen, neue Muster miteinander zu entwickeln, eine neue Organisationsgestalt anzunehmen, die Wachstum ermöglicht."

Missachten wir diese komplexen Zusammenhänge und glauben an eine einfache kausale Wirkung unserer Interventionen, so bedeutet dies u. U. lediglich, dass wir sogar die Wirksamkeit unserer Interventionen im Nachhinein selbst konstruieren.

5. **Lernprozesse können durch Störungen (Perturbationen) dieser sich selbst reproduzierenden Sinnproduktionen angeregt werden, wenn die Perturbationen anschlussfähig sind.**
    Systemisch betrachtet bewegt sich ein Beratungsprozess im Spannungsfeld von „Ankoppeln" und „Stören". „Es ist notwendig, dass sich die GesprächspartnerIn akzeptiert und verstanden fühlt (‚ankoppeln'). Das allein aber reicht für Veränderungsprozesse nicht aus: Veränderung verlangt, über das bisher Bekannte hinauszugehen, sie verlangt ‚neue Antworten' ". Straß (2007, S. 172) – in diesem Sinne altbekannte Muster „zu stören".

6. **Darüber entscheidet jedoch nicht der Helfer/die Helferin als Beobachter/in, sondern der Klient/die Klientin selbst.**

Es ist nicht möglich, instruktiv in ein lebendes System einzugreifen. Das heißt, ich kann nicht eine Intervention X durchführen, um ein bestimmtes Ziel Y zu erreichen (vgl. Punkt 4), beispielsweise, eine Mutter dazu bringen, freundlicher mit ihrem Kind umzugehen, indem ich sie einfach dazu auffordere.

7. **Dabei geht es nicht um richtig oder falsch, sondern um brauchbar und nicht brauchbar.**
   Der Klient/die Klientin entscheidet selbst, was für sie oder ihn hilfreich ist.

8. **Klare und verlässliche Beziehungen sind Voraussetzung und eine gute Basis, aber keine Garantie dafür, dass Störungen als Lernimpulse aufgenommen und verarbeitet werden können.**

9. **Eine gute Grundlage für deren Aufbau ist das Interesse an den Wirklichkeitskonstruktionen des Klienten/der Klientin, die normative Offenheit ihm/ihr gegenüber und die Bereitschaft, im Austausch einen konsensuellen Bereich über die vom Klienten als problematisch erlebte „Wirklichkeit" und ihre Implikationen gemeinsam herzustellen.**
   Wird das Gegenüber als Fachmann/-frau für seine Probleme ernstgenommen, erhöhen sich die Chancen, dass Impulse gegeben und Störungen angeregt werden können, die als solche wahrgenommen und in Lernprozesse umgesetzt werden. Eine Garantie dafür gibt es jedoch auch hierfür nicht.

10. **Weil Menschen als soziale Wesen geboren werden und sozialen Austausch suchen bzw. brauchen, sind die Voraussetzungen für offene Kommunikation, die eine Vertrauensbasis generieren kann, zunächst einmal günstig.**
    „Das Streben nach Zugehörigkeit ist eine seit der Wiege der Menschheit bestehende existentielle Triebkraft, eine Konstante des menschlichen Seins, die unser Handeln bestimmt. In archaischen Gesellschaften und prähistorischen Stammeskulturen entschied allein die Zugehörigkeit zum Stamm über Leben und Tod seiner Mitglieder. Die schlimmste Strafe, die solche Gesellschaften kannten, war nicht der Tod, sondern die Verbannung, der Ausschluss aus der Stammesgemeinschaft. Aus diesem unbedingten Angewiesensein auf den Stamm und der Möglichkeit, die Zugehörigkeit zu

entziehen, resultiert das stärkste menschliche Streben nach Verbundenheit, Zugehörigkeit, sozialer Akzeptanz und Anerkennung." (Mücke, 2001, S. 93).

11. **Zeigen sich professionell Handelnde aber lediglich offen, nur um ihre Vorstellungen dann doch noch – quasi über die Hintertür – als das Richtige und Wahre durchzusetzen, werden sie damit rechnen müssen, durchschaut zu werden.**

12. **Die Erfahrung, dass Beziehungen mit Funktionsträgern von diesen funktionalisiert werden, um deren eigene Ziele zu erreichen, schlagen sich auch in den Wirklichkeitskonstruktionen von „erfahrenen" Hilfe-empfängerInnen nieder und veranlassen sie u.U. dazu, das Spiel der Helfer mitzuspielen, ohne sich in ihren Wirklichkeitskonstruktionen stören zu lassen und ohne sich für Lernprozesse zu öffnen.**

13. **Die, die als professionelle HelferInnen, BeraterInnen, LehrerInnen,… ihren KlientInnen, SchülerInnen,... begegnen, können diese nicht durch ein Guckloch oder von einer höheren objektiven Warte aus be-obachten, sondern nur auf Basis und mit den Beschränkungen ihrer eigenen Wirklichkeitskonstruktionen.**

Die Akteure sind Teil der beobachteten Situation. Aufgrund dieser Tatsache gestalten sie die Situation mit und verändern sie. Dies zu reflektieren und zu berücksichtigen erweitert die Handlungsmöglichkeiten und hilft, Omnipotenzphantasien zu begrenzen, was wiederum die professionelle Be-ziehungs- und Handlungsfähigkeit fördert.

Diese systemischen Grundannahmen und das zirkuläre Projektmanagement spiegeln das Grundprinzip der wissenschaftlichen Begleitung sowie die Grund-haltung in der Arbeitsweise des Projektes wider. Auch die in Kapitel 4 dargeleg-ten Fragestellungen der wissenschaftlichen Begleitung sind an diesen Grund-prinzipien orientiert.

3.4 Zusammenfassung

Das in dieser Arbeit evaluierte Modellprojekt „Starke Mütter – Starke Kinder" des Deutschen Kinderschutzbundes Mainz e.V. bewegt sich im Praxisfeld der „Frühen Hilfen". Es orientiert sich an den Bedürfnissen der Kinder in den ersten drei Lebensjahren und hat zum Ziel, die Erziehungskompetenz der Eltern zu erweitern und damit gleichermaßen Förderung für das Kind als auch Entlastung für die Eltern zu ermöglichen.

Das Ausgangskonzept, das sich vor allem an Schwangere und Familien mit Kindern im Alter von acht Wochen oder älter richtet, hat zum Ziel, Eltern oder allein erziehenden Elternteilen über aufsuchende, individuelle Begleitung im Rahmen so genannter „Erziehungspartnerschaften" Hilfe und Anregung im Alltag zur frühen Förderung des Babys anzubieten. Diese Unterstützung erfolgt „auf Augenhöhe" durch Mütter, die aus dem gleichen Stadtteil stammen und zuvor zur „Erziehungspartnerin" geschult wurden.

Das Konzept lässt sich als „Drei-Ebenen-Modell" beschreiben, bei dem die erste Ebene als das Kind selbst mit seinen individuellen Ausprägungen sowie seinen individuellen Bedürfnissen, Vorlieben und Neigungen beschrieben werden kann. Die zweite Ebene stellt das primäre Bezugsfeld des Kindes, die Mutter bzw. die Hauptbezugsperson sowie die Interaktion mit ihr dar. Durch das Konzept der „Erziehungspartnerschaft" wird eine dritte Ebene eingeführt, nämlich die Inter-aktion zwischen der Erziehungspartnerin und der Mutter bzw. der Hauptbezugs-person sowie die Interaktion zwischen der Erziehungspartnerin und dem Kind. Diese dritte Ebene lässt sich auch auf weitere Bezugssysteme, wie z.B. die regelmäßige Teilnahme an einer Kindergruppe mit qualifizierter Kinderbetreu-ung, übertragen. Somit wird durch eine Projektteilnahme das Bezugssystem des Kindes um eine Ebene erweitert.

Die Projektkonzeption unterliegt sowohl systematischen als auch praktischen Grundannahmen. Während sich die systematischen Grundannahmen auf die Bedürfnisse von Kindern im Alter von 0 bis 3 Jahren sowie Kompetenzen, die Eltern in ihrem Erziehungsverhalten abverlangt werden, beziehen, beschreiben die praktischen Grundlagen die Herangehensweise in Form eines „zirkulären"

Projektmanagements sowie die systemischen Grundannahmen, die dieser Arbeitsweise zugrunde liegen.

In den drei Jahren Projektlaufzeit (2005-2008) wurde die ursprüngliche Projektidee in einigen Punkten stark modifiziert. Außerdem war es aufgrund des großen Projekterfolges möglich, das Projekt nach Ablauf der drei Jahre zu institutionalisieren und in Form eines Eltern-Kind-Kompetenzzentrums („El Ki*Ko* – international") im Stadtteil als feste Anlaufstelle für Familien mit Kleinkindern zu etablieren.

Die wissenschaftliche Begleitung des Projektes orientiert sich an der Projektkonzeption sowie an deren Grundannahmen.

4 Fragestellungen der wissenschaftlichen Begleitung

Die Zielsetzung der wissenschaftlichen Begleitung des Projekts „Starke Mütter – Starke Kinder" über die Dauer der Projektlaufzeit war es, die einzelnen Arbeitsschritte des Projektes methodisch zu begleiten, um Erkenntnisse über die Ergebnisse der Förderaktivitäten gewinnen und an die Projektleitung rückmelden zu können sowie genau beschreiben zu können, wie ein Frühförderprojekt gelingen und Zugänge zu der Zielgruppe geschaffen werden können. Außerdem liegen bislang keine Erkenntnisse darüber vor, wie sich, wenn das Erreichen „nicht erreichbarer Familien" gelingt, behutsam und dauerhaft ein vertrauensvolles Verhältnis aufbauen lässt.

Die wissenschaftliche Begleitung orientierte sich am Praxisprojekt und dessen Voraussetzungen. Das bedeutet, dass die wissenschaftliche Begleitung sich an die Gegebenheiten des Projekts anpassen musste, aber nicht umgekehrt. Im Fokus der wissenschaftlichen Begleitung standen sowohl das Kind wie auch die Mutter und die Erziehungspartnerin.

Da sich das Projekt eine Möglichkeit zur permanenten Rückkopplung vorbehielt, d.h. sich von Anfang an die Möglichkeit einräumte, bei erkennbaren Bedarfen jederzeit im Projektverlauf konzeptionelle Änderungen vornehmen zu können, wurden diese konzeptionellen Änderungen auch jeweils direkt in der wissenschaftlichen Begleitforschung berücksichtigt.

Im Folgenden werden die inhaltlichen Fragestellungen (F1-F15) der wissenschaftlichen Begleitung vorgestellt. Dabei wurden die Fragestellungen in die Themenbereiche „Zugänge zur Zielgruppe" (Kap. 4.1), „Teilnahme an offenen Angeboten" (Kap. 4.2), „Mütter und Kinder in Erziehungspartnerschaft" (Kap. 4.3) sowie „Erziehungspartnerinnen" (Kap. 4.4) untergliedert.

Im Anschluss an die Darstellung der Fragestellungen wird das zugrunde liegende Forschungsdesign vorgestellt werden. Eine ausführliche Darstellung der Ergebnisse erfolgt in Kapitel 7.

4.1 Zugänge zur Zielgruppe

F1: Wie können Zugänge zur Zielgruppe geschaffen und stabilisiert werden?

F2: Welche Probleme ergeben sich bei der Schaffung und Stabilisierung von Zugängen zur Zielgruppe?

4.2 Teilnahme an offenen Angeboten

F3: Wie setzt sich die Gruppe der Teilnehmerinnen an den offenen Angeboten zusammen? (Beschreibung der Teilnehmerinnen)

F4: Wie bewerten die Teilnehmerinnen die offenen Angebote?

F5: Welche Bedarfe, Anregungen und Anmerkungen wurden vonseiten der Teilnehmerinnen geäußert?

4.3 Mütter und Kinder in Erziehungspartnerschaft

F6: Wie setzt sich die Gruppe der Mütter zusammen, die eine Erziehungspartnerschaft eingehen? (Beschreibung der Teilnehmerinnen)

F7: Welche Zielsetzungen verbinden die Mütter mit ihrer Teilnahme?

F8: Welche Veränderungen ergeben sich aus der Projektteilnahme für die Mütter?

F9: Inwieweit entwickelt sich eine gegenseitige Unterstützung der Mütter und Erziehungspartnerinnen?

F10: Konnten Risikofaktoren, die die Entwicklung des Kindes betreffen, im Projektverlauf verringert/minimiert werden?

F11: Wie gut gelingt die Integration des Kindes in den Kindergarten/die erste soziale Einrichtung (nach Teilnahme am Projekt)?

4.4 Erziehungspartnerinnen

F12: Wie setzt sich die Gruppe der Erziehungspartnerinnen zusammen? (Beschreibung der Teilnehmerinnen)

F13: Was sind die Motivationen, Erwartungen und Ziele der Erziehungspartnerinnen und inwieweit wurden diese im Projektverlauf erfüllt?

F14: Wie beurteilen die Erziehungspartnerinnen das Projekt „Starke Mütter – Starke Kinder"?

F15: Welche Veränderungen ergeben sich aus der Projektteilnahme für die Erziehungspartnerinnen?

5 Forschungsdesign der wissenschaftlichen Begleitung

Aufgrund der Vorgaben aus dem Praxisprojekt sowie der „zirkulären" Arbeitsweise bot es sich für die wissenschaftliche Begleitung an, eine begleitende, formative Evaluation über den gesamten Projektverlauf hinweg durchzuführen. Um an möglichst detaillierte Informationen und neue Impulse zur Weiterentwicklung des Projektes zu gelangen, bot sich eine Kombination aus quantitativen und qualitativen Forschungsmethoden (Methodentriangulation, vgl. Kap. 5.2.4) an.

Im Folgenden wird das Forschungsdesign der wissenschaftlichen Begleitung überblicksartig dargestellt.

5.1 Theoretische Bezüge

Um den Untersuchungsaufbau nachvollziehbar zu machen und die Ergebnisse besser interpretieren zu können ist es wichtig, zunächst kurz die theoretischen Konstrukte aufzuzeigen, auf die die Untersuchungsplanung und -durchführung sich beziehen. Ergänzend sei hier auch auf die in Kap. 3.3.2 dargelegten systemischen Grundannahmen verwiesen.

5.1.1 Das Konstrukt „Lebensqualität"

Lebensqualität ist ein Begriff bzw. ein Wert, dessen Bedeutung eigentlich keiner besonderen Erläuterung bedarf – er sollte selbsterklärend sein. Insbesondere für Frauen, die gerade Mutter geworden sind, ist die Frage nach der Lebensqualität jedoch häufig eine nicht ganz einfach zu beantwortende, auch wenn es sich um ein erwünschtes und gesundes Kind handelt. Neben der Freude über das Kind ist das Leben der Mütter von radikalen Umstellungen bestimmt: Während die körperlichen Strapazen der Geburt noch spürbar sind, gibt es oft wenig Zeit, wirklich zur Ruhe zu kommen, da die Versorgung des Kindes und die veränderten Lebensumstände anstrengend und Energie raubend sind, was häufig durch einen Mangel an Schlaf verstärkt wird.

Die Lebensqualität der Mutter steht jedoch in einem engen Zusammenhang mit der Lebenssituation des Kindes: Das Wohlbefinden der Mutter stellt einen protektiven Faktor für eine positive Entwicklung ihres Kindes dar (Rudolph,

Rosanowski, Eysholdt & Kummer, 2003). Aus diesem Grunde ist es immer auch wichtig, die „Lebensqualität" der Mutter zu betrachten, wenn es um die gesunde Entwicklung eines Kindes geht. Die WHOQOL-(World Health Organization Quality of Life)-Group definiert Lebensqualität als „die individuelle Wahrnehmung der eigenen Lebenssituation im Kontext der jeweiligen Kultur und des jeweiligen Wertesystems und in Bezug auf die eigenen Ziele, Beurteilungsmaßstäbe und Interessen." (WHOQOL-Group, 1994).

Borchert und Collatz (1994) haben sich ausgiebig mit der Lebensqualität von Müttern auseinandergesetzt und kamen zu dem Ergebnis, dass die von den Müttern subjektiv empfundene Belastung stark mit dem subjektiv empfundenen Gesundheitszustand korreliert. Auf dieser Grundlage zeigte sich, dass sich Frauen aus den unteren sozialen Schichten signifikant belasteter und kränker fühlen als die Frauen aus der Mittelschicht und dass Mütter ohne eigene Berufstätigkeit signifikant kränker sind als erwerbstätige Mütter. Außerdem fanden die Autoren Anzeichen dafür, dass sich das Vorhandensein eines Partners günstig auf die Gesundheit auswirkt. Bezüglich des Alters stellten sie fest, dass Mütter über 40 deutlich kränker sind als jüngere. Auch die empfundene soziale Unterstützung zeigt in dieser Studie einen wesentlichen Einfluss auf die Einschätzung der Gesundheit (Borchert & Collatz.

Eine besondere Belastung stellt die Versorgung und Betreuung jüngerer Kinder dar. Stern (2000) begründet den häufigen Erschöpfungszustand bei Müttern mit dem Schlafmangel, dem häufig sehr unvorhersehbaren Verhalten von Neugeborenen sowie der großen, oft alleinigen Verantwortung für das Kind. Zu der Erschöpfung erleben viele Mütter eine Art Isolation, da sich durch die Veränderung des Tagesablaufs, abnehmende zeitliche und räumliche Flexibilität sowie die Konzentration auf das Kind häufig der Kontakt zur Außenwelt verringert. Beck-Gernsheim (1989) berichtet als „durchgängiges Leitmotiv" junger Mütter „die Klagen über Isolation, Mangel an Sozialkontakten und Abgeschnittensein von der Außenwelt" (Beck-Gernsheim, 1989, S. 73).

5.1.2   Die Bedeutung sozialer Netze für Familien

Zwischen den sozialen Netzwerken einer Familie und der Lebensqualität von Müttern besteht ein enger Zusammenhang. Wie bereits erwähnt, spielt die empfundene soziale Unterstützung, die Mütter durch ihr Umfeld erhalten, eine wesentliche Rolle bei der Einschätzung der Gesundheit bzw. Lebensqualität (Borchert & Collatz, 1994, S. 112f.).

Das Netzwerkmodell von Nestmann (1997) ermöglicht es, die Einflüsse engerer und weiterer sozialer Bezüge auf persönliche Entwicklungen und individuelles Erleben und Verhalten zu verstehen (vgl. Nestmann, 1997). Weiterhin lassen sich anhand des Modells Prozesse der Entwicklung von Personen und Netzwerken im Verlauf mehrerer Jahre, als auch die Entwicklung von Funktionen, wie die des Rückhalts in den Beziehungen und die der sozialen Unterstützung und Hilfe in Krisen verfolgen. Als soziale Unterstützung (social support) werden Fremdhilfen verstanden, „die dem einzelnen durch Beziehungen und Kontakte zu seiner sozialen Umwelt zugänglich sind und die dazu beitragen, dass die Gesundheit erhalten bzw. Krankheit vermieden, psychische oder somatische Belastungen ohne Schäden für die Gesundheit überstanden und die Folgen von Krankheit bewältigt werden." (Badura, 1981, S. 157). Somit tragen soziale Netzwerke (social networks) durch die soziale Unterstützung ihrer Mitglieder dazu bei, Belastungen, Belastungsreaktionen und -folgen präventiv, kurativ und rehabilitativ entgegenzutreten. In den meisten Fällen setzt sich das soziale Netzwerk einer Familie aus familialen und außerfamilialen Netzwerken zusammen. Obwohl das familiale Netzwerk auch heute meist noch eine zentrale Stellung im persönlichen sozialen Netzwerk der Menschen hat, weist Nestmann (1997) auf die Dringlichkeit hin, bei der Betrachtung der sozialen Netzwerkstrukturen einer Familie auch andere, entferntere Personen (Freunde, soziale Einrichtungen) in den Fokus mit einzubeziehen. Nestmann sieht in der Pluralisierung von Lebensformen auch eine Pluralisierung von Familienformen, d.h., dass Haushaltskonstellationen nicht mehr zwingend auf Familienmitglieder beschränkt sein müssen. Da die Kernfamilien heutzutage eher klein sind, kinderreiche Familien seltener werden und erweiterte Familienhaushalte, in denen neben Eltern und Kind(ern) noch Verwandte leben, selten geworden sind, müssen bei der Betrachtung sozialer Netzwerke auch familienähnliche Haushaltskonstellationen wie Wohngemeinschaften (z.B. mehrere Alleinerziehende mit ihren Kindern) einbezogen werden.

5.1.2.1 Frauen und soziale Unterstützung

Frauen verfügen in der Regel über größere Netzwerke und engere soziale Beziehungen als Männer. Das führt dazu, dass Frauen einerseits von den Netzwerken mehr Hilfe und Unterstützung erhalten, andererseits aber auch von den Netzwerken stärker in Anspruch genommen werden.

Nach Nestmann (1997) stellen Frauen in der Aufzucht und Erziehung von Kindern sowie in der Partnerschaft oder Ehe oder in der Pflege von Familienangehörigen häufig eine einseitige soziale Unterstützung bereit, die sie nicht in reziproker Weise zurück erhalten. Dies führt zu sozialem Stress, der sich direkt auf das Wohlbefinden und somit auf die physische und psychische Gesundheit der Frau auswirkt. Das Ausbleiben von sozialer Unterstützung wiegt natürlich besonders schwer, wenn weitere Belastungsfaktoren wie Armut, ungünstige Wohnverhältnisse, Alleinerziehung der Kinder, Sprachschwierigkeiten o.ä. hinzukommen (Nestmann, 1997, S. 229f.).

Der Aufbau unterstützender sozialer Netzwerke kann Frauen in schwierigen Lebensbedingungen helfen, Gesundheit und Lebensqualität zu verbessern. Dieser Tatsache wird im Rahmen des Modellprojekts „Starke Mütter – Starke Kinder" insoweit Rechnung getragen, als die Idee der Vernetzung ein Grundgedanke bei allen Angeboten des Projektes darstellt.

5.1.3 Risikoeinschätzungen bei Kindeswohlgefährdung

Die Forschung bietet eine Vielzahl von Ergebnissen über Risikofaktoren der Familiensituation (vgl. z.B. Engelbert 2006). Zum einen können individuelle Faktoren elterliche Leistungen einschränken – hierzu gehören schwierige Temperamentslagen oder besondere Problemsituationen des Kindes wie etwa Krankheit oder Behinderung. Aber auch ungünstige persönliche Voraussetzungen der Eltern wie geringes Selbstbewusstsein, mangelndes Erziehungswissen, erhöhte Problembelastung, beeinträchtigte Qualität der elterlichen Paarbeziehung, fehlende formelle oder informelle Unterstützung sowie materielle Risikofaktoren erschweren die kindliche Entwicklung. Stress- und Krisensituationen von Elternteilen werden besser bewältigt, wenn sie auf emotionale Unterstützung durch die Partner sowie Freunde und Bekannte zurückgreifen können. Demnach wird die Qualität der Elternleistung maßgeblich durch individuelle, familiäre, soziale und materielle Voraussetzungen geprägt. Die Kumulation mehrerer Risiken kann zu problematischen Situationen und damit zur Gefährdung der elterlichen Leistungen führen.

Kindler und Lillig (2006) sehen den Zusammenhang zwischen unerwünschten Wirkungen im Sinne von Kindeswohlgefährdung und zugehörigen Risikofaktoren als rein statistisch an und warnen davor, diese statistische Verbindung vorschnell mit einem einfachen kausalen Zusammenhang gleichzusetzen. Aus diesem Grunde führen sie das Konzept der *Risikomechanismen* ein. Darunter versteht man in unterschiedlichem Ausmaß belegte Ursachenzusammenhänge, die manche der statistischen Risikofaktoren mit den zugehörigen unerwünschten Wirkungen verbinden. Hierbei lassen sich *distale* Mechanismen von *proximalen* Mechanismen unterscheiden. Von distalen Mechanismen spricht man, wenn Zusammenhänge über viele Zwischenschritte vermittelt werden. Das können Indikatoren der sozialen Lage (relative Armut, Alleinerziehendenstatus etc.) als auch negative Lebensereignisse, Isolation oder psychische Krankheit sein. Distale Mechanismen üben für sich genommen oft nur einen schwachen Einfluss aus, während sich mehrere vorliegende Risiken in ihrer Wirkung potenzieren und zu so etwas wie einer erhöhten generellen „Verletzlichkeit" (Vulnerabilität) in der Entwicklung eines Kindes führen können. Dieser Effekt ist relativ unabhängig davon, welche Risikofaktoren im Einzelfall genau vorliegen, wichtig ist vielmehr deren Anzahl.

Umwelt-Risikofaktoren mit starker Vorhersagekraft ergeben sich fast ausschließlich aus proximalen Risikomechanismen. Dazu zählen vor allem Partnerschaftsgewalt in der Familie, frühere Misshandlungen eines Kindes, unrealistische Erwartungen an das Kind, ein negatives Bild des Kindes sowie die Bejahung harscher Strafen (vgl. Kindler & Lillig, 2006).

Nach Kindler (2005) lässt sich *Risikoeinschätzung* definieren als Prozess der Informationssammlung und der darauf aufbauenden fallbezogenen Überlegungen zur Wahrscheinlichkeit des zukünftigen Auftretens einer oder mehrerer Formen von Kindeswohlgefährdung (Kindler 2005, S. 386). Hierzu wurde ein formalisiertes Verfahren entwickelt, das unter ausdrücklicher Vorgabe von

Kriterien und Bewertungsregeln für einen begrenzten Vorhersagezeitraum zu einer Einschätzung der Wahrscheinlichkeit des Auftretens einer oder mehrerer spezifizierter Formen von Kindeswohlgefährdung in der Beziehung zwischen einem bestimmten Kind und einer oder mehrerer Bezugspersonen führt. Im Sinne der Prävention ist es von großer Bedeutung, Gefahren für das Wohl von Kindern zu ermitteln, um eventuelle Schädigungen von Kindern verhindern zu können. Kindler (2005) betont die Wirksamkeit von frühen, niedrigschwelligen Präventionsmaßnahmen zur Förderung positiver Eltern-Kindbeziehungen und zur Anregung der kindlichen Entwicklung in Familien, die zum Zeitpunkt der Geburt mehrere Risikofaktoren aufweisen (vgl. Kindler, 2005).

Zusammenfassend lässt sich mit Blick auf empirische Studien konstatieren, dass es Risikofaktoren gibt, die die elterliche Leistung potenziell einschränken können. Dieser Zusammenhang ist jedoch nicht als deterministisch zu betrachten, sondern kann allenfalls eine Facette bilden in einem komplexen Gesamtgefüge. Gerade in der „Diagnose" von Risikofaktoren liegt auch die Gefahr einer frühzeitigen Stigmatisierung einer Familie, die konstruktive Problemlösungen eher erschwert als fördert.

5.2 Evaluation

5.2.1 Der Begriff der Evaluation

Der Begriff der „Evaluation" ist sehr vielschichtig und beschreibt im Wesentlichen eine Beurteilung – das Prüfen und Bewerten eines Gegenstandes oder einer Maßnahme. In der Literatur wird Evaluation mit sehr verschiedenartigen Konzepten in Verbindung gebracht, z.B. mit Erfolgskontrolle, Begleitforschung, Bewertungsforschung, Effizienzforschung, Wirkungskontrolle, Qualitätskontrolle etc. (Wottawa & Thierau, 1990, S. 9). Dementsprechend existieren in der Literatur auch unterschiedliche Definitionen des Begriffs der Evaluation.

Einen Versuch, Evaluation umfassend zu beschreiben, unternehmen Eigler, Jechle, Kolb und Winter (1997). Sie beschreiben Evaluation als eine systematische und zielgerichtete Sammlung, Analyse und Bewertung von Daten zur Qualitätssicherung und Qualitätskontrolle. Diese gilt der Beurteilung von Planung, Entwicklung, Gestaltung von Bildungsangeboten bzw. einzelner Maßnahmen dieser Angebote unter dem Aspekt von Qualität, Funktionalität, Wirkungen, Effizienz und Nutzen (Eigler, Jechle, Kolb, Winter, 1997, S. 593 ff.).

Will, Winteler und Krapp (1987) haben vier allgemeine Kennzeichen der Evaluation herausgearbeitet:

- Evaluation ist ziel- und zweckorientiert.
- Grundlage einer Evaluation ist eine *systematisch gewonnene Datenbasis* über Voraussetzungen, Kontext, Prozesse und Wirkungen einer praxisnahen Maßnahme.
- Evaluation beinhaltet eine *bewertende Stellungnahme*, d.h. die methodisch gewonnenen Daten werden vor dem Hintergrund von Wertmaßstäben unter Anwendung bestimmter Regeln bewertet.
- Evaluation zielt in der Regel nicht primär auf die Bewertung des Verhaltens einzelner Personen ab, sondern *ist Bestandteil der Entwicklung, Realisierung und Kontrolle planvoller Bildungsarbeit.*

(Will, Winteler & Krapp, 1987, S. 14)

Von der summativen Evaluation, die an der Bewertung einer Maßnahme nach Beendigung derselben interessiert ist, lässt sich die formative, begleitende Evaluation unterscheiden (vgl. Scriven, 1967). Die formative Evaluation begleitet eine Maßnahme während der Entwicklung und dient deren Optimierung und Weiterentwicklung. Wie bereits erwähnt, erwies sich die formative Evaluation als Methode der Wahl für die wissenschaftliche Begleitung des Projektes „Starke Mütter – Starke Kinder", weshalb sie im Folgenden detaillierter beschrieben wird.

5.2.2 Formative Evaluation

5.2.2.1 Definition

Der Grundgedanke der formativen Evaluation wurde erstmals von Cronbach (1963, S. 236) formuliert: „Eine Evaluation, die genutzt wird, um einen Lehrgang zu verbessern, während er noch in der Entwicklung steht, trägt mehr zur Verbesserung der Erziehung bei als eine Evaluation, die genutzt wird, um ein bereits auf dem Markt befindliches Produkt zu würdigen." Geprägt wurde der Begriff der formativen Evaluation dann schließlich von Scriven (1967). Dieser hat erstmals eine Unterscheidung zwischen formativer und summativer Evaluation vorgenommen (vgl. Scriven, 1967).

Formative Evaluationen werden vor allem bei der Entwicklung und Implementierung neuer Maßnahmen eingesetzt. Sie sind zumeist erkundend angelegt und werden entwicklungsbegleitend betrieben (Bortz & Döring, 1995, S. 107). Ziel der formativen Evaluation ist es, zur Verbesserung eines sich in der Entwicklung befindlichen Gegenstandes oder Curriculums beizutragen, Unzulänglichkeiten vorherzusagen und zu verhindern oder zu entdecken und zu korrigieren. Die formative Evaluation setzt bereits in der Planungsphase eines Projektes ein und kann so die Entwicklung eines Curriculums oder einer Maßnahme konstruktiv steuern. Somit hilft der Evaluator dabei, ein Projekt, Vorhaben oder Curriculum zu verwirklichen (Niedermann, 1977, S. 30). Der Begriff „formativ" ist von „Formung" oder „Formierung" abgeleitet und will ausdrücken, dass die Entwicklung noch nicht abgeschlossen ist, wenn die Evaluation einsetzt. Eine enge Zusammenarbeit zwischen Evaluator und Entwickler eines Gegenstandes, Projektes oder Curriculums ist von großer Bedeutung, da Forschungsergebnisse direkt in den weiteren Entwicklungsverlauf einfließen. Formative Evaluation geht in der Regel mit weniger aufwendigen, flexibleren und informelleren Methoden einher als die summative Evaluation. Methodisch nach vielen Seiten abgesicherte Untersuchungen sind entwicklungsbegleitend kaum zu realisieren. Ziel formativer Evaluation ist das Auffinden von Schwachstellen und die Optimierung des Lernangebots; dazu genügen wenige Versuchspersonen. Zudem evaluiert man häufig nicht das gesamte Lehrmaterial, sondern nur jene Teile, die besonders wichtig sind oder die besonders kritisch erscheinen.

Nach Wolff & Scheffer (2003) erfolgt die Wahl der Methoden im Hinblick auf Gesichtspunkte wie situative Nutzbarkeit, Glaubwürdigkeit oder „politische Relevanz" der jeweiligen Daten. Formative Ansätze, so unterschiedlich sie auch sein mögen, sind nicht nur auf eine Wirksamkeitskontrolle, wie das bei der summativen Evaluation der Fall ist, ausgelegt – sie spielen bereits im Prozess, d.h. bei der Entwicklung und Umsetzung entsprechender Maßnahmen, eine bedeutende Rolle (Wolff & Scheffer, 2003, S. 331).

Wichtig dabei ist eine regelmäßige Rückmeldung des Evaluators/der Evaluatorin über den Zustand des zu verändernden Systems an die verschiedenen Beteiligtengruppen, zunächst als Anregung für Neuanpassungen und weitergehende Überlegungen, später auch als Nachweis für eine Zielerreichung oder Zielverfehlung. Der direkte und kontinuierliche Anwendungsbezug kann also als entscheidendes Merkmal der formativen Evaluation angesehen werden (Wolff & Scheffer, 2003, S. 332).

Wolff & Scheffer (2003) fassen die wichtigsten Merkmale formativer Evaluation wie folgt zusammen:

- Nicht nur die Außensicht, sondern auch die *Selbstbewertung* der evaluierten Einrichtungen und Personen ist zu berücksichtigen.
- Die Evaluationen müssen *responsiv* sein, d.h. auf Bedürfnisse des Feldes antworten.
- Sie dienen der *Begleitung von Prozessen* und der *Unterstützung von Lernen*, nicht der Beurteilung von Resultaten.
- Evaluatoren/Evaluatorinnen können und sollen nicht in der Position eines neutralen, außen stehenden Beobachters verharren, sondern in einer professionell disziplinierten Weise *involviert* und *beteiligt* sein.

(Wolf & Scheffer, 2003, S. 332f.)

5.2.2.2 Methoden der begleitenden Evaluationsforschung

Methoden der begleitenden Evaluationsforschung können ganz unterschiedlich sein und orientieren sich an der praktischen Fragestellung der Maßnahme. Grundsätzlich ist die Anwendung aller verfügbaren quantitativen und qualitativen Forschungsmethoden denkbar. Hierbei können die quantitativen Methoden durch qualitative Methoden ergänzt werden oder umgekehrt ist ebenso die Ergänzung qualitativer Forschungsmethoden durch quantitative Methoden denkbar, wenn dies im Forschungsdesign sinnvoll erscheint (Wolff & Scheffer, 2003, S. 331).

Im Folgenden sollen methodologische Prinzipien der quantitativen und der qualitativen Evaluationsforschung kurz erläutert werden.

5.2.3 Qualitative und quantitative Evaluationsforschung

In der Vergangenheit wurden qualitative und quantitative Forschungsmethoden häufig als unvereinbare Gegensätze angesehen, da sie zwei unterschiedlichen Methodenparadigmen zugeordnet wurden (Bortz & Döring, 1995, S. 271, Kelle & Erzberger, 2007, S. 299).

Kelle & Erzberger (2007) weisen darauf hin, dass mittlerweile eine Vielzahl an Arbeiten existiert, die versucht „methodische und methodologische Grundlagen für eine Integration beider Ansätze zu entwickeln" (Kelle & Erzberger, 2007, S. 299). Bevor im nächsten Abschnitt (5.2.4) näher auf die Möglichkeiten der Triangulation von qualitativen und quantitativen Forschungsmethoden einge-gangen werden wird, sollen zunächst die für die einzelnen Methoden typischen Merkmale in knapper Form dargestellt werden.

Bei der *quantitativ orientierten Forschung* geht es darum, das verwendete Datenmaterial zu quantifizieren (also zählbar zu machen), indem ein empiri-sches Relativ auf einem numerischen Relativ (Zahlen) abgebildet wird. Sie empfiehlt sich insbesondere bei großen Stichproben und Datenmengen, die hinsichtlich möglichst vieler Merkmale der Population gleichen (Repräsentativi-tät), auf die die Ergebnisse später eine mehr oder weniger allgemeingültige Aussage zulassen sollen (Generalisierbarkeit). Qualitativ orientierte Forschung möchte Hypothesen über Zusammenhänge zwischen verschiedenen Variablen an der Realität überprüfen. Diese theoriegeleiteten Hypothesen müssen in mess-bare Werte umgewandelt werden, um sie später statistischen Analysen zuführen zu können (Bortz & Döring, 1995, S. 271, 371f., Raithel, 2008, S. 7f.).

In der *qualitativen Evaluationsforschung* geht es bei der Auswahl der zu befra-genden Personen weniger um statistische Repräsentativität als vielmehr um eine theoriegenerierende Auswahl der Untersuchungseinheiten. Anstelle von im Voraus festgelegten Messzeitpunkten können beispielsweise beobachtete Wen-depunkte oder Krisen und Widerstände im Projektverlauf, die als aussagekräfti-ge Daten interpretiert werden, herangezogen werden (vgl. auch von Kardorff, 2007). Mayring (2002) fasst den Grundgedanken der qualitativen Evaluations-forschung wie folgt zusammen:

„Qualitative Evaluationsforschung will Praxisveränderungen wissen-
schaftlich begleiten und auf ihre Wirkungen hin einschätzen, indem die ab-
laufenden Praxisprozesse offen, einzelfallintensiv und subjektorientiert be-
schrieben werden." (Mayring, 2002, S. 63)

Weiterhin zielen qualitative Evaluationsforschungsdesigns weniger auf die
Überprüfung von Modellannahmen anhand vorgegebener Kategorien als vielmehr auf ein kommunikatives Aushandeln von zielführenden und konsensuell
akzeptierenden Erfolgskriterien auf Basis der Projekterfahrungen. Auch von
Kardorff (2007) betont den Vorrang der Prozessorientierung („formativ") vor
der Ergebnisorientierung („summativ") bei der Anwendung qualitativer Evalua-
tionsdesigns, da sie für Lernprozesse der Implementation sowie für die Analyse
von Fehlschlägen und Widerständen wichtige Hinweise zur Beurteilung, aber
auch zur Weiterentwicklung der untersuchten Maßnahmen liefert (von Kardorff,
2007, S. 245).

In der qualitativen Evaluationsforschung wird meist der Spezifität eine größere
Bedeutung zugesprochen als der Generalisierbarkeit von Ergebnissen. Nach von
Kardorff (2007, S. 246) schließt dies jedoch eine Übertragbarkeit der jeweiligen
Maßnahme nicht aus, stellt aber spezielle Voraussetzungen an deren
Implementation und Umsetzung. Ist das Forschungsdesign formativ und weitge-
hend qualitativ evaluativ angelegt, ist es als rekursiver Lern- und Lehrprozess
anzusehen und aus diesem Grunde mit vielfältigen Rückkopplungsschleifen
angelegt, die bereits im Prozessverlauf ein ständiges Feedback vonseiten Betei-
ligter ermöglichen. Da qualitative Evaluationsforschung meist an praktische
Programme, Curricula oder Projekte gekoppelt, von Zielen und Rahmenbedingungen der Auftraggeber bestimmt ist und meist unter Ergebniszwang und
Zeitdruck steht, müssen bei der Umsetzung meist pragmatische Kompromisse
zwischen methodischen Anforderungen und praktischer Umsetzbarkeit gewählt
werden (von Kardorff, 2007, S. 246).

Von Kardorff (2007, S. 247) weist darauf hin, dass bei der Evaluation von
Maßnahmen und Programmen die Möglichkeiten einer Triangulation der Ergebnisse genutzt werden sollte, um damit eine multiperspektivische Validierung zu
erreichen.

5.2.4   Triangulation in der Sozialforschung

Mit dem Begriff „Triangulation" ist in der Sozialforschung die Betrachtung eines Forschungsgegenstandes von (mindestens) zwei Punkten aus gemeint. Meist ergeben sich diese beiden „Sichtweisen" aus der Verwendung unterschiedlicher methodischer Zugänge (Flick, 2007, S. 309). Hierbei kann die Verknüpfung von qualitativer und quantitativer Forschung gemeint sein, aber auch die Triangulation von Methoden, Theorien, Daten oder Interviewern bzw. Beobachtern innerhalb der qualitativen oder quantitativen Forschung (vgl. Flick, 2007, S. 309f.).

In der Forschungspraxis werden in Untersuchungsdesigns immer häufiger interpretative qualitative Verfahren wie z.B. narrative Interviews mit standardisierten quantitativen Methoden kombiniert. In der Regel werden dabei qualitative und quantitative Erhebungs- und Auswertungsschritte mit jeweils eigenen Datensätzen innerhalb des Forschungsprojektes durchgeführt. Anschließend können die resultierenden Forschungsergebnisse miteinander verglichen und aufeinander bezogen werden (Kelle & Erzberger, 2007, S. 300).

Die Konzepte, die hinter einer Methodenintegration stehen, unterscheiden sich nach der methodischen Orientierung der jeweiligen Forscher. Quantitative Methodiker verfolgen häufig das Phasenmodell, nach dem qualitative Methoden den explorativen, hypothesengenerierenden Vorläufer von hypothesenprüfenden, quantitativen Untersuchungen bilden.

Der Begriff der *Triangulation* allerdings, der häufig von qualitativ orientierten Autoren verwendet wird, beschreibt die Verbindung qualitativer und quantitativer Methoden zur Beleuchtung desselben Gegenstandes aus unterschiedlichen Richtungen auf unterschiedliche Weise, um damit im Endergebnis zu einem umfassenderen und valideren Bild zu kommen (vgl. Kelle & Erzberger, 2007, S. 300). Allerdings gibt es keine Gewährleistung, dass sich qualitative und quantitative Ergebnisse immer zu einem stimmigen Gesamtbild verbinden lassen, denn die Forschungsergebnisse können zwar tendenziell übereinstimmen (Konvergenz) oder sich gegenseitig ergänzen (Komplementarität), sie können sich aber auch gegenseitig widersprechen (Divergenz), wobei jede dieser Möglichkeiten für den Forschungsprozess fruchtbar sein kann (vgl. Kelle & Erzberger, 2007, S. 304, S. 308).

Ein häufiges Problem in der Anwendung allgemeiner Modelle der Methodenintegration stellt der Mangel an theoretischen und praktischen Überlegungen über die Natur des untersuchten Gegenstandsbereiches dar, d.h. häufig wird versucht, methodologische Regeln zur Methodenintegration zu verfolgen, ohne den praktischen Hintergrund zu berücksichtigen (Kelle & Erzberger, 2007, S. 308).

Im Forschungsdesign der vorliegenden Untersuchung wird der Versuch unternommen, qualitative Forschungsmethoden mit quantitativen Elementen in einer Weise zu kombinieren, die sich sehr stark am Praxisprojekt orientiert und die vor allem darauf abzielt, Erkenntnisse für den weiteren Forschungsverlauf zu erlangen sowie nach Abschluss des Projektes einige Leitlinien formulieren zu können, die ähnliche Praxisprojekte bei deren Implementierung unterstützen können.

6 Datenerhebung

Zur Operationalisierung der unter Kapitel 4 formulierten Fragestellungen wurden schriftliche und mündliche Befragungen der Zielgruppen (begleitete Mütter, Erziehungspartnerinnen) durchgeführt. Dabei wurde sowohl auf Items aus den standardisierten Messinstrumenten „WHOQOL-BREF" (Angelmayer, Kilian & Matschinger, 2000) und „Child Well-Beeing Scales" (Magura & Moses, 1986) als auch auf offene Befragungen sowie teilnehmende Beobachtungen zurückgegriffen. Die Befragungsinstrumente werden im Folgenden dargestellt.

6.1 WHOQOL – BREF

Das „World Health Organization Quality of Life (WHOQOL)"-Projekt wurde 1991 initiiert. Zielsetzung des Projekts war es, ein Instrument zu entwickeln, das international und kulturübergreifend eingesetzt werden konnte, um Lebensqualität zu messen. Hieraus entstand der WHOQOL-100, ein Fragebogen, der 100 Items umfasst. Der WHOQOL-BREF stellt die Kurzform des WHOQOL-100 dar. Beide Instrumente erfassen die subjektive Lebensqualität. Die deutsche Version des WHOQOL-BREF von Angelmayer, Kilian und Matschinger (2000) umfasst 26 Items. Das Messinstrument erfasst die Teilbereiche „Physische Gesundheit", „Psychische Gesundheit", „Soziale Beziehungen" und „Umwelt". Für die vorliegende Studie wurden einzelne Items extrahiert, um Fragen zur allgemeinen Lebensqualität der Mutter zur mikrosozialen Netzwerkstruktur sowie zur Risikoeinschätzung bei Kindeswohlgefährdung zu beantworten.

6.2 Child Well-Being Scales

Die Child Well-Being Scales der Child Welfare League of America, entwickelt von Magura und Moses (1986) dienen der Erfassung von Risikofaktoren bei Kindeswohlgefährdung. Das umfangreiche Messinstrument besteht aus 43 Skalen zur Fremdeinschätzung, die im vorliegenden Projekt von der Projektleitung, allerdings in stark reduzierter Form, vorgenommen wurde. Die Skalen umfassen u.a. die für die vorliegende Studie relevanten Bereiche Körperpflege (Personal Hygiene), Versorgung (Nutrition/Diet), Gesundheitsvorsorge

(Physical Health Care), räumliche Gegebenheiten (Overcrowding), Sauberkeit im Haushalt (Household Sanitation), Sicherheit im Haushalt (Physical Safety in Home), Finanzmanagement (Money Management), Ressourcen der Eltern/Mutter für Kinderbetreuung (Parental Capacity for Child Care), Beziehung der Eltern (Parental Relations), Kontinuität der Elternschaft (Continuity of Parenting), Reflexion von Problemen (Parental Recognition of Problems), Motivation, Probleme zu lösen (Parental Motivation to solve Problems), soziale Unterstützung der Bezugsperson (Support for Principal Caretaker), Förderung der Kinder (Parental Teaching/Stimulating of Children).

Um eine Risikoeinschätzung vornehmen und feststellen zu können, ob Risikofaktoren im Zeitverlauf der Erziehungspartnerschaft verringert werden konnten, wurden den Skalen einige aussagekräftige Items entnommen, durch die sowohl distale als auch proximale Risikofaktoren (vgl. Abschnitt 5.1.3) erfasst werden können. Die abgefragten distalen Risikofaktoren waren: relative Armut, Alleinerziehendenstatus, negative Lebensereignisse, Isolation bzw. geringe soziale Unterstützung, hohe Stressbelastung (körperlich und/oder seelisch), Partnerschaftskonflikte und psychische Krankheit. Proximale Risikofaktoren waren: Partnerschaftsgewalt in der Familie, frühere Misshandlungen eines Kindes, unrealistische Erwartungen an das Kind, ein negatives Bild vom Kind sowie die Bejahung harscher Strafen.

An dieser Stelle ist erneut zu erwähnen, dass das Modellprojekt „Starke Mütter – Starke Kinder" nicht darauf abzielte, Fälle von Kindeswohlgefährdung aufzudecken. Risikofaktoren (und hier seien vor allem distale Risikofaktoren genannt), die in mehr oder weniger starker Ausprägung in den meisten Familien zu beobachten sind, wurden lediglich erhoben, um zu späteren Messzeitpunkten eruieren zu können, ob sich durch die Projektkonzeption Risikofaktoren, die nur in sehr seltenen Fällen und in starker Summierung zu einer tatsächlichen Gefährdung des Kindeswohls führen, reduzieren oder minimieren lassen.

Zur Beantwortung der unter Kapitel 4 formulierten Forschungsfragen wurden des Weiteren die im Folgenden beschriebenen Fragebögen und Interview-Leitfäden entwickelt.

6.3 *Fragebögen und Interviews*

6.3.1 Fragebögen für Zielgruppenmütter

1. „Mütter-Fragebogen"

Die Mütter wurden im Rahmen des Projektes insgesamt dreimal befragt. Es fanden ein Erst-, ein Zwischen- und ein Abschlussgespräch durch die wissenschaftliche Begleitung oder in einigen Fällen durch die Projektleiterin statt. Die Fragebögen wurden bei der Befragung von der wissenschaftlichen Begleitung oder der Projektleitung ausgefüllt, entsprechen also einer Fremdbeurteilung.

Die demographischen Daten der Mütter wurden in den Erstgesprächen erfasst.

Das Zwischengespräch nach 15 Monaten sollte eine Möglichkeit zum Feedback sowohl für die Mütter und Erziehungspartnerinnen als auch für die Projektleitung und die wissenschaftliche Begleitung darstellen (entsprechend der Vorgaben an eine formative Evaluation, vgl. auch Kap. 5.2.2). Notwendige Modifikationen konnten zu diesem Zeitpunkt noch vorgenommen werden. Die drei Hauptbereiche der Befragung stellten die „Lebensqualität der Mutter/Bezugsperson", die „soziale Netzwerkstruktur der Familie" und Fragen zur „Risikoeinschätzung bei Kindeswohlgefährdung" dar. Aufgrund der drei Messzeitpunkte konnten Veränderungen in den einzelnen Bereichen erfasst werden.

Tabelle 1 gibt einen Überblick über die Inhalte der Befragung. Die Fragebögen enthielten sowohl geschlossene Fragen mit vorgegebenen Kategorien als auch offene Fragen.

Tabelle 1: Inhalte der Befragung der Mütter zu drei Messzeitpunkten

t_0 Projektbeginn	t_1 nach 15 Monaten	t_2 nach drei Jahren
Erstgespräch mit der Mutter/Bezugsperson	Zwischengespräch mit der Mutter/Bezugsperson	Abschlussgespräch mit der Mutter/Bezugsperson
- Erwartungen an die Projektteilnahme → Auftragsklärung	- Konnten bestimmte Erwartungen bereits erfüllt werden?	- Wurden die Erwartungen (teilweise) erfüllt?
- Engagementbereitschaft zur Zielerreichung	- Engagementbereitschaft zur Zielerreichung	- Wurde aus Sicht der Mutter von ihr selbst genug Engagement mitgebracht?
- Unterstützungsbedarfe aus Sicht der Mutter	- Unterstützungsbedarfe aus Sicht der Mutter	- Wurden die Unterstützungsbedarfe erfüllt?
- Lebenssituation der Mutter/Familie; Erfassung möglicher Risikofaktoren	- Lebenssituation der Mutter/Familie; Erfassung von Risikofaktoren	- Lebenssituation der Mutter/Familie; Erfassung von Risikofaktoren
- Erfragung der mikrosozialen Netzwerke, auf die zum Zwecke der Unterstützung zugegriffen werden kann	- Erfragung der mikrosozialen Netzwerke → Sind bereits Veränderungen in der Netzwerkstruktur erkennbar?	- Erfassung der mikrosozialen Netzwerkstrukturen → Haben sich die Strukturen im Projektverlauf verändert?
- Erfassung der Lebensqualität der Mutter/Bezugsperson	- Erfassung der Lebensqualität der Mutter/BP	- Erfassung der Lebensqualität der Mutter/BP

6.3.2   Fragebögen für Erziehungspartnerinnen

1. Erziehungspartnerinnen-Fragebogen:

Die Erziehungspartnerinnen wurden ebenso wie die Mütter im Rahmen eines Erst-, Zwischen- und Abschlussgespräches durch die Projektleitung bzw. die wissenschaftliche Begleitung befragt. Tabelle 2 gibt einen Überblick über die Inhalte der Befragung. Auch hier war aufgrund der drei Messzeitpunkte eine Erfassung von Veränderungen in den einzelnen erfassten Bereichen gewährleistet. Die Befragung über die einzelnen Themenbereiche erfolgte auch hier sowohl anhand geschlossen gestellter als auch anhand offener Fragen.

Tabelle 2:
Inhalte der Befragung der Erziehungspartnerinnen zu drei Messzeitpunkten

t_0 Projektbeginn	t_1 nach 15 Monaten	t_2 nach drei Jahren
Erstgespräch mit der Erziehungspartnerin	Zwischengespräch mit der Erziehungspartnerin	Abschlussgespräch mit der Erziehungspartnerin
- aktuelle Lebenssituation der Erziehungspartnerin	- aktuelle Lebenssituation der Erziehungspartnerin	- aktuelle Lebenssituation der Erziehungspartnerin
- Motivation zur Teilnahme am Projekt	- Motivation zur Teilnahme am Projekt	- Wurden die Ziele/Erwartungen an das Projekt erfüllt?
- Ziele der Erziehungspartnerin im Projekt	- Ziele der Erziehungspartnerin im Projekt	- Wurde genug Engagement mitgebracht?
- Engagementbereitschaft zur Zielerreichung	- Engagementbereitschaft zur Zielerreichung	- Widerstände und Probleme im Netzwerk der Mutter
	- Widerstände und Probleme im Netzwerk der Mutter	

2. Fragebogen für ausscheidende Erziehungspartnerinnen:

Der Fragebogen für Erziehungspartnerinnen, die vorzeitig aus dem Projekt ausschieden, jedoch die Schulung abgeschlossen haben, beinhaltet

- Fragen zu Gründen des Ausscheidens,
- Fragen zur individuellen Zielerreichung,
- Fragen zu den Auswirkungen der neu gewonnenen Erfahrungen und Kenntnisse auf persönliche Lebensbereiche,
- Fremdbeurteilung des Projektes durch die Erziehungspartnerin: Einschätzung der Erfüllung der Anforderungen und der Wirksamkeit des Programms bei den Familien,
- Fragen zu selbst wahrgenommenen Angeboten im Projekt (z.B. Rückenschule, Deutschgesprächskreis etc.) und deren Beurteilung im Hinblick auf
  - o das Angebot insgesamt,
  - o persönliche Lernerfahrungen,
  - o Möglichkeit zur Kontaktaufnahme zu anderen Müttern,
  - o Kinderbetreuung.
- Fragen zur mikrosozialen Netzwerkstruktur.

6.3.3   Allgemeiner Teilnehmerinnen-Fragebogen

Eine Vielzahl der Projektteilnehmerinnen nahmen an den diversen Projektange-
boten teil, ließen sich aber nicht zur Erziehungspartnerin schulen und hatten
auch nicht das Bedürfnis, als begleitete Mutter eine Erziehungspartnerschaft
einzugehen. Für sie wurde ein allgemeiner Teilnehmerinnen-Fragebogen entwickelt. Hiermit wurden die besuchten Angebote sowie die Regelmäßigkeit, mit
der die Angebote besucht werden, erfasst. Weiterhin bewerteten die Teilnehmerinnen die Angebote in Bezug auf die allgemeine Zufriedenheit mit dem jeweiligen Angebot sowie die Zufriedenheit hinsichtlich Kinderbetreuung, persönlicher
Lernerfahrungen und die Möglichkeit zur Kontaktaufnahme zu anderen Müttern.
Außerdem bestand die Möglichkeit, nach jedem Item Änderungs- oder Verbesserungsvorschläge anzubringen sowie sich allgemein zu dem jeweiligen Angebot zu äußern.

7 Ausführliche Darstellung der Forschungsergebnisse

Im Folgenden werden die Forschungsergebnisse, orientiert an den in Kap. 4 aufgeführten Fragestellungen, dargestellt und anschließend diskutiert.

7.1 Zugänge zur Zielgruppe (F1-F2)

Der Aufbau dauerhafter Zugänge zur vertrauensvollen Zusammenarbeit mit der Zielgruppe muss als behutsamer und langfristig angelegter Prozess angesehen werden. Zum einen, weil die „Akquise" von Zielgruppenmüttern bei unsensiblem Vorgehen einen stigmatisierenden Verlauf nehmen kann (wer möchte schon gerne zur Zielgruppe sozial benachteiligter Mütter gehören?) und es nicht *den einen*, für alle Mütter passenden Zugang gibt, zum anderen, weil die Schaffung eines vertrauensvollen Verhältnisses immer Zeit benötigt.

Aus diesen Gründen erfolgten die Bemühungen um Zugänge zur Zielgruppe auf mehreren Ebenen gleichzeitig:

1.) Vernetzung im Stadtteil,
2.) Bekanntmachung des Projektes über Aktionen und Medien,
3.) Akquise potenzieller Erziehungspartnerinnen,
4.) Personalakquise,
5.) Schaffung erster offener Angebote – zielgruppenunabhängig – für alle Mütter/Familien mit Kindern unter drei Jahren im Stadtteil.

Diese Punkte werden im Folgenden näher ausgeführt.

7.1.1 Vernetzung im Stadtteil

Um Entscheidungswege und –träger sowie potenzielle KooperationspartnerInnen erkennen und berücksichtigen zu können, fand zunächst eine Orientierung im Stadtteil statt sowie eine Informationserhebung über die Bevölkerungsstruktur in der Mainzer Neustadt. Im Anschluss daran erfolgte eine Bekanntmachung des Projektes und der Projektleiterin bei den im Folgenden aufgelisteten potenziellen MultiplikatorInnen und KooperationspartnerInnen:

- Mainzer Netzwerk „Elternbildung: Von Anfang an!"
- Viva Familia – AK „Elternkompetenz"
- Gesundheitsteams vor Ort
- Migrationsbüro der Stadt Mainz
- Verein „Armut und Gesundheit"
- Jugendamt
- Neustadtgruppe (hier sind Einrichtungen vertreten, die in der Mainzer Neustadt sozial und pädagogisch arbeiten, wie z.b. Schuldnerberatung Spatz e.v., Caritas, ASD, Jugendgerichtshilfe, Verein Arbeit + Leben, Armut und Gesundheit, Café Unplugged, Verein Lachende, Spielende und Lernende Kinder e.V., ev. Erziehungsberatungsstelle, Quartiersmanagement, internationaler Bund IB) und Einzelkooperationen
- Verein für Gesundheitsprävention in Mainz + Umgebung e.V. von türkischsprachigen Mainzern
- Grundschulen und Kitas im Stadtteil
- Qualitätszirkel Mainzer Kinderärzte
- Qualitätszirkel Mainzer Hausärzte
- Kinderstationen der Mainzer Krankenhäuser St. Vincenz und St. Elisabeth, St. Hildegardis, Universitätsklinikum
- Sozialpädagogische Familienhilfe im Jugendamt der Stadt Mainz
- einzelne niedergelassene GynäkologInnen
- Projektträger (SKF und Kinderschutzzentrum) von „Auf den Anfang kommt es an!" (Elternbildungsprogramm für die Schwangerschaft und die Zeit direkt nach der Entbindung), Vereinbarung einer Kooperation (wechselweise Weitergabe von Informationen zu den jeweiligen Angeboten).

Diese „Bekanntmachung" erfolgte in Form einer persönlichen Vorstellung kombiniert mit der Bereitstellung schriftlicher Unterlagen wie z.B. Projektflyern. Bei den genannten MultiplikatorInnen und KooperationspartnerInnen stieß das Projekt häufig auf positive Resonanz, in Einzelfällen war jedoch viel Überzeugungsarbeit erforderlich, um zu gewährleisten, dass das Projekt nicht als Konkurrenz zu eigenen Angeboten wahrgenommen wurde, sondern – neben dem ergänzenden Charakter zum vorhandenen Spektrum – im Gegenteil auch als Chance, die bisher nicht erreichbaren Zielgruppen mittel- und langfristig auch für bereits bestehende Angebote zu erschließen.

7.1.2 Bekanntmachung des Projektes über Öffentlichkeitsarbeit und Medien

Auch die Öffentlichkeitsarbeit spielte eine wichtige Rolle bei der Bekanntmachung des Projektes sowie bei der Anwerbung von Erziehungspartnerinnen und Zielgruppenmüttern. Hierzu wurden die folgenden Quellen genutzt:

- Präsentation am Mainzer Ehrenamtstag `06,
- Präsentation beim Tag der Kinderbetreuung `06,
- SWR Sendung zum Thema „Frühwarnsysteme" im Oktober 2006. Vorstellung des Projektes durch die Projektleiterin und eine geschulte Erziehungspartnerin,
- diverse Zeitungsartikel (Neustadtanzeiger, Rhein-Zeitung, AZ, etc.),
- Veranstaltungsankündigungen in regionalen, z.T. kostenfreien Zeitungen (Wochenblatt, Neustadtanzeiger 09/2006, 03/2007 etc.),
- Tag der offenen Tür im Rahmen der ARD-Themenwoche „Kinder sind Zukunft" am 14.04.2007 in den Projekträumen,
- Beteiligung am Aktionstag Kinderbetreuung gemeinsam mit einigen Erziehungspartnerinnen am 04.07.2007,
- Projektvorstellung beim türkischen Frauentreff von „Arbeit und Leben im Neustadtzentrum" am 05.09.2007,
- Im Rahmen der Präsentation des Netzwerkes „Elternbildung von Anfang an" am 08.09.2007 auf dem Wochenmarkt am Dom in Mainz ,
- Projektpräsentation in der Katholischen Fachhochschule Mainz (KFH-Mainz) in einer Lehrveranstaltung,
- Vernetzung eines weiteren Deutsch-Gesprächskreises (Angebot des Quartiermanagements) mit dem Projekt-Gesprächskreis zur Verbreitung des Projektangebotes,
- räumliche Vernetzung mit einem Angebot des Kinderschutzbundes zur Kindertagesqualifizierung ebenfalls zur Information potenzieller MultiplikatorInnen.

7.1.3 Akquise potenzieller Erziehungspartnerinnen

Die Projektleiterin und die wissenschaftliche Begleitung entschieden sich dafür, zuerst potenzielle Erziehungspartnerinnen anzuwerben und zu schulen, bevor Mütter angeworben wurden, die sich für eine individuelle Begleitung durch eine geschulte Erziehungspartnerin interessierten. So sollte sichergestellt werden, dass bei ermittelter Nachfrage auch direkt eine Vermittlung mit einer Erziehungspartnerin stattfinden konnte. Darüber hinaus bot sich dieses Vorgehen an, da die geschulten Erziehungspartnerinnen wiederum als Multiplikatorinnen im Stadtteil genutzt werden konnten und möglicherweise besser einen Zugang zu Müttern aus dem Stadtteil finden würden. Gerade von der Anwerbung von Erziehungspartnerinnen nicht-deutscher Herkunft versprach man sich einen einfacheren Zugang zu Familien mit Migrationserfahrung.

Zur Akquise der Erziehungspartnerinnen wurden zunächst Flyer entworfen, deren Projekttitel in fünf Sprachen (deutsch, türkisch, italienisch, kroatisch, arabisch) übersetzt wurden. Die Auswahl der Sprachen ergab sich aus der Informationserhebung über die Bevölkerungsstruktur in der Mainzer Neustadt. Die Flyer wurden im Stadtteil verteilt, doch der gewünschte Erfolg blieb aus.

Um die Erfolgsaussichten für die Anwerbung von Erziehungspartnerinnen und später auch von Müttern und Familien in der Mainzer Neustadt zu verbessern, wurde – im Rahmen der formativen Evaluation des Projekts – eine „Flyerevaluation" in zwei Schritten durchgeführt:

Zunächst wurde der entworfene Flyer „Werden Sie Erziehungspartnerin in der Mainzer Neustadt" (Projekttitel in fünf Sprachen übersetzt) in einem von Struktur und Bevölkerungszusammensetzung adäquaten Mannheimer Stadtteil von der wissenschaftlichen Begleitung hinsichtlich seiner Wirkung evaluiert. Dreißig Mütter wurden auf Spielplätzen angesprochen. Außerdem konnten zwei Erzieherinnen eines Kindergartens aus dem gleichen Stadtteil befragt werden. Alle befragten Personen wurden aufgefordert, den Flyer, den sie vorher zur Lektüre vorgelegt bekamen, zu bewerten. Die Bewertung erfolgte anhand eines teilstandardisierten Interviews (vgl. Anhang C: Fragebogen Flyerevaluation). Des Weiteren wurden die Mütter gefragt, ob sie sich selbst vorstellen könnten, an einem solchen Projekt teilzunehmen, was sie sich von einer Teilnahme erhofften, welche Anreize und welche Bedenken oder gar Hinderungsgründe für eine Teilnahme aus ihrer Sicht bestünden. Diese Befragung erbrachte viele hilfreiche Hinweise, sowohl für die anschließende Umgestaltung des Flyers als auch für die Projektentwicklung sowie die Projektpräsentation bei Müttern und potentiellen Erziehungspartnerinnen in der Mainzer Neustadt.

Zusammenfassend erbrachte die Flyer-Evaluation die folgenden Ergebnisse: Der Flyer wurde von allen Befragten als verständlich und ansprechend beurteilt. Das Projekt an sich stieß auf großes Interesse.

Als problematisch erwies sich aber die (hypothetische) Bereitschaft, Erziehungspartnerin zu werden. Die mangelnde Bereitschaft wurde folgendermaßen begründet:

1.) Ein ansprechender Anreiz ging für die befragten Mütter nicht aus dem Flyer hervor.

2.) Viele Mütter trauen sich eine solche Aufgabe nicht zu, da eine derartige Tätigkeit häufig mit „Professionalität" in Verbindung gebracht wird und viele Mütter sich nicht „professionell genug" fühlten. Anregungen der Mütter waren eine direkte Ansprache potentieller Erziehungspartnerinnen und persönliche Ermutigung sowie die Schaffung des Zugangs zu den Frauen über ein Frauencafé oder über einen Frauentreff. Auch die direkte Ansprache von Eltern im Rahmen eines Elternabends im Kindergarten bzw. die Ansprache geeigneter Mütter durch kooperierende Erzieherinnen in den Kinderbetreuungseinrichtungen wurde von den befragten Müttern als hilfreich eingeschätzt.

Die beiden befragten Erzieherinnen sahen insbesondere Probleme in der Anwerbung türkischer Frauen, begründet durch den kulturellen bzw. familiären Hintergrund. Selbst wenn Flyer und Schulungen ins Türkische übersetzt würden, um die sprachliche Barriere zu überwinden, machten die Erzieherinnen auf viele andere Hürden aufmerksam, wie z.B. familiäre Restriktionen. Eine Anregung der Erzieherinnen war die Ansprache und Ermutigung durch türkische Erzieherinnen in den Einrichtungen, da diese eine höhere Akzeptanz bei den Familien genießen.

Auf diesen Ergebnissen basierend wurde der Flyer überarbeitet. Insbesondere wurde die Schulung, Begleitung und Unterstützung der Ehrenamtlichen noch stärker hervorgehoben, um ihnen die Angst vor Überforderung zu nehmen. Es folgte eine direkte Ansprache von Müttern auf Spielplätzen, in Geschäften, Friseurläden etc. in der Mainzer Neustadt. Hierbei wurden die überarbeiteten Flyer an Mütter verteilt. Auch diese Mütter wurden kurz zu dem Flyer und dem Projekt befragt. Allerdings wurde hier die Absicht verfolgt, mit den Müttern ins Gespräch zu kommen, um mögliche Erziehungspartnerinnen für das Projekt interessieren und gewinnen zu können. Des Weiteren wurde das Projekt, den Anregungen befragter Mütter und Erzieherinnen entsprechend, auf Elternabenden in den Kindergärten der Mainzer Neustadt vorgestellt. Im Flurbereich der Projekträume (der gleichzeitig als Zugang zur Ortsverwaltung und zu anderen sozialen Einrichtungen diente) wurden Fotos und Informationsplakate in unterschiedlichen Sprachen aufgehängt. Innerhalb weniger Wochen konnten auf diese Weise 22 Teilnehmerinnen für eine erste Schulung zur Erziehungspartnerin gewonnen werden.

Bei der Erstbefragung gaben die Erziehungspartnerinnen an, über die in Abb. 1 aufgelisteten Zugänge zum Projekt gekommen zu sein:

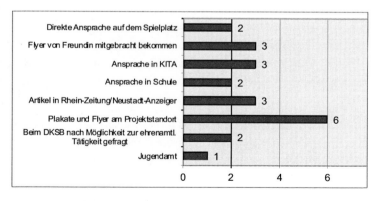

Abb. 1: Zugänge zu den Erziehungspartnerinnen

Es zeigte sich, dass die Plakate und Flyer am Projektstandort bei der Anwerbung der Erziehungspartnerinnen offensichtlich die größte Rolle spielten, aber auch die Ansprache von Müttern auf dem Spielplatz erbrachte direkte und indirekte (Flyer wurde von einer auf dem Spielplatz angesprochenen Freundin mitgebracht) Erfolge. Auch die Artikel in Rhein-Zeitung und Neustadt-Anzeiger konnten potenzielle Erziehungspartnerinnen auf das Projekt aufmerksam machen, ebenso wie die Ansprache in Neustadter Schulen und Kindergärten durch Lehrerinnen bzw. Erzieherinnen. Über den Kinderschutzbund direkt kamen zwei Mütter, die sich gerne ehrenamtlich engagieren wollten, eine Erziehungspartnerin wurde über die Sozialpädagogische Jugendhilfe des Jugendamtes vermittelt.

Um auch für die potenziellen Erziehungspartnerinnen Niedrigschwelligkeit zu erreichen, wurde ein parallel zu den Schulungen stattfindendes Kinderbetreuungsangebot installiert, das durch eine staatlich anerkannte Erzieherin geleitet wurde.

7.1.4 Personalakquise

Im Rahmen der Vernetzungsarbeit konnte eine Sozialpädagogikstudentin marokkanischer Herkunft für das Projekt interessiert und für den Zeitraum von vier Monaten als Praktikantin eingestellt werden. Die marokkanische Herkunft der Praktikantin erwies sich dabei als äußerst förderlich für die Ansprache arabischer Migrantinnen, die zum Teil auch in einer Projektteilnahme mündete.

7.1.5 Schaffung offener Angebote

Bereits bei den ersten Versuchen, Mütter für die Teilnahme am Projekt anzuwerben, stellte sich heraus, dass es sinnvoll war, neben dem Angebot der Erziehungspartnerschaft weitere Angebote für die Zielgruppe bereitzustellen. Diese sollten einerseits eine Alternative zur aufsuchenden Arbeit für die Mütter darstellen, da Besuche Zuhause nicht von jeder Familie erwünscht sind. Weiterhin boten diese Angebote, die für alle Mütter aus dem Stadtteil offen und kostenlos waren und in den Projekträumen stattfanden, die Möglichkeit, mit Müttern oder Familien in Kontakt zu kommen, die sich weitergehende Unterstützung, beispielsweise in Form einer Erziehungspartnerschaft wünschten.

Die Schaffung offener Angebote war ein zentrales Kriterium für die Niedrigschwelligkeit des gesamten Projekts, da sie *allen* Familien den Zugang zum Projekt ohne Hürden und ohne die Gefahr einer Stigmatisierung ermöglichte. Die konkrete Ausgestaltung der offenen Angebote ergab sich aus unterschiedlichen Ansatzpunkten. Begonnen wurde mit den beiden Angeboten „Deutsch-Gesprächskreis" (vgl. Abschnitt 7.1.5.1) und „Mutter-Kind-Café" (vgl. Abschnitt 7.1.5.2) – aufgrund des großen Erfolges wurden sie später stark ausgebaut (vgl. Abschnitt 7.1.5.3 und 7.1.5.5).

Zunächst wird das Zustandekommen der offenen Angebote kurz erläutert werden, anschließend wird der Ausbau der Angebote näher erläutert.

7.1.5.1 Entstehung des Deutsch-Gesprächskreises „Wir sprechen heute deutsch"

Ein Teil der interessierten Erziehungspartnerinnen mit Migrationserfahrung verfügte zwar über ein hinreichend bis gutes deutsches Sprachverständnis, hatte aber doch erheblich Ausdrucksschwierigkeiten. Daraus ergab sich der Ansatz, eine weitere Interessentin, die über Schwerpunkterfahrungen in der Förderung der Konversationsfähigkeit verfügte, dafür zu gewinnen, einen regelmäßigen offenen Gesprächskreis für interessierte Frauen anzubieten. So konnten Mütter, die an einer Schulung zur Erziehungspartnerin interessiert waren, deren Deutsch aber noch nicht ausreichte, um sich aktiv einzubringen oder gar den Schulungsinhalten folgen zu können, vorweg den Deutsch-Gesprächskreis besuchen. Somit blieb die Anbindung an das Projekt gewährleistet, internationale Kontakte konnten entstehen und interessierte Mütter hatten die Möglichkeit, an der zweiten Erstschulung, die ein halbes Jahr später stattfand, teilzunehmen. Eine Anmeldung und regelmäßige Teilnahme waren keine Bedingung und Kosten wurden nicht erhoben. Das Angebot sprach sich schnell herum und es kamen bald weitere interessierte Teilnehmerinnen hinzu.

7.1.5.2 Entstehung des Mutter-Kind-Cafés

Nachdem die erste Gruppe der Erziehungspartnerinnen geschult war, stellte sich die Frage, wie Zielgruppenmütter für das Projekt gewonnen werden konnten, ohne diese durch gezielte öffentliche Ansprache gleichzeitig zu stigmatisieren. So entstand die Idee eines regelmäßigen Mutter-Kind-Cafés für Mütter aus dem Stadtteil, die Lust hatten, mit ihren Kindern einmal pro Woche in gemütlicher Atmosphäre ein günstiges Frühstück einzunehmen und sich mit anderen Müttern aus dem Stadtteil auszutauschen. Später konnte – zunächst zweimal monatlich – eine Stillberatung durch eine ausgebildete Krankenschwester und Stillberaterin (finanziert über „Gesundheitsteams vor Ort") im Rahmen des Cafés angeboten werden.

Nach anfänglichen Startschwierigkeiten fand das Mutter-Kind-Café immer stärkeren Zulauf von Müttern aus 20 Herkunftsländern (vgl. Abb. 2).

Die Verantwortung für Planung und Durchführung des Cafés wurde schrittweise an die Erziehungspartnerinnen abgegeben, so dass diese sich nach einiger Zeit im Rahmen einer angeleiteten Cafégruppe relativ eigenständig um die Aufrechterhaltung des Cafébetriebes kümmerten. In der Cafégruppe fanden organisatorische Absprachen sowie Diskussionen von Problemen innerhalb des Café-Betriebes und die Entwicklung von Lösungsmöglichkeiten ebenso statt wie die Erörterung neuer Ideen und Umsetzungsmöglichkeiten.

7.1.5.3 Weitere offene Angebote

Da sich offene Angebote als guter Weg erwiesen, Mütter und Familien zu erreichen und das Projekt im Stadtteil bekannt zu machen, wurden diese in den folgenden Monaten stärker ausgebaut: Im Rahmen der Kooperation mit „Gesundheitsteams vor Ort" konnte einmal wöchentlich das Bewegungsangebot „Stark durch Bewegung" für Schwangere und frisch entbundene Mütter in den Projekträumen und in Trägerschaft des Kinderschutzbundes angeboten werden.

Des Weiteren fand ein „Offener Gesprächskreis zur Frauengesundheit in türkischer Sprache" im Schulungsraum des Projektes und in Trägerschaft des Vereins „Gesundheitsprävention in Mainz und Umgebung" statt. Ziel aller Beteiligten war es, mögliche Synergieeffekte zu nutzen sowie eine wechselseitige Werbung bei Stadtteilbewohnerinnen türkischer Herkunft zu erreichen.

Über „Gesundheitsteams vor Ort" konnten außerdem zwei Erste-Hilfe-Kurse für Notfälle mit Kleinkindern an zwei Samstagen in den Schulungsräumen in Kooperation mit dem DRK durchgeführt werden.

7.1.5.4 Qualifizierte Kinderbetreuung

Parallel zu den genannten Angeboten fand jeweils eine Kinderbetreuung durch eine ausgebildete Erzieherin, häufig verstärkt durch eine ungelernte Kraft, wie z.B. eine Praktikantin, statt. Bei den beteiligten Müttern wurde ein erfahrungsorientierter Lernprozess bzgl. kindlicher Bedürfnisse angeregt, um die Voraussetzungen für kindgerechte Eingewöhnungs- und Übergabebedingungen zu schaffen, die in ähnlicher Form auch in sozialen Einrichtungen wie Kindertagesstätten gelten. Beispielsweise wurden die Kinder bei unzureichender Eingewöhnung sofort zu den Müttern gebracht, wenn sie sich nicht beruhigen ließen, weil einigen durch Gespräche allein die Notwendigkeit einer systematischen Eingewöhnung nicht nahe gebracht werden konnte.

Die parallel stattfindende Kinderbetreuung zu den einzelnen Angeboten wurde im Projektverlauf durch eine zunehmende Verbindlichkeit institutionalisiert, so dass insbesondere die Kerngruppe relativ regelmäßig teilnehmender Kinder in hohem Maße unmittelbar profitieren konnte.

Dies gelang insofern, als sich hier Gelegenheit zu Kontakt, gemeinsamen Erfahrungen, Austausch und Spiel mit anderen Kindern sowie mit anderen Erwachsenen ergab. Daraus resultierten weitere Vorteile für die Kinder:

1. Neben der Muttersprache begannen Kinder mit Migrationshintergrund frühzeitig mit dem parallelen Erwerb der deutschen Sprache.

2. Die Kinder lernten den Umgang mit Regelstrukturen, welche ihnen Überschaubarkeit und Verlässlichkeit im Tagesablauf boten.

3. Durchgängig war eine deutliche Stärkung der altersgemäßen Sozialkompetenz, Frustrationstoleranz und Konfliktfähigkeit zu beobachten.

4. Die Mütter beobachteten neue Erziehungsstrategien und konnten ihnen passend erscheinende aufgreifen.

Erste Rückmeldungen von Krippen und Kindertagesstätten, die uns über die Mütter vermittelt wurden, deuteten darauf hin, dass den Kindern ein leichter Einstieg und eine gute Integration in die Gruppe gelang, so dass sich der Eindruck verstärkte, dass das Ziel der guten Vorbereitung eines gelingenden Überganges in die institutionelle Kinderbetreuung durch die Spiel- und Fördergruppen besonders gut gelang. Dies war auch im Hinblick auf die Bereitschaft der Mütter, die erforderliche Zeit für eine gute Eingewöhnung aufzubringen, zu beobachten, die durch die Vorerfahrung im Projekt gestärkt zu sein schien.

Weiterhin konnte beobachtet werden, dass vor allem Mütter mit muslimischem Hintergrund im Alltag Schwierigkeiten mit der Realisation ihres tradierten Mutterbildes hatten.

So ist die Mutter nach Aussagen einer ehrenamtlichen Projektmitarbeiterin mit muslimischem Hintergrund dafür verantwortlich, dass es ihrem Kind, solange es noch so klein ist, immer gut geht, dass es sich immer wohl fühlt und dass es stets zufrieden ist. Mag dieser Anspruch in einem familiären Umfeld mit vielen unterstützenden Personen einigermaßen zu bewältigen sein, wird er für eine alleinverantwortliche Mutter ohne umfängliche Unterstützung schon viel schwerer leistbar. So zeigte sich im Projekt immer wieder, dass Mütter verzweifelt um die Aufnahme ihres Kindes in die Kinderbetreuung baten, weil dieses zu regelmäßigen Zornausbrüchen neigte, sobald es seinen Willen nicht bekam. Oft folgte nach einer Zeit der Auseinandersetzung schließlich das Einlenken der Mutter und die volle Befriedigung des zunächst abgelehnten kindlichen Wunsches. Zu der individuell erlebten starken Belastung solcher sich ständig wiederholender Konfliktkreisläufe kommt häufig die Sorge, dass dieses Verhalten die Kinder im Kindergarten in große Schwierigkeiten bringen kann. Die Beobachtung, dass schon zwei Vormittage wöchentlich ausreichen, um dieses Verhalten in der Kindergruppe allmählich reduzieren zu können und gleichzeitig zu sehen, dass die Kinder sich in der Kindergruppe dennoch wohl fühlen, stellt für deren Mütter eine große Erleichterung dar und ermutigt darüber hinaus, das eigene Verhalten zu überdenken. Ergänzend unterstützen diesbezüglich Gespräche mit der Erzieherin.

7.1.5.5 Die offenen Angebote des Jahres 2008 im Überblick

Im Jahr 2008 fand das Projekt besonders regen Zulauf und konnte mit den folgenden offenen Angeboten werben:

- Bewegungsanregungen für Schwangere und Mütter zur Stärkung von Rücken und Gelenken (1x wöchentlich),
- „Eine Stunde Zeit für uns" – ein Eltern-Kind-Angebot für Mütter/Väter mit Säuglingen (1x wöchentlich),
- Deutsch-Gesprächskreis für Migrantinnen (1 x wöchentlich),
- Mutter-Kind-Café (inzwischen in Kooperation mit der Mainzer Tafel, um mehr Obst und Gemüse bei gleichzeitiger Beibehaltung der niedrigen Preise anbieten zu können, 1 x wöchentlich),
- Offene Stillberatung (1 x wöchentlich im Rahmen des Mutter-Kind-Cafés),
- Elternkurse: „Starke Eltern – Starke Kinder" (ein Vormittags- und ein Abendkurs),
- Elternstammtisch für ehemalige Elternkursteilnehmer (ca. 1x monatlich)
- Berufsorientierungskurs „Zukunftswegweiser" (in Kooperation mit dem Projekt „Step on", Universität Mainz).
- Einzelberatungen in Erziehungs- und Sozialfragen ergaben sich im Kontext der Wahrnehmung oben genannter Angebote über die Vermittlung der KursleiterInnen oder durch persönlichen Kontakt zur Projektleiterin.
- Betreute Spiel- und Fördergruppen für Kinder von unter 3 Jahren (2x wöchentlich á 4 Stunden).

Von den hier genannten offenen Angeboten konnten sowohl Mütter als auch deren Kinder profitieren. Aufgrund der kostengünstigen bzw. kostenlosen Angebote für alle Mütter aus dem Stadtteil konnte eine starke Niedrigschwelligkeit, auch für Mütter, die als „schwer erreichbar" eingestuft werden können, erreicht werden.

Um den Nutzen der offenen Angebote für die Mütter sowie eventuelle Mängel oder Kritik eruieren zu können, wurden nahezu alle Mütter, die regelmäßig an den offenen Angeboten teilnahmen, durch die wissenschaftliche Begleitung befragt. Die Ergebnisse dieser Befragung finden sich in Kapitel 7.2.

7.1.6 Probleme bei der Schaffung und Stabilisierung von Zugängen zur Zielgruppe

Bei der Vernetzung im Stadtteil wurde von einzelnen KollegInnen befürchtet, dass der Einsatz ehrenamtlicher Mitarbeiterinnen dem Bedarf der Zielgruppen nicht entspräche und den anfallenden Problemlagen nicht gerecht werden könne.

Dieser Skepsis begegnete die Projektleiterin mit der Erläuterung der Chancen, die eine Ansprache auf Augenhöhe mit sich bringt:

- Unsicherheiten und durch soziale Unterstützung lösbare Probleme können angegangen und eine mögliche Eskalation kann so vermieden werden.
- Die Schulung sowie die nahe Begleitung und die Supervidierung vermittelter Erziehungspartnerinnen unterstützen diese, ihre ehrenamtlichen Grenzen zu wahren und bei darüber hinausgehenden Problemlagen eine direkte Einbeziehung der Projektleiterin anzuregen, die von Beginn an ebenfalls im persönlichen Kontakt zur teilnehmenden Mutter steht.
- Eine Ansprache auf Augenhöhe birgt die Möglichkeit, über diesen Einstieg der Erziehungspartnerschaft im Bedarfsfall einen leichteren Zugang zu bereits vorhandenen professionellen Hilfen zu bieten.

Ein weiteres Problem bei der Akquise stellte die Tatsache dar, dass die im psychosozialen Bereich arbeitenden KollegInnen im Stadtteil in der Regel in ihrem eigenen Arbeitsbereich einer stetig steigenden Arbeitsverdichtung ausgesetzt waren. Die Strategie der Projektleiterin im Umgang mit diesen – von den ProjektmitarbeiterInnen nicht beeinflussbaren – Bedingungen basierte im Wesentlichen auf einer weitgehend regelmäßigen und aktiven Teilnahme in unterschiedlichen Vernetzungsstrukturen, um persönliche Beziehungen herzustellen und zeitnahe Informationen verteilen zu können. Etwa zwei Jahre nach Projektbeginn konnte beobachtet werden, dass die Arbeit des Projektes weitgehend bekannt und anerkannt und damit im Alltagsbewusstsein vieler KollegInnen angelangt war, die dieses Wissen dann auch in ihren Arbeitszusammenhängen multiplizierten, was zur Folge hatte, dass mehrere Mütter an das Projekt „Starke Mütter – Starke Kinder" verwiesen wurden.

Im Projektverlauf gab es drei Vorfälle, die etwa zeitlich parallel verliefen und zu einem vorübergehenden Einbruch der Teilnahmezahlen führten:

Im Rahmen der Öffentlichkeitsarbeit des Projektes „Gesundheitsteams vor Ort",
einem Kooperationsprojekt des Modellprojekts, wurde ein Foto von einer Mutter
mit Kind aus dem Bewegungsangebot unmittelbar über einen Text gesetzt, der
mit den einleitenden Worten begann: „Keine Arbeit, kein Geld, keine Freunde,
schwierige Familien- oder Wohnverhältnisse, Bewegungsmangel, ungesunde
Ernährung und vielleicht auch ein Drogenproblem...." (Neustadtanzeiger
09/2007). Es erklärt sich von selbst, dass dieses Vorgehen die Schaffung von
Zugängen in starkem Maße behindert. Weiterhin stellt es eine außerordentliche
Stigmatisierung für die Abgebildeten dar, deren Foto in einem unmittelbaren
Kontext veröffentlicht wurde, der in keiner Weise ihre tatsächliche Lebenssitua-
tion beschrieb.

Die Projektleiterin reagierte auf diese stigmatisierende Fehlinformation damit,
dass sie die Redaktion dafür gewann, in der Folgeausgabe des Neustadtanzeigers
(12/2007) dasselbe Foto mit einem neuen Beitrag anderer Stoßrichtung erneut zu
veröffentlichen.

Zwei Kinder einer regelmäßig anwesenden und in Erziehungspartnerschaft
begleiteten Mutter wurden durch das Jugendamt in Obhut genommen, als diese
einen akuten psychotischen Schub durchlebte. Äußerungen dieser Mutter gegenüber anderen Besucherinnen und Teilnehmerinnen führten zu einem Ver-
trauensverslust gegenüber den Projektmitarbeiterinnen. Aufgrund der Schwei-
gepflicht war das Geschehen nur sehr bedingt kommunizierbar.

Etwa zeitgleich kam es zu einem tiefgreifenden privaten Konflikt zwischen einer
früheren Praktikantin und einer teilnehmenden Mutter, die auch gemeinsam mit
ihrem Ehemann Familienberatung in Anspruch genommen hatte. Diese Auseinandersetzung wies kulturkreisspezifische Besonderheiten (Glaube an „Schwar-
ze Magie") und eine Eigendynamik außerhalb des Projektkontextes auf, die von
den Mitarbeiterinnen nur zum Teil nachvollzogen und trotz der hinzugezogenen
externen Beratung nicht zufrieden stellend gehandhabt oder gelöst werden
konnte. So entstanden in der Herkunftscommunity Gerüchte, die zu einem
Einbruch der Teilnehmerinnenzahlen aus diesem Kulturkreis führten. Dieser
Rückgang konnte jedoch im Laufe der Zeit erfolgreich überwunden bzw. sogar
überkompensiert werden.

In den letzten beiden Fällen war die schnelle Hinzuziehung externen Experten-wissens eine wesentliche Hilfe, um handlungsfähig zu bleiben, auch wenn keine optimalen Lösungen gefunden werden konnten. Möglich war die schnelle in-formelle Beratung durch die gute Vernetzung im Stadtteil und darüber hinaus.

Es traten im Projektalltag wiederholt Situationen auf, die unter Umständen, aber nicht zwangsläufig, auf einen interkulturellen Zusammenhang verwiesen. Zum Teil konnten Rückfragen an Ehrenamtliche, die einen ähnlichen kulturellen Hintergrund mitbrachten, zur Klärung beitragen, welcher Kontext für die weite-re Bearbeitung passend sein könnte. Aus diesem Grund scheint es sinnvoll, die eigene interkulturelle Kompetenz (zusätzlich zur Frequentierung entsprechender Fortbildungsangebote) zu erweitern, indem bei der Zusammenstellung eines Teams auch gezielt geeignete BewerberInnen angesprochen werden, die über Migrationserfahrung verfügen.

7.1.7 Fazit

Es lässt sich festhalten, dass die Voraussetzung für die Schaffung vertrauensvol-ler und stabiler Zugänge im Kontext „Früher Hilfen" eine offene, interessierte Grundhaltung der MitarbeiterInnen gegenüber den Zielgruppen erfordert sowie die Bereitschaft und Geduld zu einem vorsichtigen und kontinuierlichen, wech-selseitig miteinander abgestimmten Beziehungsaufbau. Dazu gehört es eben-falls, sich mit den Vorstellungen und Werten der Zielgruppenangehörigen auseinanderzusetzen, die eigenen Vorstellungen und Werte als Chance zur Erweiterung vorhandener Möglichkeiten einzubringen bzw. anzubieten und diese gleichzeitig nicht zum Maß aller Dinge zu erheben. Dem liegt die Vorstel-lung zugrunde, dass hinter allem Tun von Menschen in der Regel eine positive Absicht steht. Diese gilt es zu ergründen, wenn sich herausstellt, dass die aktuel-len Realisierungsversuche keinen Erfolg versprechen. In diesem Fall lässt sich das Spektrum der Möglichkeiten durch Impulse erweitern, die von den Betroffe-nen dahingehend überprüft werden können, welche zu ihrer persönlichen Le-bensweise und -situation passend erscheinen.

7.2 Die Teilnahme an offenen Angeboten (F3-F5)

Die Befragung zur Teilnahme an den offenen Angeboten stellt keine repräsentative Untersuchung dar. Sie wurde eingesetzt, um beurteilen zu können, wie die Angebote von den einzelnen Teilnehmerinnen angenommen und bewertet wurden. Außerdem bot die Befragung den Teilnehmerinnen die Möglichkeit, Bedarfe bezüglich bestehender oder neuer Angebote aufzuzeigen oder anzuregen. Diese Bedarfe konnten im Rahmen des zirkulären Projektdesigns (vgl. Abschnitt 3.3.1) direkt umgesetzt oder zumindest der Projektleitung rückgemeldet und mit ihr diskutiert werden. Somit blieb die Angebotsstruktur hoch flexibel und konnte direkt auf den Bedarf der Zielgruppe zugeschnitten werden.

Mit der Befragung konnten weitgehend alle Teilnehmerinnen, die mindestens zweimal an den jeweiligen Angeboten teilgenommen hatten, erfasst werden.

7.2.1 Beschreibung der Teilnehmerinnen der offenen Angebote

Zur Teilnahme an den offenen Angeboten „Mutter-Kind-Café", „Bewegungsangebot für Schwangere und frisch entbundene Mütter", „Deutsch-Gesprächskreis", „Eine Stunde Zeit für uns", Elternkurs „Starke Eltern – Starke Kinder", Berufsorientierungskurs „Zukunftswegweiser" und „offene Stillberatung" wurden insgesamt 63 Teilnehmerinnen befragt.

7.2.1.1 Herkunftsländer der Mütter

Wie aus Abbildung 2 ersichtlich wird, handelte es sich bei dem Projekt „Starke Mütter – Starke Kinder" um ein sehr internationales Projekt mit Teilnehmerinnen aus 20 Ländern. Mehr als die Hälfte der Teilnehmerinnen (59%, n = 37) verfügten über Migrationserfahrung. Von den 26 deutschen befragten Müttern lebten acht in einer Mischehe mit einem Mann aus einem anderen Herkunftsland. Am häufigsten vertreten waren (neben der am stärksten vertretenen Gruppe der deutschen Mütter) Frauen aus der Türkei und aus Marokko.

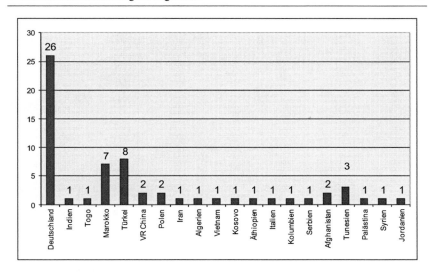

Abb. 2: Verteilung der Herkunftsländer der Teilnehmerinnen

7.2.1.2 Alter der teilnehmenden Mütter

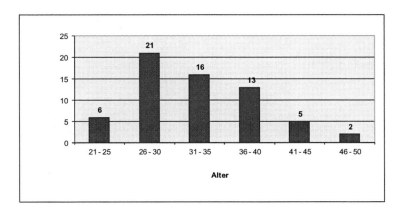

Abb. 3: Verteilung der Altersgruppen

Aus Abb. 3 geht hervor, dass die Teilnehmerinnen zwischen 21 und 50 Jahren alt waren, bei den meisten Teilnehmerinnen jedoch handelte es sich um junge Mütter im Alter von 26 bis 40 Jahren.

7.2.1.3 Anzahl der eigenen Kinder

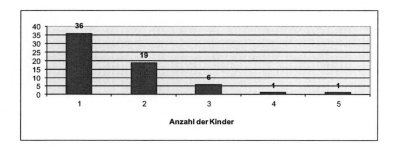

Abb. 4: Anzahl der eigenen Kinder

Von den 63 befragten Frauen hatten 57% (n = 36) zum Zeitpunkt der Untersuchung 1 Kind, 30% (n = 19) der Befragten hatten 2 Kinder, 10% (n = 6) 3 Kinder, eine Mutter (1,5%) hatte 4 Kinder und eine weitere Mutter (1,5%) hatte 5 Kinder.

Verrechnet man die Anzahl der Kinder mit der Anzahl der Teilnehmerinnen lässt sich schließen, dass insgesamt ca. 100 Kinder aus der Mainzer Neustadt vom Modellprojekt „Starke Mütter – Starke Kinder" direkt oder indirekt profitieren konnten. Diese Annahme setzt voraus, dass auch Kinder, die nicht direkt am Projekt teilnahmen, über die Teilnahme ihrer Mutter und deren Lern- und Erfahrungszuwachs indirekt profitieren konnten.

7.2.1.4 Höchster Bildungsabschluss der Teilnehmerinnen

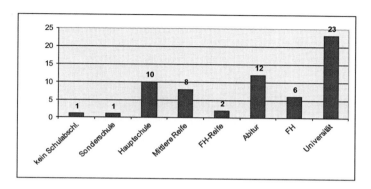

Abb. 5: Höchster Bildungsabschluss der Teilnehmerinnen

Wie Abbildung 5 zeigt, verfügte fast die Hälfte der Teilnehmerinnen (46%, n = 29) über einen universitären bzw. Fachhochschulabschluss, 22% (n = 14) gaben Abitur oder Fachhochschulreife als höchsten Bildungsabschluss an. Dieses Ergebnis scheint zunächst erstaunlich und stützt die Vermutung, dass Familienbildungsangebote vorwiegend von bildungsnahen Familien wahrgenommen werden.

Diese Ergebnisse wurden auch in Untersuchungen von Lösel (2006) ermittelt und kritisiert (vgl. Kap. 2.3). Wie jedoch Sturzenhecker & Richter (2009) zeigen konnten, besteht häufig auch bei Familien der „sozialen Mittelschicht" ein dringender Bedarf an einer Erweiterung der Erziehungskompetenz. Zwar teilen sie in den meisten Fällen nicht die ökonomischen Probleme der sozioökonomisch stärker belasteten TeilnehmerInnen, dennoch unterliegen sie als belastend empfundenen Situationen. Diese werden häufig aufgrund von Isolation und/oder Überforderung hervorgerufen (vgl. hierzu auch Kap. 2.3).

Weiterhin bleibt zu beachten, dass die Angebote des Projektes „Starke Mütter – Starke Kinder" für alle Mütter aus der Mainzer Neustadt geöffnet waren. Diese Festlegung war eine wichtige Grundvoraussetzung des Projektes, da es der Projektleitung ein Hauptanliegen war, Stigmatisierung zu vermeiden. Eine

Vermeidung von Stigmatisierung wird nur möglich, wenn die Türen für alle Mütter gleichermaßen offen stehen.

Bei genauerer Betrachtung der Ergebnisse erschließt sich eine weitere Information (die nicht aus der Grafik hervor geht): 55% (n = 16) der Frauen mit universitärem oder Fachhochschulabschluss kamen aus dem Ausland sowie 64% (n = 9) der Frauen mit Abitur oder Fachhochschulreife. Von diesen 25 Müttern mit Fachhochschulreife, Abitur, FH- oder Universitätsabschluss aus dem Ausland konnten 64% (n = 16) ihren erlernten Beruf in Deutschland nicht ausüben. Dieser Umstand kann zu einem Gefühl sozialer Benachteiligung und Minderwertigkeit führen und somit direkten Einfluss auf die Lebenszufriedenheit und Lebensqualität haben. Des Weiteren kann das Zuhausebleiben mit einem oder mehreren Kindern in einem fremden Land, gerade wenn man die Sprache nicht gut beherrscht, zu sozialer Isolation führen, was wiederum Einfluss auf die Lebensqualität und Lebenszufriedenheit der Mutter und damit auch Einfluss auf die Mutter-Kind-Interaktion haben kann (vgl. hierzu Kap. 5.1.1).

Des Weiteren wird aufgrund einer sozialen Isolation von Mutter und Kind in einem fremden Land die soziale und sprachliche Entwicklung des Kindes erschwert.

Abbildung 5 zeigt weiter, dass 19% (n = 12) der Teilnehmerinnen über einen Hauptschulabschluss verfügten, 13% (n = 8) der Befragten gaben Mittlere Reife als höchsten Bildungsabschluss an.

19% (n = 12) der teilnehmenden Mütter hatten (noch) keinen Beruf erlernt.

7.2.1.5 Anzahl der regelmäßig wahrgenommenen Angebote

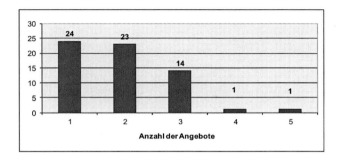

Abb. 6: Anzahl der regelmäßig wahrgenommenen Angebote

Abbildung 6 gibt einen Überblick über die Anzahl der regelmäßig wahrgenommenen Angebote der einzelnen Mütter pro Woche. Berechnet man die durchschnittliche Anzahl der wahrgenommenen Angebote pro Woche, so zeigt sich, dass die befragten Mütter im Durchschnitt an 2 offenen Angeboten pro Woche regelmäßig teilnahmen. Dieses Ergebnis zeugt von einer guten Anbindung der Mütter an das Projekt.

7.2.1.6 Familienstand

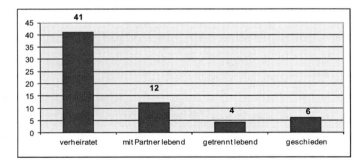

Abb. 7: Familienstand

Wie Abbildung 7 zeigt, waren 84% (n = 53) der Teilnehmerinnen verheiratet oder lebten mit einem Partner zusammen, während 16% (n = 10) der befragten Mütter getrennt lebten oder geschieden waren.

7.2.1.7 Analyse der sozialen Situation

Zur Beschreibung der sozialen Situation der Teilnehmerinnen wurden die folgenden Merkmale herangezogen: „Einkommensarmut[2]", „geringe Bildung"[3], „Migrationshintergrund" und „Alleinerziehendenstatus". Diese „defizitorientierte" Ausprägung der Merkmale wurde deshalb gewählt, um eruieren zu können, ob und inwiefern auch Familien, die in irgendeiner Form von sozialer Benachteiligung betroffen sind, durch das Projekt erreicht werden konnten.

Tabelle 3 gibt Aufschluss über die soziale Situation der Teilnehmerinnen. Merkmale bzw. Merkmalskombinationen, die häufig vertreten waren, wurden hervorgehoben.

Bei der Analyse der sozialen Situation zeigte sich, dass 16% der Mütter (n = 10) mit Migrationshintergrund zusätzlich mit Einkommensarmut und Alleinerziehendenstatus zu kämpfen hatten. 8% der deutschen Mütter (n = 5) waren von Einkommensarmut und geringer Bildung betroffen.

Auf 29% der Teilnehmerinnen (n = 18) traf keines der Merkmale zu. Hier bleibt erneut zu erwähnen, dass eine soziale Benachteiligung keine Voraussetzung für eine Projektteilnahme darstellte.

An der Befragung zu den offenen Angeboten nahmen auch Erziehungspartnerinnen teil, die selbst Projektangebote nutzten.

---

[2] Als „einkommensarm" werden in dieser Arbeit Mütter bezeichnet, die von Arbeitslosengeld II oder von Sozialhilfe leben.

[3] „Geringe Bildung" bezeichnet den Bildungshintergrund von Müttern, die über keinen Schulabschluss, Sonder- oder Hauptschulabschluss verfügen und die *keine* Ausbildung absolviert haben. Diese Kategorisierung entspricht rein formalen Kriterien und trifft sicherlich nicht auf alle Mütter, die diesem Merkmal zugeordnet werden, gleichermaßen zu.

Tabelle 3: Analyse der sozialen Situation der Mütter

Merkmal	n	%
Einkommensarmut (ausschließlich)	2	3 %
geringe Bildung (ausschließlich)	0	0 %
Alleinerziehendenstatus (ausschließlich)	0	0 %
Migrationshintergrund (ausschließlich)	**25**	**40 %**
Einkommensarmut + geringe Bildung	**5**	**8 %**
Einkommensarmut + Alleinerziehendenstatus	1	1 %
Einkommensarmut + Migrationshintergrund	2	3 %
geringe Bildung + Alleinerziehendenstatus	0	0 %
geringe Bildung + Migrationshintergrund	0	0 %
Alleinerziehendenstatus + Migrationshintergrund	0	0 %
Einkommensarmut + geringe Bildung + Alleinerziehendenstatus	0	0 %
geringe Bildung + Alleinerziehendenstatus + Migrationshintergrund	0	0 %
Einkommensarmut + Alleinerziehendenstatus + Migrationshintergrund	**10**	**16 %**
alle Merkmale	0	0 %
kein Merkmal	**18**	**29 %**
Insgesamt	63	100 %

Auch an dieser Stelle muss angemerkt werden, dass auch Frauen, auf die keines der genannten Merkmale zutrifft, durchaus von sozialer Isolation oder Hilflosigkeit in Bezug auf die neue familiäre Situation betroffen sein können oder in ganz bestimmten Bereichen (z.B. Stillberatung) Hilfe und Unterstützung suchen. Da die Angebote für alle Mütter der Mainzer Neustadt offen waren, nahmen auch Frauen teil, die auf der Suche nach sozialem Kontakt oder Abwechslung vom Familienalltag waren oder aber durch ein bestimmtes Angebot in einem bestimmten Bereich neue Erfahrungen sammeln wollten. Die Teilnahme an einem offenen Angebot war grundsätzlich kein Indikator für soziale Benachteiligung.

7.2.2 Bewertung der offenen Angebote

Die Bewertung der offenen Angebote fand durch alle Teilnehmerinnen zu den Angeboten

- Mutter-Kind-Café,
- Bewegungsangebot für Schwangere und frisch entbundene Mütter,
- Deutsch-Gesprächskreis,
- „Eine Stunde Zeit für uns" (Frühförderangebot für Mütter mit Kleinkindern),
- Elternkurs „Starke Eltern – Starke Kinder",
- Berufsorientierungskurs „StepOn" und
- offene Stillberatung

statt. Bewertet wurden sowohl die allgemeine Zufriedenheit mit dem jeweiligen Angebot sowie die Zufriedenheit mit der Kinderbetreuung, den persönlichen Lernerfahrungen, die im jeweiligen Kurs gemacht werden konnten, weiter die Möglichkeit zur Kontaktaufnahme mit anderen Müttern. Außerdem hatten die Mütter die Gelegenheit, Anregungen zu geben, Kritik zu üben und Verbesserungsvorschläge zu äußern. Diese Anregungen und Verbesserungsvorschläge wurden der Projektleitung weitergeleitet und wann immer es möglich war, direkt umgesetzt. Diese Maßnahme steigerte das Vertrauen der Mütter in das Projekt und die Arbeitsweise der Projektbeteiligten. Befragte Mütter berichteten häufig, wie toll sie es fanden, ihre Anregungen auch direkt umgesetzt zu sehen (Beispielsweise regte eine Mutter in der Befragung einen Abschlusskreis am Ende der Kindergruppe an. Dieser Vorschlag wurde dankend angenommen und konnte einige Wochen später direkt umgesetzt werden).

Die wichtigsten Ergebnisse der Befragung werden im Folgenden dargestellt:

Alle Angebote des Projektes gefielen den Teilnehmerinnen „gut" oder „sehr gut". Besonders positiv wurden der Elternkurs „Starke Eltern – Starke Kinder" (6 x „sehr gut", 2 x „gut", n=8) sowie der Deutsch-Gesprächskreis (6 x „sehr gut", 2 x „gut", n=8) bewertet. In beiden Kursen lobten die Teilnehmerinnen vor allem die „persönliche Lernerfahrung", aber auch die Möglichkeit zur Kontaktaufnahme mit anderen Müttern nahm bei den Müttern einen hohen Stellenwert ein. Über alle Angebote hinweg wurde die Kinderbetreuung sehr positiv bewertet. Bei der Bewertung des Mutter-Kind-Cafés betonten die Mütter vor allem die

Möglichkeit, mit Müttern aus unterschiedlichen Herkunftsländern in Kontakt zu treten. Anders verhielt es sich bei angeleiteten Kursen wie „Eine Stunde Zeit für uns", „StepOn" oder „Bewegungsangebot für Schwangere und frisch entbundene Mütter". Hier standen persönliche Lernerfahrungen im Vordergrund, weniger die Möglichkeit zum Austausch mit anderen Müttern. Der Deutsch-Gesprächskreis sowie der Elternkurs „Starke Eltern – Starke Kinder" boten, wie bereits oben erwähnt, sowohl die Möglichkeit, persönliche Lernerfahrungen zu machen als auch, in Kontakt mit anderen Müttern zu kommen.

Kritisch wurden häufig die beengten räumlichen Verhältnisse betrachtet. Dieser Kritikpunkt war auch der Projektleitung bekannt, die sich fortan um eine räumliche Vergrößerung bemühte. Auch äußerten einige Mütter den Wunsch, das Bewegungsangebot und den Sprachkurs zweimal wöchentlich stattfinden zu lassen. Bezüglich der Kinderbetreuung wurde der Wunsch geäußert, mehr Personal hinzuzuziehen, gerade an Tagen, an denen viele Babys die Kinderbetreuung besuchten. Die Anregung einer Mutter zu einem „Abschlusskreis" der Kinder wurde direkt in die Tat umgesetzt.

Allgemein gelobt wurde die Möglichkeit, im Rahmen des Projektes mit Frauen aus unterschiedlichen Herkunftsländern in Kontakt treten zu können sowie die Angebotsvielfalt für Mütter mit Kindern aus der Mainzer Neustadt, die häufig als willkommene Abwechslung im Alltag der Mütter beschrieben wurde.

7.3 Mütter und Kinder in Erziehungspartnerschaft (F6-F11)

7.3.1 Beschreibung der Teilnehmerinnen

Insgesamt wurden im Verlauf des Projektes „Starke Mütter – Starke Kinder" 10 Erstgespräche mit Müttern geführt, die Interesse an einer Erziehungspartnerschaft zeigten (in zwei Fällen funktionierte die erste Erziehungspartnerschaft nicht, weshalb die betroffenen Mütter an eine andere Erziehungspartnerin vermittelt wurden. In sechs Konstellationen konnte letztendlich eine Erziehungspartnerschaft über einen längeren Zeitraum vermittelt werden. Auf diese Erziehungspartnerschaften und die daran beteiligten Personen soll im Folgenden näher eingegangen werden.

Die Mütter in Erziehungspartnerschaft waren zwischen 25 und 38 Jahre alt. Zwei von ihnen hatten 3 Kinder, zwei hatten 2 Kinder und zwei meldeten kurz vor oder direkt nach der Geburt des ersten Kindes Interesse an einer Erziehungspartnerschaft an. Drei der Mütter lebten bereits zum Zeitpunkt der Erziehungspartnerschaft vom Partner getrennt, eine Mutter war geschieden. Zwei der Mütter lebten mit ihrem Partner zusammen, wobei eine Beziehung bereits zu Beginn der Erziehungspartnerschaft als problematisch geschildert wurde. Gegen Ende der Erziehungspartnerschaft lebte das Paar in Trennung. Drei der Frauen kamen aus Deutschland, zwei aus Marokko und eine aus Äthiopien. Wie bei den Teilnehmerinnen der offenen Angebote waren die meisten Mütter nicht bildungsfern: Eine Mutter gab als höchsten Bildungsabschluss Hauptschulabschluss an, 4 Mütter verfügten über Mittlere Reife, eine Mutter hatte Abitur (im Herkunftsland erworben). Drei der Mütter hatten einen Beruf erlernt, eine Mutter hatte eine Ausbildung ohne Abschluss (Gesellenprüfung nicht bestanden), zwei der Mütter waren ohne erlernten Beruf. Alle Mütter waren zum Zeitpunkt der Erziehungspartnerschaft Hausfrau und Mutter und alle Mütter lebten von Arbeitslosengeld II.

Wie Tabelle 4 zusammenfassend aufzeigt, verfügten alle Frauen über mehr als einen belastenden Lebensumstand. 50% (n = 3) der Frauen hatten sogar mit drei belastenden Merkmalen zu kämpfen. Dabei spielte eine geringe Bildung, wie auch bei den Teilnehmerinnen der offenen Angebote, eine untergeordnete Rolle. Viel stärker allerdings als bei den Teilnehmerinnen an den offenen Angeboten fielen hier die Einkommensarmut sowie der Alleinerziehendenstatus ins Gewicht.

Tabelle 4: Analyse der sozialen Situation der Erziehungspartnerinnen

Merkmal	n	%
Einkommensarmut (ausschließlich)	0	0 %
geringe Bildung (ausschließlich)	0	0 %
Alleinerziehendenstatus (ausschließlich)	0	0 %
Migrationshintergrund (ausschließlich)	0	0 %
Einkommensarmut + geringe Bildung	**1**	**17 %**
Einkommensarmut + Alleinerziehendenstatus	**2**	**33 %**
Einkommensarmut + Alleinerziehendenstatus + Migrationshintergrund	**3**	**50 %**
alle Merkmale	0	0
kein Merkmal	0	0
Insgesamt	6	100 %

7.3.2 Zielsetzungen der begleiteten Mütter

Im Rahmen der Erstbefragung wurden die Mütter nach ihren Wünschen an die bevorstehende Erziehungspartnerschaft befragt. Die Wünsche bzw. Zielsetzungen der Befragten waren sehr vielseitig. Anhand einer Inhaltsanalyse wurden die von den Müttern genannten Zielsetzungen in 7 thematische Schwerpunkte eingeteilt. Diese thematischen Schwerpunkte wurden induktiv erarbeitet, d.h. es handelte sich bei der Frage nach der Zielsetzung um eine offene Frage, die keine Antwortkategorien vorgab. Die Antwortkategorien wurden im Nachhinein inhaltsanalytisch entwickelt. Die zugehörigen Nennungen sind wörtliche Angaben der befragten Mütter, die dazu dienen, den jeweiligen Themenschwerpunkt verständlich zu machen. Die meisten Mütter gaben mehrere Ziele an.

Stellen Sie sich vor, dieses Projekt ist beendet und ist für Sie erfolgreich verlaufen. Was gelingt Ihnen besser als zu Beginn?

1. Auf das Kind bezogene Ziele – die Entwicklung des Kindes betreffend
- Mein Kind hat sich gut entwickelt.
- Mein Kind geht in den Kindergarten.

2. Auf die Interaktion von Mutter und Kind bezogene Ziele – den Umgang mit dem Kind und die Erziehungskompetenz betreffend

- L. [jüngere Tochter, Anm. d. Autorin] ist ruhig und hört auf mich, sie isst gut und ist nicht so anstrengend wie N. [ältere Tochter, Anm. d. Autorin]. Ich kann besser mit N. umgehen.
- Ich bin glücklich und zufrieden mit meinem Kind.
- Ich kann gelassener auf die Kinder reagieren.
- Ich kann meinem Kind helfen.
- Sicherer im Alltag mit meinem Kind: passendes Anziehen, Baden, Ernährung, Spiele mit Kindern.
- Ich kann mir selber mit ihm [dem Kind, Anm. d. Autorin] helfen.
- Ich kann die Bedürfnisse des Kindes besser einschätzen.
- Ich kann ihn [den Sohn, Anm. d. Autorin] beruhigen, wenn er schreit.

3. Interaktion und Austausch betreffende Ziele

- Wir sind nicht ganz alleine mit unseren Problemen.
- Ich kann wieder Kontakte pflegen, gehe gerne auf Veranstaltungen und verlasse häufiger meine Wohnung, um anderen Menschen zu begegnen.
- Ich habe einen Familienersatz und soziale Kontakte gefunden.

4. Die grundlegende Versorgung betreffende Ziele

- Wir haben eine Wohnung und Essen und sind glücklich.
- Ich habe eine Arbeit, lerne einen Beruf.
- Ich habe eine Wohnung.

5. Unterstützung und Entlastung durch die Erziehungspartnerin

- Ich habe Zeit, mich um mich selbst zu kümmern.
- Ich konnte mir Rat holen, wenn ich mit dem Kind nicht weiter wusste.
- Entlastung durch die Erziehungspartnerin, wenn wir mal Betreuung brauchten.
- Ansprechbarkeit [der Erziehungspartnerin] zu jeder Zeit.

6. Steigerung des Wohlbefindens

- Ich fühle mich wohler, die Kinder auch mehr als jetzt. Ich habe den roten Faden und kann mich auf das Wesentliche konzentrieren.

- Ich kann alles selbstständig erledigen, was nötig ist.
- Ich habe die Zeit, auf mich zu achten und habe Wege gefunden, mich zu entlasten.
- Ich kann mehr loslassen und meine Ansprüche reduzieren.
- Ich bin innerlich gestärkt, kann wieder vertrauen und fühle mich sicher. Ich habe keine Ängste mehr und bin nicht mehr misstrauisch.

7. Verbesserung der Deutschkenntnisse
- Ich spreche besser Deutsch.
- Ich habe einen Sprachkurs gemacht und spreche gut deutsch.

Es zeigte sich, dass die Zielsetzungen der Mütter sehr stark auf eine Verbesserung der Mutter-Kind-Interaktion sowie einen sichereren, geschulteren und gelasseneren Umgang mit dem Kind ausgerichtet waren. Drei der vier Mütter mit mehreren Kindern erhofften sich von der Erziehungspartnerschaft Hilfe sowohl im Umgang mit dem jüngsten Kind als auch mit dem/den älteren Geschwister(n).

Es zeigte sich aber auch, dass die Steigerung des eigenen Wohlbefindens für die Mütter eine große Rolle spielte und dass sie bestrebt waren, ihr Wohlbefinden sowie ihre eigene physische und psychische Gesundheit zu verbessern.

Drei der Mütter mit Migrationshintergrund wollten durch den Kontakt mit einer deutschen Erziehungspartnerin ihr Deutsch verbessern.

Auch eine theoretische und praktische Unterstützung sowie eine Entlastung der Mutter durch die Erziehungspartnerinnen war ein häufig genanntes Ziel.

Weniger stark wurde der Fokus der Zielsetzung auf die direkte Entwicklung des Kindes gelegt. Nur eine Mutter gab an, von der Projektteilnahme eine positive Entwicklung ihres Kindes zu erwarten. Eine Mutter erhoffte sich eine gelingende Integration des Kindes in den Kindergarten.

Dabei bleibt zu erwähnen, dass die auf eine positive Interaktion von Mutter und Kind ausgerichteten Ziele ebenfalls sehr stark zu einer positiven Entwicklung des Kindes oder der Kinder beitragen.

7.3.3 Verlauf der Erziehungspartnerschaften

Die sechs Erziehungspartnerschaften verliefen sehr unterschiedlich.

Zwei der sechs Erziehungspartnerschaften wurden frühzeitig beendet.

In einem Fall musste die Erziehungspartnerin aufgrund hoher persönlicher Belastung die Erziehungspartnerschaft vorzeitig abbrechen. Danach gab es trotz etlicher Bemühungen vonseiten der Projektleitung keine Möglichkeit mehr, an die Mutter heranzukommen. Somit liegt auch keine Abschlussbefragung vor.

In einem weiteren Fall litt die Mutter an einer schweren psychischen Erkrankung, die sich im Verlauf der Erziehungspartnerschaft steigerte und in einer schweren Psychose mit Wahrnehmungsstörungen und Wahnvorstellungen mündete, so dass die zwei bei der Mutter lebenden Kinder und ein drittes im Internat lebendes Kind vorläufig in einer Pflegefamilie untergebracht werden mussten. Die Mutter musste sich zunächst einem stationären Aufenthalt in einer psychiatrischen Klinik, später einer ambulanten Behandlung in einer Tagesklinik unterziehen. Auch in diesem Falle konnte keine Abschlussbefragung durchgeführt werden.

Vier weitere Erziehungspartnerschaften konnten offiziell zu Ende geführt werden, d.h. es fand ein Abschlussgespräch mit beiden Partnerinnen sowie der Projektleiterin statt. Auf diese vier Erziehungspartnerschaften und deren Verlauf wird im Folgenden näher eingegangen werden.

Unzufriedenheiten der Mütter mit dem Verlauf der Erziehungspartnerschaften wurden – gemäß dem Konzept des zirkulären Projektmanagements – der Projektleitung direkt zurückgemeldet und es wurden in Zwischengesprächen der Projektleiterin mit der jeweiligen Mutter Lösungsmöglichkeiten angeboten oder Hilfestellungen gegeben, die Unzufriedenheit gegenüber der Erziehungspartnerin zu thematisieren. Bei Bedarf wurden auch Dreiergespräche mit den jeweiligen Erziehungspartnerinnen geführt.

7.3.4 Zielerreichung

Bei der Abschlussbefragung wurden die in Erziehungspartnerschaft begleiteten Mütter gefragt, ob sie die Ziele, die sie sich für die Erziehungspartnerschaft gesetzt hatten, im Verlauf der Erziehungspartnerschaft erreichen konnten und wenn ja, inwiefern.

Die Antworten lassen sich in folgende Kategorien, die ebenfalls induktiv im Rahmen einer Inhaltsanalyse erschlossen wurden, unterteilen:

Ziele wurden voll erreicht

Eine Mutter berichtete, ihre Ziele, die sie sich für die Erziehungspartnerschaft gesetzt hatte, voll erreicht zu haben. Sie finde sich jetzt mit dem Baby besser in der fremden Stadt zurecht, habe Freunde gefunden und habe mehr Selbstsicherheit im Umgang mit dem Baby erlangt. Manchmal benötige sie bestimmte Informationen oder es passierte etwas Wichtiges in ihrem Leben, dann könne sie jederzeit die Erziehungspartnerin anrufen und sich mit ihr darüber austauschen, berichtet die Mutter. Die Erziehungspartnerin habe sehr viel Erfahrung und habe ihr in vielen Bereichen ihres Lebens weiter geholfen, berichtet sie weiter. Sowohl psychisch als auch körperlich fühle sie sich jetzt gestärkt. Es sei ein gutes Gefühl zu wissen, dass jemand da ist, an den man sich wenden könne, wenn man nicht mehr weiter weiß. Aus der Erziehungspartnerschaft habe sich eine für die Mutter unverzichtbare Freundschaft entwickelt, die ihr viel Sicherheit gebe.

Eine weitere Mutter, deren Ziele für die Erziehungspartnerschaft sich eher auf den Umgang mit der älteren Tochter (5 Jahre alt) bezogen, gab an, mit dieser nun viel besser zurecht zu kommen. Die Tochter höre jetzt besser auf das, was sie sage. Sie habe durch die Erziehungspartnerschaft gelernt, der Tochter mehr zu erklären und ihr auf Augenhöhe zu begegnen. Essenssituationen fielen ihr jetzt viel leichter als früher, ebenso habe sich der Kontakt der beiden Kinder miteinander verbessert. Es sei eine große Entlastung gewesen, eine Gesprächspartnerin zu haben, mit der sie über Probleme sprechen konnte, erzählt die Mutter. Allerdings habe sie die terminlichen Absprachen mit der Erziehungspartnerin häufig als eine zusätzliche Belastung empfunden.

Ziele wurden im Hinblick auf das eigene Wohlbefinden, aber nicht uneingeschränkt im Hinblick auf eine geschulterte Interaktion mit dem Kind erreicht

Eine Mutter berichtete im Abschlussinterview, die Erziehungspartnerschaft sei nicht ganz so gelaufen, wie sie es sich vorgestellt habe, da sie sich vonseiten der

Erziehungspartnerin etwas mehr Fachinformation bezüglich ihrer Tochter gewünscht hätte. Anfänglich sei es stärker um das Baby gegangen, Tipps zur Babymassage, zum Wickeln und zum Kochen sowie Informationen über altersgerechtes Spielzeug hätten ihr in den ersten Monaten mit dem Baby weiter geholfen. Später sei es immer stärker um ihre eigene Problematik gegangen. Das sei sehr wichtig für sie gewesen und habe sie sehr gestärkt, berichtet die Mutter. Auch habe sie das Gefühl, durch die Erziehungspartnerin eine Freundin gefunden zu haben, mit der sie sich über alle sie bewegenden Themen austauschen könne.

Ziele wurden mit Hilfe des Projektes, aber nicht durch Erziehungspartnerschaft erreicht

Eine Mutter gab an, durch die Teilnahme am Projekt „Starke Mütter – Starke Kinder" sehr stark profitiert zu haben, allerdings weniger durch die Erziehungspartnerschaft als vielmehr durch die Teilnahme am Elternkurs „Starke Eltern – Starke Kinder", das Frühförderangebot „Eine Stunde Zeit für uns" sowie den Erste Hilfe Kurs für Notfälle mit Säuglingen. Die Mutter gab weiter an, ihr Sohn habe drei Mal wöchentlich die Kinderbetreuung in den Projekträumen besucht, was ihn zum einen in seiner geistigen sowie in seiner sozialen Entwicklung stark gefördert habe und was ihr die erwünschte praktische Unterstützung bzw. Zeit für sich selbst erbracht habe.

Von der Erziehungspartnerschaft habe sich die Mutter mehr praktische Unterstützung (beim Einkaufen, Arztbesuchen etc.) versprochen sowie etwas mehr Zeit für sich selbst, um zur Ruhe zu kommen. Die Mutter berichtet weiter, sie sei von den Angeboten des Projektes „Starke Mütter – Starke Kinder" von Anfang an überzeugt gewesen, auch wenn ihr die Erziehungspartnerschaft selbst letztendlich nicht sonderlich weiter geholfen habe. Im Elternkurs beispielsweise habe sie viel über Struktur und Tagesabläufe gelernt, was sie im Alltag stark erleichtert habe. Weiterhin habe sie durch den Kurs Selbstbewusstsein und mehr Sicherheit im Umgang mit ihren Kindern erlangt. Sie berichtete, dass es ihr viel leichter falle, Angebote außerhalb ihrer Wohnung zu besuchen als eine Hausbesucherin zu Hause zu empfangen. Dies werde schnell als Kontrolle empfunden und es sei schwer, sich zu entspannen und sich auf die Inhalte der Erziehungs-

partnerschaft einzulassen. Die Spielgruppe, die im Rahmen des Projektes angeboten wurde, habe sie als sehr entlastend empfunden.

7.3.5 Die Lebensqualität der Mutter

Die Lebensqualität der Mutter wurde über diverse Items, die dem standardisierten Messinstrument „WHOQOL-BREF" (vgl. Kap. 6.1) entstammen, erfasst. Da
die Lebensqualität der Mutter für die kindliche Entwicklung eine wesentliche
Rolle spielt (vgl. Kap. 5.1.1), wurden die Mütter sowohl in der Eingangsbefragung (zum Zeitpunkt t0) als auch in der Abschlussbefragung (zum Zeitpunkt t2)
zur eigenen Einschätzung ihrer Lebensqualität befragt. Diese wird sowohl über
Items zur allgemeinen subjektiven Beurteilung der Lebensqualität als auch über
die Items „Selbstzufriedenheit", „Energie", „Gesundheit", „Schlaf" und „Beeinflussung der Lebensqualität durch das Kind" erfasst. Da die Mütter mehrfach zu
diesen Items befragt wurden, lässt sich erkennen, ob in den einzelnen Fällen eine
Verbesserung der Lebensqualität und der Lebenszufriedenheit erreicht werden
konnte.

Im Folgenden werden die Verläufe der vier Mütter (M1-M4) aufgezeigt, von
denen Daten aus der Eingangs- sowie der Abschlussbefragung vorliegen.

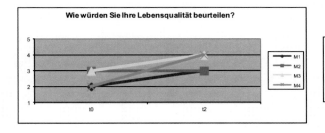

**Abb. 8: Subjektiv empfundene Lebensqualität der Mütter
zu den Messzeitpunkten t0 und t2**

Wie Abbildung 8 zeigt, konnte bei drei der vier befragten Mütter (M1, M3, M4) über die Zeit der Erziehungspartnerschaft eine Verbesserung der Lebensqualität erreicht werden. Eine Mutter (M2) beurteilte ihre Lebensqualität sowohl zum Zeitpunkt t0 als auch zum Zeitpunkt t2 als mittelmäßig. Sie gab an, dass äußere Umstände wie wenig Geld und allein erziehend mit drei Kindern zu sein sowie die damit verbundene Anstrengung sich im Laufe der Erziehungspartnerschaft (noch) nicht geändert hätten, aber Maßnahmen eingeleitet wurden, die diese äußeren Umstände verbessern und nachhaltig die Lebensqualität der Mutter steigern sollten. So sollte das jüngste Kind demnächst in einer Kinderkrippe untergebracht werden, die Mutter selbst werde einen Deutschkurs besuchen, um anschließend bessere Chancen auf eine qualifizierte Ausbildung zu haben.

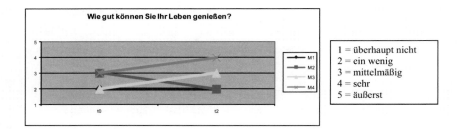

Abb. 9: Fähigkeit, das Leben genießen zu können zu den Messzeitpunkten t0 und t2

Auf die Frage, wie gut die Mütter ihr Leben genießen können (vgl. Abb. 9), zeigte sich bei zwei Müttern (M3, M4) eine Verbesserung dieser Fähigkeit im Laufe der Erziehungspartnerschaft. Eine Mutter (M2) konnte ihr Leben am Ende der Erziehungspartnerschaft etwas schlechter genießen als zu Beginn. Als Grund gab sie den Stress (allein erziehend, 3 Kinder, Deutschkurs, s.o.) sowie die ständige Müdigkeit und den Zeitmangel als Folge ihrer derzeitigen Lebenssituation an. Bei einer weiteren Mutter blieben die Werte über die Zeit hinweg gleich (niedrig), was möglicherweise auch auf eine Erschöpfung durch die aktuelle Lebenssituation (allein erziehend mit zwei Kleinkindern) zurückgeführt werden kann.

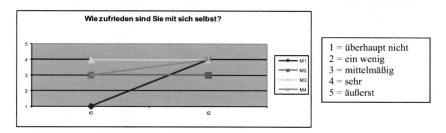

Abb. 10: Selbstzufriedenheit der Mütter zu den Messzeitpunkten t0 und t2

Bei dem Item „Selbstzufriedenheit" (vgl. Abb. 10) zeigte sich bei einer Mutter ein enormer Anstieg. War diese Mutter beim Einstieg in das Projekt überhaupt nicht mit sich zufrieden, gab sie bei der Abschlussbefragung an, sehr zufrieden mit sich selbst zu sein. Bei den anderen drei Müttern war ein so deutlicher Anstieg nicht erkennbar, allerdings schätzten diese ihre Selbstzufriedenheit bereits zu Beginn der Befragung höher (mindestens „mittelmäßig") ein.

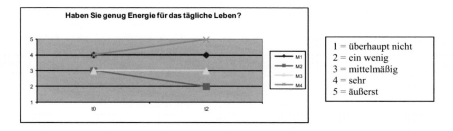

Abb. 11: Energie zu den Messzeitpunkten t0 und t2

Die Energie für das tägliche Leben ist bei den Müttern über die Zeit der Erziehungspartnerschaft weitgehend gleich geblieben (vgl. Abb. 11). Eine Mutter (M2) berichtete zum Zeitpunkt der Abschlussbefragung über weniger Energie als zum Zeitpunkt der Eingangsbefragung. Dieses Ergebnis kann damit zusammenhängen, dass im Laufe der Erziehungspartnerschaft viele Dinge in die Wege geleitet wurden, die es nun zu bewältigen galt.

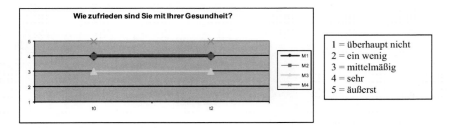

Abb. 12: Zufriedenheit mit der eigenen Gesundheit zu den Messzeitpunkten t0 und t2

Was die Zufriedenheit mit der eigenen Gesundheit anbelangt, zeigte sich, dass der Aspekt Gesundheit für die Mütter von Beginn an kein belastendes Thema darstellte (vgl. Abb. 12). Alle Mütter gaben bereits zu Beginn der Erziehungspartnerschaft an, mindestens mittelmäßig zufrieden mit der eigenen Gesundheit zu sein. Drei der vier Mütter waren sehr bzw. äußerst zufrieden mit ihrer Gesundheit. Die Zufriedenheit mit der eigenen Gesundheit blieb bei allen Müttern im Verlauf der Erziehungspartnerschaft unverändert.

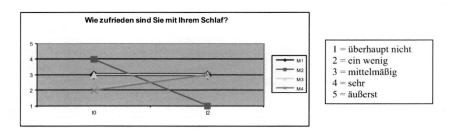

Abb. 13: Zufriedenheit mit dem Schlaf zu den Messzeitpunkten t0 und t2

Bezüglich der Zufriedenheit mit dem Schlaf (vgl. Abb. 13) wurden von Beginn an eher mittlere bis niedrige Werte ermittelt, die sich im Verlauf der Erziehungspartnerschaft auch nicht nennenswert verbesserten. Dieses Ergebnis überrascht nicht, wenn man bedenkt, dass alle Frauen mindestens ein Kleinkind im Alter von unter einem Jahr zu versorgen hatten und drei der vier Frauen allein für die Betreuung ihrer Kinder verantwortlich waren. Der hohe Ausgangswert bei Mutter 2 (M2) begründet sich dadurch, dass sie zum Zeitpunkt des Erstgespräches noch nicht entbunden hatte und die wirklich anstrengende Phase mit dem Säugling erst zu einem späteren Zeitpunkt begann.

Die Beeinflussung der Lebensqualität durch das Kind wurde von allen Müttern durchgehend als positiv beurteilt, was sich auch im Verlauf der Erziehungspartnerschaften nicht änderte.

7.3.6   Die mikrosoziale Netzwerkstruktur der Mutter

Da auch ein Einfluss der mikrosozialen Netzwerkstruktur auf das Wohlbefinden der Mutter und somit indirekt Einfluss auf das Wohl des Kindes vermutet wird (vgl. Kap. 5.1.2), wurden die Mütter sowohl im Rahmen der Erstbefragung (zum Zeitpunkt t0) als auch im Rahmen der Abschlussbefragung (zum Zeitpunkt t2) zum persönlichen sozialen Netzwerk befragt. Das Interesse galt hier den persönlichen Beziehungen, der Unterstützung durch die Familie, der Unterstützung durch Freunde sowie der Zugangsmöglichkeit zu sozialen Einrichtungen.

Auch die Items zur Erfassung der mikrosozialen Netzwerkstruktur der Mutter wurden dem „WHOQOL-BREF" entnommen. Die Grafiken in den Abbildungen 14-17 stellen die Verläufe bei den vier Müttern – bezogen auf die Entwicklung der individuellen mikrosozialen Netzwerkstrukturen – dar, die dem Projekt bis zur Abschlussbefragung zur Verfügung standen.

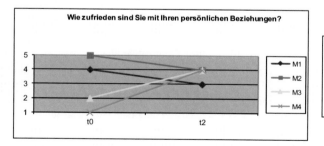

Abb. 14: Zufriedenheit mit den persönlichen Beziehungen zu den Messzeitpunkten t0 und t2

Bei der Frage nach der Zufriedenheit mit den persönlichen Beziehungen, womit sowohl partnerschaftliche als auch freundschaftliche und familiäre Beziehungen gemeint sind, zeigte sich, dass zwei Mütter (M3 und M4), die zu Beginn der Erziehungspartnerschaft eine große Unzufriedenheit mit ihren persönlichen Beziehungen äußerten, sich bei der Abschlussbefragung zufrieden zu den persönlichen Beziehungen äußerten (vgl. Abb. 14). Bei zwei Müttern, bei denen die Zufriedenheit mit den persönlichen Beziehungen von Beginn an hoch war, sank die Zufriedenheit im Verlauf der Erziehungspartnerschaft leicht ab.

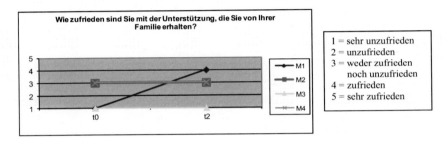

Abb. 15: Zufriedenheit mit der familiären Unterstützung zu den Messzeitpunkten t0 und t2

Die Frage nach der familiären Unterstützung (vgl. Abb. 15) erwies sich in den meisten Fällen als schwierig. Zwei der befragten Frauen (M2 und M4) hatten keine Familie in Deutschland und konnten sich somit weder zufrieden noch unzufrieden mit der familiären Unterstützung äußern. Bei einer Mutter blieb die Unterstützung durch die Familie durchgehend schlecht. Mutter 1 erhielt im Laufe der Erziehungspartnerschaft Hilfe durch ihren Schwager, weshalb sie die Zufriedenheit mit der familiären Unterstützung zum zweiten Messzeitpunkt höher bewertete.

Allgemein lässt sich festhalten, dass bei den Hilfe suchenden Müttern (auch bei jenen, die an der Erstbefragung teilgenommen hatten, bei denen jedoch keine Erziehungspartnerschaft zustande kam) häufig keinerlei familiäre Unterstützung stattfindet, sei es, weil die Herkunftsfamilie nicht verfügbar ist, oder auch, weil der Kontakt sich aus anderen Gründen schwierig gestaltet. Umso wichtiger ist es für die Frauen, sich innerhalb des Stadtteils ein funktionierendes Netzwerk aufzubauen, um hierüber Unterstützung und Entlastung, sowohl über praktische Hilfen aber auch über verbalen Austausch, zu erhalten.

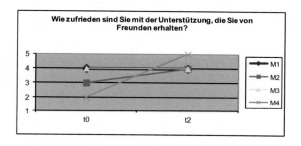

Abb. 16: Zufriedenheit mit der Unterstützung von Freunden zu den Messzeitpunkten t0 und t2

Was die Zufriedenheit mit der Unterstützung durch Freunde anbelangt, kamen zwei der Mütter (M2 und M4) mit der Hauptzielsetzung zum Projekt, soziale Kontakte zu knüpfen und mit der Erziehungspartnerin eine erste zuverlässige Ansprechpartnerin im Stadtteil zu gewinnen. Sie gaben bei der Erstbefragung (zum Messzeitpunkt t0) an, in der Mainzer Neustadt noch kaum Kontakte zu haben. Bei diesen beiden Müttern erhöhte sich die Zufriedenheit mit der Unterstützung durch Freunde merklich, die beiden anderen Mütter hatten bereits zu Beginn eine hohe Zufriedenheit mit der Unterstützung durch Freunde angegeben, weswegen bei diesen beiden Müttern keine Veränderung in der Zufriedenheit zu verzeichnen war (vgl. Abb. 16).

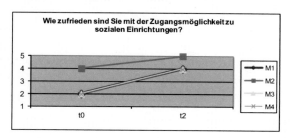

Abb. 17: Zufriedenheit mit der Zugangsmöglichkeit zu sozialen Einrichtungen zu den Messzeitpunkten t0 und t2

Auf die Frage nach der Zufriedenheit mit den Zugangsmöglichkeiten zu sozialen Einrichtungen zeigte sich bei allen Müttern eine bessere Bewertung zum Messzeitpunkt t2 als zum Messzeitpunkt t0 (vgl. Abb. 17). Dies ist ein wichtiges Ergebnis, da die Mütter das Projekt mit positiven Erfahrungen des Zugangs zu sozialen Einrichtungen abschließen, was die Hoffnung nahe legt, dass diese Mütter sich aufgrund ihrer guten Erfahrungen mit sozialen Einrichtungen in Zukunft erneut an soziale Einrichtungen wenden, wenn Probleme auftreten, bei deren Bewältigung sie sich Unterstützung wünschen.

7.3.7 Distale und proximale Risikofaktoren – die Verläufe der Erziehungspartnerschaften

Zur Erfassung der distalen und proximalen Risikofaktoren (vgl. Kap. 5.1.3) und deren möglicher Veränderung im Laufe des Projektes wurden die Child Well-Being Scales (Magura & Moses, 1986, vgl. Kap. 6.2) herangezogen. Zwölf aussagekräftige und für das vorliegende Projekt relevante und eruierbare Items wurden den Skalen entnommen und sowohl in der Eingangs- als auch in der Abschlussbefragung durch die Projektleiterin eingeschätzt und kommentiert.

Die befragten Mütter waren darüber informiert, dass diese Faktoren durch eine Fremdbeurteilung der Projektleiterin erfasst wurden. Sie wurden allerdings auch darüber informiert, dass das Modellprojekt „Starke Mütter – Starke Kinder" keinesfalls die Absicht verfolgte, Fälle von Kindeswohlgefährdung aufzudecken, dass derartige Risikofaktoren in mehr oder weniger starker Ausprägung in fast allen Familien zu beobachten seien und dass diese lediglich erfasst wurden, um zu späteren Befragungszeitpunkten feststellen zu können, ob durch die Projektteilnahme für die Mutter belastende Faktoren reduziert werden konnten.

Zu den distalen Risikomechanismen, die im Rahmen der Fremdbeurteilung erhoben wurden, zählten „relative Armut", „Alleinerziehendenstatus", „negative Lebensereignisse", „Isolation bzw. geringe soziale Unterstützung", „hohe Stressbelastung (körperlich und/oder seelisch)", „Partnerschaftskonflikte" sowie „psychische Krankheit".

Als proximale Risikomechanismen wurden „Partnerschaftsgewalt in der Familie", „Frühere Misshandlungen eines Kindes", „Unrealistische Erwartungen an das Kind", „Negatives Bild vom Kind" sowie die „Bejahung harscher Strafen" erfasst.

Zu Beginn des Projektes hatten die Mütter im Schnitt mit 6 distalen und 1,25 proximalen Risikofaktoren zu kämpfen. Bis zur Abschlussbefragung verringerten sich die distalen Risikofaktoren auf durchschnittlich 2,5 Faktoren. Proximale Risikofaktoren lagen nach Einschätzung der Projektleitung nach Abschluss der Erziehungspartnerschaften bei den begleiteten Müttern nicht mehr vor.

Im Folgenden sollen die Entwicklungen bei den einzelnen Müttern im Detail betrachtet werden.

Verlauf Erziehungspartnerschaft Mutter 1:

Mutter 1 (2 Kinder, familiäres Herkunftsland Marokko, seit 2001 in Deutschland) wandte sich mit einer recht hohen psychischen und physischen Belastung an das Projekt. Im Detail wurden ihr durch die Projektleitung die folgenden Risikofaktoren zugeschrieben:

Distale Risikofaktoren zu Beginn der Erziehungspartnerschaft:

→ **relative Armut**: Mutter 1 ist ALG II-Empfängerin mit allen Schwierigkeiten, die sich im Kontakt mit Behörden daraus ergeben. Sie erhält Unterstützung durch die AWO-Migrationsberatung im selben Haus.

→ **Alleinerziehendenstatus**: Sie ist verheiratet, der Ehemann, ebenfalls marokkanischer Herkunft, befindet sich im Strafvollzug. Es ist unklar, ob sie weiterhin mit ihm verheiratet bleiben will oder nicht. Sie nimmt ihm sehr übel, die Familie in diese schwierige Situation gebracht zu haben, kommuniziert es aber nicht klar. Durch die eigene Familie (Marokko) und die des Ehemannes wird sie bedrängt, bei ihm zu bleiben. Ihre Herkunftsfamilie kann sie nicht unterstützen, da sie in Marokko lebt, der Bruder ihres Ehemannes, der ebenfalls in Deutschland lebt, belastet eher, da dieser sie abwertend behandelt und bestimmt, wann er ihren Ehemann besucht und dass sie ihn dann, unabhängig von eigenen Belangen, begleiten muss. Finanzielle oder soziale Unterstützung leistet er nicht.

→ **negative Lebensereignisse**: Verhaftung des Ehemannes mit anschließender Unterbringung der Mutter in einer Obdachlosenunterkunft in der 4. Etage, mit Kleinkind und zunächst hochschwanger, dann mit nach Kaiserschnitt entbundenem Säugling.

➜ Isolation bzw. geringe soziale Unterstützung: s.o.

➜ **hohe Stressbelastung (körperlich und/oder seelisch)**: Die Mutter hat große Angst, mit ihrem Ehemann abgeschoben zu werden, obwohl sie laut Migrationsberatung ein unabhängiges Aufenthaltsrecht durch ihre älteste Tochter inne hat. Sie zeigt starke depressive Reaktionen auf die belastende Lebenssituation, bleibt dabei aber aktiv bei der Suche nach Unterstützung. Diese führt manchmal wiederum zu neuen depressiven Gemütsregungen, weil sie befürchtet, die Unterstützung zu verlieren, wenn sie abgeschoben werden würde.

➜ **Partnerschaftskonflikte**: Der Ehemann ist selbst bedürftig und sucht Briefkontakt. Der Mutter ist das angesichts der vielfältigen Belastungen und der Tatsache, dass sie die Konsequenzen seiner Straffälligkeit mittragen muss, zu viel. Sie möchte auf keinen Fall bei ihm bleiben oder gar mit ihm und den Kindern ins Ausland gehen, bevor er eine Existenz sichernde Beschäftigung und angemessenen Wohnraum für die Familie gefunden hat. Sie kann sich vorstellen, ihm unter dieser Bedingung etwa zwei Jahre später ins Ausland zu folgen. Der Ehemann wirkt nicht zugunsten seiner Frau auf seinen Bruder ein, sondern beschwichtigt sie, dessen Verhalten zu ertragen.

➜ **psychische Krankheit**: Vermutlich reaktive depressive Verstimmung aufgrund der hohen akuten Belastungssituation.

<u>Proximale Risikofaktoren zu Beginn der Erziehungspartnerschaft:</u>

➜ **Partnerschaftsgewalt in der Familie:** Mutter 1 machte diesbezüglich unklare Andeutungen gegenüber der Projektleiterin.

➜ **unrealistische Erwartungen an das Kind**: Die Mutter hat an ihre lebhafte, intelligente und eigenwillige Erstgeborene (Alter: 4 Jahre) die Erwartung, dass sie funktionieren soll; diese sperrt sich jedoch dagegen.

➜ **negatives Bild vom Kind**: Die Erstgeborene scheint momentan zu kurz zu kommen, findet als aufgewecktes Kind aber Wege, auf sich aufmerksam zu machen, was die Mutter wiederum als belastend erlebt und gerne beenden möchte. Sie beschreibt die Tochter als sehr anstrengend und fokussiert vorrangig auf von ihr negativ bewertete Verhaltensweisen und Eigenschaften des Mädchens – insbesondere auch in Abgrenzung zum zweiten Kind. Es fanden Beratungsgespräche statt, die die Mutter ermunterten, die von ihr positiv bewerteten Verhaltensweisen und Eigenschaften ihrer Tochter wieder deutlicher wahrzunehmen und dieser auch zurückzumelden. Die Erziehungspartnerschaft hatte auch den Umgang mit und die Zuwendung für die ältere Tochter zum Thema.

Sonstige Anmerkungen:

Der Säugling zeigte bei den ersten Vorkontakten eine leichte, aber sichtbare Verzögerung in seiner Entwicklung in Bezug auf Greifen, Bauchlage, Kopfkontrolle und Fortbewegungsstreben. Entsprechende Anregungen an die Mutter wurden von dieser aufgegriffen und erfolgreich umgesetzt, so dass sich erste Entwicklungsfortschritte schon kurz nach Beginn der Erziehungspartnerschaft einstellten.

Verlauf der Erziehungspartnerschaft:

Die Mutter nahm die Anregungen bezüglich der frühen Förderung des Säuglings offen an und schien auch Übungen mit dem Säugling durchzuführen, wenn die Erziehungspartnerin nicht da war. Durch die Verbesserung der Wohnsituation (die Wohnung wurde tapeziert, ein Fußboden wurde gelegt und eine Krabbeldecke gespendet), konnte die Mutter dem Säugling mehr Raum zur Bewegung anbieten, was dessen Entwicklung sehr zugute kam. Die anfänglich beobachtete Entwicklungsverzögerung konnte somit recht schnell aufgeholt werden.

Da es der Mutter ein großes Anliegen war, im Rahmen der Erziehungspartnerschaft auch auf den Umgang mit der älteren Tochter einzugehen, wurde der Wunsch aufgegriffen und es fanden Beratungsgespräche zu diesem Thema statt. Außerdem fand mit der Erziehungspartnerin ein Austausch zu diesem Thema statt. Der Mutter wurde geraten, den Elternkurs „Starke Eltern – Starke Kinder" zu besuchen, der auf den Umgang mit und die Erziehung von älteren Kindern ausgerichtet ist. Diesen Vorschlag griff sie jedoch nicht auf, beschaffte sich aber stattdessen französischsprachige Erziehungsliteratur, die ihr nach ihren Angaben sehr gute und brauchbare Anregungen geboten habe.

Zum Ende der Erziehungspartnerschaft erschien die Mutter stark entlastet.

Risikofaktoren nach Abschluss der Erziehungspartnerschaft:

Folgende Risikofaktoren wurden als überwunden oder zumindest als verringert eingeschätzt:

➔ **negative Lebensereignisse**: Der Ehemann befand sich nach wie vor im Strafvollzug, die anfängliche Panik der Mutter angesichts der schwierigen Lebensbedingungen hatte sich allerdings gelegt.

➔ **Isolation bzw. geringe soziale Unterstützung**: Die Isolation bzw. geringe soziale Unterstützung konnte in der Phase starker Belastung durch die Erziehungspartnerin aufgefangen werden. Gesprächsangebote der Erziehungspartnerin wurden vonseiten der Mutter angenommen und genutzt. Des Weiteren fand vonseiten des Kinderschutzbundes eine materielle Unterstützung (über Spenden) zur Renovierung der Wohnung statt, was auch eine große Entlastung für die Mutter darstellte.

➔ **hohe Stressbelastung**: Die akute Belastungsphase schien beim Abschlussgespräch überwunden zu sein.

➔ **psychische Krankheit**: Beim Abschlussgespräch waren keine depressiven Symptome mehr erkennbar.

➔ **unrealistische Erwartungen an das Kind**: Die unrealistischen Erwartungen an die Erstgeborene waren überwunden.

➔ **negatives Bild vom Kind**: Die Einstellung gegenüber der älteren Tochter schien sich aufgrund von Beratungsgesprächen sowie der Gespräche mit der Erziehungspartnerin und der Beschäftigung mit pädagogischer Literatur zu einer positiveren Sichtweise gewandelt zu haben.

Folgende Risikofaktoren bestanden weiterhin:

➔ **relative Armut**

➔ **Alleinerziehendenstatus**

➜ **Partnerschaftskonflikte**: Hierzu machte die Mutter keine Angaben.

Verlauf Erziehungspartnerschaft Mutter 2:

Mutter 2 (2 Kinder, familiäres Herkunftsland Äthiopien, seit 2002 in Deutschland) wandte sich an das Projekt, bevor ihr drittes Kind geboren wurde. Sie erhoffte sich von der Erziehungspartnerschaft Entlastung und den Aufbau sozialer Kontakte.

Distale Risikofaktoren zu Beginn der Erziehungspartnerschaft:

➜ **relative Armut**: Mutter 2 ist ALG II-Empfängerin.

➜ **Alleinerziehendenstatus**: Die Mutter lebt vom Ehemann getrennt, ein Kind (5 Jahre) und ein Säugling wachsen bei ihr auf, ein älterer Sohn aus einer früheren Beziehung wächst bei seinem Vater auf (es besteht ein regelmäßiger Kontakt zwischen Mutter und Kind).

➜ Isolation bzw. geringe soziale Unterstützung

➜ hohe Stressbelastung (körperlich und/oder seelisch)

➜ **Partnerschaftskonflikte**: Der Noch-Ehemann will die Trennung nicht.

Proximale Risikofaktoren zu Beginn der Erziehungspartnerschaft:

➜ **Partnerschaftsgewalt in der Familie**: Vom Noch-Ehemann geht Gewalt aus; betreuter Umgang.

Verlauf der Erziehungspartnerschaft:

Auch wenn die eigentliche Erziehungspartnerschaft von der Mutter als wenig entlastend beschrieben wurde, stellte die Erziehungspartnerschaft für die Mutter den Einstieg zu den offenen Angeboten des Projektes „Starke Mütter – Starke Kinder" dar, von welchen die Mutter nach eigenen Angaben sehr stark profitierte.

Folgende Risikofaktoren konnten im Verlauf der Erziehungspartnerschaft minimiert bzw. überwunden werden:

➜ **negative Lebensereignisse**

➔ **Isolation bzw. geringe soziale Unterstützung**: Die Mutter konnte neue Kontakte und Freundschaften im Rahmen des Projektes „Starke Mütter – Starke Kinder" knüpfen.

➔ **hohe Stressbelastung (körperlich und/oder seelisch)**: Die Teilnahme an den offenen Angeboten sowie die Möglichkeit, das jüngste Kind stundenweise zur Kinderbetreuung des Projektes zu bringen, stellte für die Mutter sowohl körperlich als auch seelisch eine große Entlastung dar.

➔ **Partnerschaftskonflikte**: Die Trennung vom Ehemann wurde vollzogen. Die Mutter gab an, sich seither besser zu fühlen. Der Ehemann nahm auf Bitten der Mutter selbst an einem Elternkurs teil, um einen weiteren Umgang mit den Kindern zu ermöglichen.

➔ **Partnerschaftsgewalt in der Familie**: Trennung vom Ehemann.

Folgende Risikofaktoren bestanden weiterhin:

➔ **relative Armut**

➔ **Alleinerziehendenstatus**

Verlauf der Erziehungspartnerschaft Mutter 3:

Mutter 3 (2 Kinder, aus Deutschland stammend) wandte sich aufgrund starker innerer Ängste und daraus resultierender sozialer Isolation an das Projekt „Starke Mütter – Starke Kinder". Sie erhoffte sich von der Erziehungspartnerschaft, ihre Ängste abbauen und wieder soziale Kontakte pflegen zu können.

Distale Risikofaktoren zu Beginn der Erziehungspartnerschaft:

➔ **relative Armut**: Mutter 3 ist ALG II-Empfängerin.

➔ **negative Lebensereignisse**: Mutter 3 ist durch die konflikthafte Beziehung zu ihrer eigenen Mutter belastet; sie fühlt sich von ihr nicht unterstützt sondern bedrängt, behindert und öffentlich bloßgestellt.

➔ **Isolation bzw. geringe soziale Unterstützung**: Aufgrund der Ängste zog sie sich vom ehemals großen Bekanntenkreis zurück.

→ **hohe Stressbelastung (körperlich und/oder seelisch)**: Die größte seelische Belastung stellen die Ängste dar. Hinzu kommt, dass die Wohnung der Mutter im 5. Stock liegt und zu klein ist. Aufgrund der beengten Wohnsituation ist es schwierig, sich mit den Kindern in der Wohnung aufzuhalten. Der Transfer von Einkäufen und zwei Kleinkindern in den 5. Stock ist ebenfalls sehr belastend.

→ **Partnerschaftskonflikte**: Der Partner ist arbeitslos und heroinabhängig. Zwischenzeitlich nimmt er an einem Methadonprogramm teil, später muss er eine Haftstrafe in der JVA absitzen. Die Mutter fühlt sich in Bezug auf Kinder und Haushalt nicht von ihm unterstützt.

→ **psychische Krankheit**: Die Mutter berichtet von einer postnatalen Depression nach dem ersten Kind. Kurz vor dem Erstkontakt im Projekt wurde eine „major Depression" diagnostiziert. Der Diagnose folgte ein dreiwöchiger Aufenthalt in einer Tagesklinik.

Proximale Risikofaktoren zu Beginn der Erziehungspartnerschaft:

Zum Zeitpunkt des Erstgespräches lagen keine erkennbaren proximalen Risikofaktoren vor.

Verlauf der Erziehungspartnerschaft:

Im Verlauf der Erziehungspartnerschaft unterzog die Mutter sich einer dreiwöchigen Behandlung in einer Tagesklinik. Dort wurde sie auch medikamentös eingestellt. Es folgten, parallel zur Erziehungspartnerschaft, wöchentlich ambulante psychologische Gespräche in der Klinik. Des Weiteren wurde eine Familienhilfe hinzugezogen, die von der Mutter sehr gut angenommen wurde.

Auf Einladung des zuständigen ASD-Mitarbeiters und auf Wunsch der Kindertagesstätte der älteren Tochter fand eine Helferkonferenz unter Beteiligung der Erziehungspartnerin statt. Insgesamt wurde die Bereitschaft der Mutter, Unterstützung anzunehmen, als hoch eingeschätzt. Besonderer Entwicklungsbedarf wurde zum Schutze der Kinder (von allen Beteiligten) in ihrer Wahrnehmung der Aufsichtspflicht gesehen. Dieser Punkt wurde von der Erziehungspartnerin sowohl grundsätzlich als auch immer wieder situationsspezifisch thematisiert (vgl. zum Thema „Helferkonferenz" auch Kap. 12.1.3).

Risikofaktoren nach Abschluss der Erziehungspartnerschaft:

Nach Einschätzung der Projektleiterin konnten folgende Risikofaktoren im Verlauf der Erziehungspartnerschaft verringert bzw. überwunden werden:

➜ **Isolation bzw. geringe soziale Unterstützung**: Die Mutter pflegt wieder stärker Kontakte nach außen, fühlt sich wohl mit Familienhilfe und betrachtet auch die Erziehungspartnerin als Ansprechpartnerin.

➜ **hohe Stressbelastung**: Durch die tägliche Unterstützung der Familienhilfe erlebt die Mutter eine starke Entlastung.

➜ **Partnerschaftskonflikte**: Die Mutter gibt an, dass es ihr viel besser gehe, seit der Partner nicht mehr im Haushalt lebe. Sie macht keine Angaben dazu, ob sie ihn nach seinem Haftaufenthalt wieder in ihrem Haushalt aufnehmen wird.

➜ **Psychische Krankheit**: Die Mutter wirkt gut auf die Medikamente eingestellt, scheint Ängste und Depression überwunden zu haben. Lediglich eine große Selbstunsicherheit ist nach wie vor erkennbar.

Folgende Risikofaktoren bestanden weiterhin:

➜ **relative Armut**

➜ **Alleinerziehendenstatus**: Die Mutter lebte zum Zeitpunkt der Abschlussbefragung vom Partner getrennt, gab aber an, dass es ihr seither besser gehe.

➜ **negative Lebensereignisse**: Nach wie vor bestand eine konflikthafte Beziehung zur eigenen Mutter. Sie fühlte sich von der Mutter nicht unterstützt, sondern abgewertet und hintergangen. Derzeit besteht kein Kontakt der Mutter zu ihrer eigenen Mutter, die durch übergriffiges Verhalten gegenüber ihrer Tochter diese stark verunsichert und als Folge zu deren Selbstunsicherheit beiträgt.

Verlauf der Erziehungspartnerschaft Mutter 4:

Mutter 4 (1 Kind, familiäres Herkunftsland Marokko, seit 2006 in Deutschland) hielt sich zum Zeitpunkt des Erstkontaktes im Frauenhaus auf. Sie wünschte sich eine Ansprechpartnerin für ihre Sorgen und Freuden sowie Beratung und Hilfe-stellung bei der Betreuung und Erziehung ihres Sohnes.

<u>Distale Risikofaktoren zu Beginn der Erziehungspartnerschaft:</u>

➔ **relative Armut**: Mutter 4 ist ALG II-Empfängerin.

➔ **Alleinerziehendenstatus:** Der Noch-Ehemann befindet sich wegen Betäu-bungsmitteldelikten in Haft.

➔ **negative Lebensereignisse**: Sie erlebte in der Vergangenheit Partner-schaftsgewalt, weshalb sie ins Frauenhaus umzog.

➔ **Isolation bzw. geringe soziale Unterstützung**: Zum Zeitpunkt des Erstkon-taktes ist die Mutter erst seit einem Jahr in Deutschland; die bisherigen Kon-takte liefen fast ausschließlich über den Ehemann. Sie verfügt über geringe Deutschkenntnisse, es ergaben sich jedoch erste eigene Kontakte zu anderen Frauenhausbewohnerinnen.

➔ **hohe Stressbelastung (körperlich und/oder seelisch)**: Der anstehende Umzug in eine (noch unrenovierte) Wohnung mit Säugling stellt körperlich wie seelisch eine hohe Belastung dar.

➔ **Partnerschaftskonflikte**: Bezüglich des Partners sind die Trennung sowie der Sorgerechtsstreit belastend.

<u>Proximale Risikofaktoren zu Beginn der Erziehungspartnerschaft:</u>

➔ Partnerschaftsgewalt in der Familie durch den Ehemann

<u>Verlauf der Erziehungspartnerschaft:</u>

Die Mutter profitierte auf mehreren Ebenen sehr stark und von der Erziehungs-partnerschaft: Zunächst erfuhr die Mutter durch das Projekt „Starke Mütter – Starke Kinder" Hilfe bei der Renovierung der neuen Wohnung: Die Erziehungs-partnerin sowie eine weitere ehrenamtliche Mitarbeiterin des Projektes halfen vormittags bei der Renovierung, während die Mutter ihren Sohn zur Kinderbe-treuung des Projektes bringen konnte, was für sie eine große Entlastung bedeute-te. Nachdem die Phase des Umzugs abgeschlossen war und die Mutter sich in ihrer neuen Wohnung wohl fühlte, konnte diese sich auf die eigentlichen Inhalte der Erziehungspartnerschaft einlassen. Sie hatte sehr viele Fragen bezüglich der Pflege, Erziehung und Förderung ihres Kindes, nahm Anregungen der Erziehungspartnerin sehr offen an und setzte diese weitgehend um.

Risikofaktoren nach Abschluss der Erziehungspartnerschaft:

Die folgenden Risikofaktoren konnten im Verlauf der Erziehungspartnerschaft minimiert bzw. überwunden werden:

→ **negative Lebensereignisse**

→ **Isolation bzw. geringe soziale Unterstützung**: Die Mutter lernte im Rahmen des Projektes andere Mütter kennen, nutzte die Angebote des Projektes und schloss Freundschaften, die zum Teil mit gegenseitiger Entlastung einhergingen.

→ **hohe Stressbelastung (körperlich und/oder seelisch)**: Die Renovierung und der Umzug waren zum Zeitpunkt des Abschlussgespräches abgeschlossen, die Mutter fühlte sich wohl in ihrer neuen Wohnung.

→ **Partnerschaftskonflikte**: Die Trennung und der Sorgerechtsstreit schienen die Mutter zum Zeitpunkt der Abschlussbefragung nicht mehr in starkem Maße zu belasten. Die Scheidung war mittlerweile eingereicht und das alleinige Sorgerecht beantragt. Die Mutter unterstützte dennoch den Kontakt zwischen Vater und Kind.

→ **Partnerschaftsgewalt in der Familie**: Die Trennung vom Ehemann war vollzogen.

Folgende Risikofaktoren bestanden weiterhin:

→ **relative Armut**

→ **Alleinerziehendenstatus**

An dieser Stelle wurden die Verläufe der Erziehungspartnerschaften, wie sie von Projektleitung und wissenschaftlicher Begleitung wahrgenommen und erfasst wurden, dargestellt.

Im zweiten Teil der Arbeit (vgl. Kap. 12) wird die Sicht der an den Erziehungspartnerschaften beteiligten Akteurinnen anhand qualitativer Analysen stärker herausgearbeitet und reflektiert werden. Dabei konnten die hier vorgestellten Mütter 2 („Gannet"), 3 („Diana") und 4 („Nadja") für eine ausführliche Darstellung der Erziehungspartnerschaftsverläufe anhand leitfadengestützter Interviews gewonnen werden. Außerdem gelang es, die Erziehungspartnerinnen von Diana („Annemarie") und Nadja („Anila") zu befragen, so dass deren Darstellung direkt mit der der betreuten Mütter in Verbindung gebracht werden kann.

7.4 Erziehungspartnerinnen (F12-F15)

7.4.1 Deskriptive Beschreibung der Teilnehmerinnen

Insgesamt nahmen 22 Mütter an einer Erstschulung zur Erziehungspartnerin teil. Achtzehn Mütter haben die Schulung erfolgreich abgeschlossen. Da mit allen 22 Müttern, die die Schulung begonnen hatten, eine Erstbefragung stattfand, werden in den folgenden Grafiken die Ergebnisse dieser n = 22 Mütter vorgestellt werden.

7.4.1.1 Alter

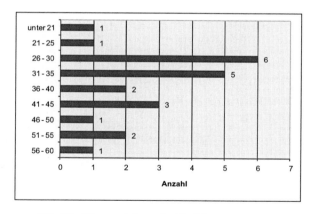

Abb. 18: Altersverteilung der Erziehungspartnerinnen

Alle Frauen, die an der Schulung zur Erziehungspartnerin teilnahmen, waren selbst Mütter. Die meisten Teilnehmerinnen waren zwischen 25 und 35 Jahre alt (vgl. Abb. 18).

7.4.1.2 Familienstand

Vierzehn der 22 befragten Frauen waren verheiratet, 3 lebten mit einem Partner zusammen, 2 Frauen lebten vom Partner getrennt, 3 waren geschieden.

7.4.1.3 Anzahl der eigenen Kinder

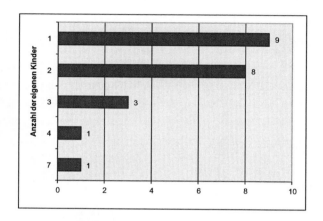

Abb. 19: Anzahl der eigenen Kinder

Wie Abbildung 19 zeigt, waren alle Frauen, die zur Erziehungspartnerin geschult wurden, selbst Mütter. Neun der Frauen hatten ein Kind, 8 Frauen hatten 2 Kinder, 3 Frauen hatten 3 Kinder, eine Mutter hatte 4 und eine Mutter 7 Kinder.

Es kann davon ausgegangen werden, dass auch die Kinder der Erziehungspartnerinnen indirekt über die Lernerfahrungen ihrer Mütter vom Projekt „Starke Mütter – Starke Kinder" profitieren konnten.

7.4.1.4 Familiäres Herkunftsland

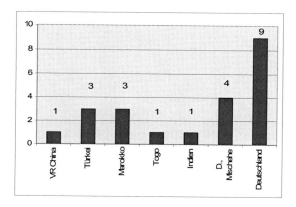

Abb. 20: Familiäres Herkunftsland der Erziehungspartnerinnen

Wie aus Abbildung 20 hervor geht, handelte es sich bei der Schulungsgruppe der Erziehungspartnerinnen um eine sehr internationale Gruppe. Die Erziehungspartnerinnen kamen aus 6 Ländern mit einem Sprachenrepertoire an insgesamt 9 Sprachen.

7.4.1.5 Höchster Bildungsabschluss

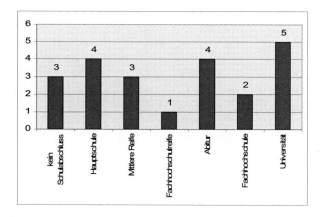

Abb. 21: Höchster Bildungsabschluss der Erziehungspartnerinnen

Auch die Frage nach dem höchsten Bildungsabschluss zeigt, dass es sich bei der Gruppe der Erziehungspartnerinnen um eine sehr heterogene Gruppe handelte, mit Frauen, die über sehr unterschiedliche Bildungs- und Erfahrungsressourcen wie auch über diverse kulturell geprägte Erfahrungen verfügten (vgl. Abb. 21). Auf diese Weise stand ein sehr breites Spektrum an Ressourcen zur Verfügung, die im Anschluss an die Schulung an Mütter aus dem Stadtteil weiter gegeben werden konnten.

7.4.1.6 Derzeit ausgeübte Beschäftigung

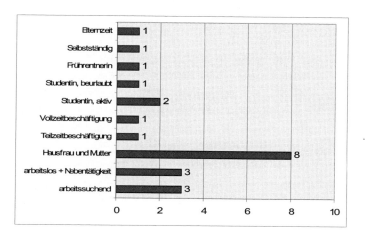

Abb. 22: Derzeit ausgeübte Beschäftigung der Erziehungspartnerinnen

Abbildung 22 zeigt, dass acht der Frauen, die sich zur Erziehungspartnerin schulen lassen wollten, als Hausfrau und Mutter über die zeitliche Kapazität verfügten, sich ehrenamtlich im Projekt zu engagieren sowie sechs weitere Mütter, die derzeit ohne Arbeit waren. Auch die anderen Frauen waren bereit, sich eine ehrenamtliche Tätigkeit als Erziehungspartnerin zeitlich einzurichten. Da viele der Teilnehmerinnen selbst kleine Kinder hatten, waren sie in Elternzeit oder beurlaubt. So stellte die Schulung zur Erziehungspartnerin auch für sie als junge Mütter eine willkommene Abwechslung im Alltag dar mit der Möglichkeit, sich selbst fortzubilden, während auch die Kinder die Möglichkeit hatten, im Rahmen der Kinderbetreuung neue Lernerfahrungen zu machen.

7.4.2   Zielsetzungen der Erziehungspartnerinnen

7.4.2.1   Teilnahmemotivation (Mehrfachnennungen)

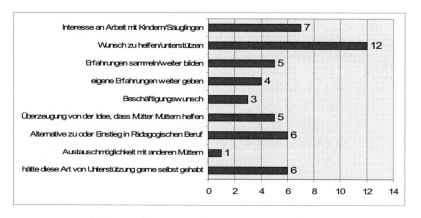

Abb. 23: Teilnahmemotivation der Erziehungspartnerinnen

Auf die Frage, was die Frauen dazu bewegt habe, am Projekt „Starke Mütter –
Starke Kinder" als Erziehungspartnerinnen teilzunehmen, gaben 12 der befragten Mütter den Wunsch zu helfen / zu unterstützen an. Sieben Frauen äußerten
ein Interesse an der Arbeit mit Kindern bzw. Säuglingen. Sechs Frauen sahen
die Mitarbeit im Projekt als Alternative zur bzw. als erneuten Einstieg in die
Berufstätigkeit, sechs Frauen gaben an, diese Art von Unterstützung selbst gerne
gehabt zu haben, als sie mit Säuglingen zu Hause waren. Fünf Frauen wollten
Erfahrungen sammeln oder sich weiterbilden. Vier Mal wurde der Wunsch
geäußert, eigene Erfahrungen weiterzugeben, drei Mütter verspürten den
Wunsch, einer Beschäftigung nachzugehen, eine Mutter suchte eine Austausch-
möglichkeit mit anderen Müttern (vgl. Abb. 23).

7.4.2.2 Erwartungen an die Projektteilnahme (Mehrfachnennungen)

Die Antworten der Erziehungspartnerinnen auf die Frage „Was erwarten Sie für sich selbst von der Teilnahme an diesem Projekt?" sind in Tabelle 5 anhand eines Kategoriensystems mit Beispielzitaten zusammengefasst.

Tabelle 5:
Erwartungen an die Projektteilnahme vonseiten der Erziehungspartnerinnen.

Kategorie	Zitat	Anzahl der Nennungen
Neue Erfahrungen sammeln, Horizont erweitern, lernen.	„Ich kann sehr viel lernen."	15 Nennungen
Kontakt zu anderen Müttern.	„Viele Menschen in Deutschland kennen lernen."	8 Nennungen
Dazu lernen für den Umgang mit eigenen Kindern.	„Von der Schulung erwarte ich mir auch Erfahrungen für die Erziehung meines eigenen Sohnes."	7 Nennungen
Anderen Menschen helfen können.	„Es verschafft mir Befriedigung, jemandem helfen zu können."	5 Nennungen
Etwas bewegen können/eigenes Wissen weiter geben können.	„Könnte andere an meinen Erfahrungen und Kenntnissen teilhaben lassen."	5 Nennungen
Referenz in Bezug auf den weiteren beruflichen Werdegang.	„Später finde ich durch diese Tätigkeit vielleicht leichter einen Job."	5 Nennungen
Anerkennung	„Ich habe etwas geleistet und bekomme Anerkennung dafür."	5 Nennungen
Spaß und Freude durch den Umgang mit Kleinkindern.	„Freude an der Beschäftigung mit kleinen Kindern."	4 Nennungen
Durch Austausch von anderen Müttern lernen.	„Durch den Austausch mit anderen dazu lernen."	3 Nennungen
Selbsterfahrung	„Selbsttest, wie flexibel ich im Umgang mit diesen Müttern sein kann."	2 Nennungen

Sinnvolle Beschäftigung während des Erziehungsurlaubs/Abwechslung.	„Abwechslung, etwas anderes als nur Kind und Haushalt zu tun."	2 Nennungen
Verbesserung der deutschen Sprachpraxis.	„Durch die Praxis die deutsche Sprache besser lernen."	2 Nennungen
Orientierung, ob sozialer Beruf passen könnte.	„Vielleicht kann ich mich auch beruflich orientieren,…"	2 Nennungen
Besser verstehen können, wie es zu Misshandlungen und Vernachlässigung bei Kindern kommt.		1 Nennung

Wie Tabelle 5 zeigt, waren die Erwartungen der potentiellen Erziehungspartnerinnen an die Teilnahme am Projekt sehr vielfältig. Als häufigste Erwartung an die Projektteilnahme vonseiten der Erziehungspartnerinnen wurde der Wunsch bzw. die Hoffnung geäußert, im Rahmen der Projektteilnahme neue (Lern-) Erfahrungen sammeln zu können (15 Nennungen). Auch war es vielen potentiellen Erziehungspartnerinnen wichtig, über die Teilnahme am Projekt Kontakt zu anderen Müttern zu bekommen (8 Nennungen). Der Transfer auf einen Nutzen hinsichtlich der eigenen Kindererziehung wurde in sieben Fällen hergestellt. Des Weiteren war es den Frauen wichtig, anderen Menschen helfen (5 Nennungen) oder etwas durch die Weitergabe des eigenen Wissens bewegen zu können (5 Nennungen). In fünf weiteren Fällen wurde der Wunsch nach Anerkennung geäußert. Auch die Möglichkeit, eine Referenz in Bezug auf den weiteren beruflichen Werdegang erwerben zu können, war für die Befragten von Bedeutung (5 Nennungen).

7.4.3   Veränderungen in der Zielsetzung und Frage nach Zielerreichung

7.4.3.1   Teilnahmestatus zum Zeitpunkt der Zwischenbefragung

Ungefähr sechs Monate nach Abschluss der Schulung (Messzeitpunkt t1) standen dem Projekt noch n = 11 Erziehungspartnerinnen zur Verfügung. Diese wurden im Rahmen der Zwischenerhebung erneut befragt. Abbildung 24 gibt Aufschluss über den Teilnahmestatus zum Messzeitpunkt t1.

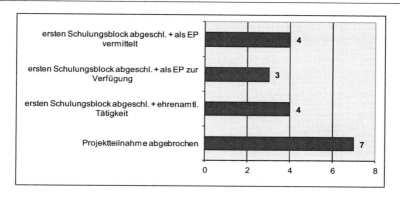

Abb. 24: Teilnahmestatus zum Messzeitpunkt t1

Wie Abbildung 24 verdeutlicht, waren sechs Monate nach Abschluss der Schulung bereits vier Frauen als Erziehungspartnerin vermittelt, drei weitere Frauen standen dem Projekt als potenzielle und geschulte Erziehungspartnerin zur Verfügung. Vier der geschulten Erziehungspartnerinnen hatten sich dafür entschieden, keine Erziehungspartnerschaft einzugehen, sich aber ehrenamtlich oder gegen geringfügige Bezahlung am Projekt zu beteiligen. So entstanden direkt nach Abschluss der Erstschulung die Idee des Deutsch-Gesprächskreises sowie die Idee der Stillberatung zwei Mal monatlich im Rahmen des Mutter-Kind-Cafés, welche von den ehrenamtlich tätigen Müttern durchgeführt wurden. Zwei weitere Mütter erklärten sich bereit, im Mutter-Kind-Café oder bei der Kinderbetreuung mitzuhelfen.

Leider waren zum Zeitpunkt der Zwischenbefragung 7 Erziehungspartnerinnen (die die Schulung vollständig absolviert hatten) aus dem Projekt ausgeschieden. Bei zwei der sieben Frauen begründete sich der Ausstieg durch einen Wegzug aus Mainz, eine Erziehungspartnerin nahm ihre Beschäftigung nach der Elternzeit wieder auf, eine Frau gab eine zeitliche Überforderung als Grund ihres Ausscheidens aus dem Projekt an und bei drei Frauen konnte der Grund des Ausstiegs nicht genau eruiert werden, da diese nicht mehr erreichbar waren.

Eine Schwierigkeit zeigte sich darin, das Interesse geschulter Erziehungspartnerinnen, die nicht direkt an Mütter vermittelt werden konnten, am Projekt aufrecht zu halten. Die Projektleitung konnte das Problem lösen, indem sie geeignete Erziehungspartnerinnen als Unterstützung der Erzieherin für die Kinderbetreuung einsetzte (gegen geringfügige Bezahlung). Andere Erziehungspartnerinnen engagierten sich verstärkt in der selbstständigen Organisation des Mutter-Kind-Cafés.

7.4.3.2 Veränderungen in der Zielsetzung

Im Allgemeinen hatte sich die Zielsetzung der Erziehungspartnerinnen im Projektverlauf zum Messzeitpunkt t1 nicht geändert. Zehn der elf befragten Frauen gaben keine Änderungen in der Zielsetzung im bisherigen Projektverlauf an, eine der befragten Erziehungspartnerinnen machte keine Angabe.

7.4.3.3 Zielerreichung

Auf die Frage, welche ihrer Ziele die Erziehungspartnerinnen zum Zeitpunkt der Zwischenbefragung bereits erreicht hätten, gaben zwei Frauen an, bereits alle Ziele erreicht zu haben, sieben Frauen hatten ihre Ziele zum Teil umsetzen können und zwei Frauen gaben an, ihre Ziele noch nicht erreicht zu haben.

Im Folgenden sollen die erreichten, teilweise erreichten und nicht erreichten Ziele im Detail zum Zeitpunkt der Zwischenbefragung (Messzeitpunkt t1) aus Sicht der befragten Erziehungspartnerinnen aufgeführt werden:

Drei der befragten Erziehungspartnerinnen gaben an, im Projektverlauf nette Leute kennen gelernt zu haben. Eine Erziehungspartnerin, die selbst an einer Hörbehinderung litt, hatte ein Mädchen mit Hörproblemen kennen gelernt und konnte ihr und ihrer Familie aufgrund ihrer eigenen Erfahrungen weiterhelfen. Zwei Mütter gaben an, dass sie einer Mutter bzw. Familie in einer schwierigen Situation helfen konnten, eine Frau freute sich über den Kontakt zu anderen Müttern, eine andere über den Kontakt zu anderen Kulturen. Eine geschulte Erziehungspartnerin gab an, im Rahmen der Projektarbeit, v.a. aber im studienbegleitenden Praktikum, das sie im Projekt „Starke Mütter – Starke Kinder" absolvierte, studienbezogene Erfahrungen gesammelt zu haben. Eine Mutter gab an, viel über kleine Kinder gelernt zu haben, eine weitere Mutter (mit Migrationshintergrund) schätzte den Kontakt zu deutschen Frauen sowie die daraus resultierende Verbesserung der Deutschkenntnisse. Eine Erziehungspartnerin fühlte sich gut damit, sich für eine wichtige sozialpädagogische Sache zu engagieren. Die Leiterin des Deutsch-Gesprächskreises gab an, den Frauen aufgrund der Verbesserung der deutschen Sprache und Sprachpraxis mehr Selbstbewusstsein geben zu können. Sprachliche Fortschritte seien bei den Frauen eindeutig erkennbar. Die Stillberaterin konnte Mütter zum Thema Stillen und Ernährung von Babys informieren und erfuhr sehr gute Resonanz vonseiten der beratenen Mütter.

Lediglich zwei der befragten Mütter hatten noch keines ihrer Ziele erreicht. Sie gaben an, dass hierfür bisher noch nicht genug Gelegenheit bestanden hätte (sie waren noch nicht als Erziehungspartnerin vermittelt).

Acht der befragten Erziehungspartnerinnen gaben an, ihre Erkenntnisse aus der Schulung und aus der praktischen Tätigkeit im Projekt auch in privaten Lebensbereichen nutzen zu können. Dies betraf vor allem den Umgang mit den eigenen Kindern und die Kindererziehung (5 Nennungen) sowie den Umgang mit dem eigenen Enkelkind (1 Nennung) oder die Möglichkeit, Freundinnen oder anderen Müttern mit Babys und Kleinkindern Tipps geben zu können (2 Nennungen). Auch für die Kommunikation innerhalb der Familie (1 Nennung) sowie das familiäre Miteinander (1 Nennung) erwies sich die Teilnahme am Projekt als hilfreich.

7.4.3.4. Beurteilung des Projektes „Starke Mütter – Starke Kinder" durch die Erziehungspartnerinnen

Wenn es um die Beurteilung des Projektes „Starke Mütter – Starke Kinder" durch die Erziehungspartnerinnen geht, soll zunächst eine E-mail vorgestellt werden, die die Projektleiterin von einer ehemaligen Erziehungspartnerin (hier genannt Bao) einige Monate nach ihrem, durch einen Umzug in eine andere Stadt bedingten Ausscheiden aus dem Projekt, erhalten hatte. Die aus China stammende Mutter eines zwei Jahre alten Sohnes (hier genannt Cheng), die von Beruf Gymnasiallehrerin (in China) war, stand ein knappes Jahr in Kontakt mit dem Projekt. Zunächst begann sie, den Deutsch-Gesprächskreis regelmäßig zu besuchen, da ihre Deutschkenntnisse nicht ausreichten, um die Schulung zur

Erziehungspartnerin zu absolvieren. Nach einem halben Jahr konnte sie erfolgreich an der Schulung teilnehmen, leider folgte kurz darauf der Umzug. Baos Sohn Cheng war zu Beginn der Projektteilnahme sehr schwer in die Kinderbetreuung einzugewöhnen, da er den Umgang mit Kindern und anderen Erwachsenen nicht gewohnt war und auch die deutsche Sprache befremdlich auf ihn wirkte (Cheng beherrschte mit 2 Jahren schon mehr als 100 chinesische Zeichen, sprach aber kein Wort Deutsch). Vor der Teilnahme am Projekt lebten Bao und Cheng sehr isoliert. Baos Ehemann war nur selten Zuhause, da er berufstätig war. Beim Wegzug der Familie hatte sich Cheng sehr gut in die Kindergruppe eingewöhnt und durch die Interaktion mit der Erzieherin und den anderen Kindern erste Deutschkenntnisse sowie Erfahrungen im Umgang mit anderen Kindern und Erwachsenen erworben.

Original-E-mail von Bao (alle Namen wurden anonymisiert bzw. entfernt):

Liebe Frau [Name der Projektleiterin].
Ich bin Bao. Ich bin schon in [Name der Stadt] für fast ein Monat. Und alles sind in Ordnung. Cheng ist auch gut. Manchmal haben wir das Heft mit eurer Fotos geguckt. Cheng kennt jeder von euch. Besonders [Name der Erzieherin]. Cheng vermisst [Name der Erzieherin] sehr. Manchmal hat er gesagt, dass er nach Tante [Name der Erzieherin] gehen möchte. Ich vermisse die Zeit mit euch zusammen verbracht. Auch bedanke ich Sie für die Bemühungen für Cheng. Ich errinne mich noch, dass Sie mir gesagt haben, wie man Schuhsschnur zubinden. Cheng hat viele positive Erfahrungen von stark mütter stark kinder bekommen. Und ich natürlich auch. Stark mütter stark kinder und Sie haben mir viele Einfluss gegeben. Ich will nicht im ganz Leben vergessen. Kinderschutzbund in [Name der Stadt] ist ganz weiter von uns. Ich habe noch nicht mit ihnen Kontakt gemacht. Aber in unserer Nähe gibe es vielen verschiedenen Organisationen bzw.Vereinen für Kinder. Vielleicht könnte ich mit ihnen Kontakt machen.
Viele Grüße zu alle von uns
Mit freundlichen Grüßen
Bao

Die E-mail zeigt, wie stark Bao und ihr Sohn von der Projektteilnahme profitieren konnten. Neben der so erfolgreich verlaufenen Eingewöhnung von Cheng in die Kindergruppe und den vielen positiven Erfahrungen, die er dort sammeln konnte, führt Bao auch eigene positive Erfahrungen an, die sie durch die Projektteilnahme machen konnte. Dazu gehören auch ganz praktische Hilfestellungen und Lernerfahrungen wie z.b. lernen, die Schuhe zu schnüren. Die Aussage „Ich will nicht im ganz Leben vergessen" zeigt, dass die Erfahrungen, die Bao gemacht hat, sehr tief greifend und von großer Bedeutung für sie waren und vermutlich auch von starker Nachhaltigkeit geprägt sind.

Hier zeigt sich sehr deutlich, dass nicht nur begleitete Mütter, sondern auch Erziehungspartnerinnen durch eine Projektteilnahe profitieren können.

Die allgemeine Abschlussbeurteilung des Projektes der Erziehungspartnerinnen zum Messzeitpunkt t2 erbrachte die folgenden Ergebnisse.

Auf die Frage „Wie hilfreich für die betroffenen Familien beurteilen Sie das Projekt „Starke Mütter – Starke Kinder" nach Ihren individuellen Erfahrungen (Austausch mit anderen Erziehungspartnerinnen, Austausch mit Zielgruppenmüttern, Beobachtung etc.)?" antworteten die Erziehungspartnerinnen wie folgt (vgl. Abb. 25).

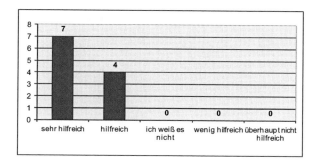

Abb. 25: Beurteilung des Projektes durch die Erziehungspartnerinnen

Wie aus Abbildung 25 ersichtlich wird, beurteilten 7 der befragten Erziehungspartnerinnen das Projekt „Starke Mütter – Starke Kinder" als „sehr hilfreich", 4
der befragten Frauen beurteilten das Projekt als „hilfreich".

Näher erläutert wurde diese Bewertung leider nur von zwei Erziehungspartnerinnen:

„Was sich aus der anfänglichen Idee entwickelt hat ist toll, da Frauen aus ganz
unterschiedlichen Ländern Freundschaft schließen konnten und sich somit in
Deutschland ein bisschen mehr "Zuhause" fühlen." (Zitat einer Erziehungspartnerin).

„Gesellschaftlich gesehen sehr wichtig für die Integration der Familien und für
die Entwicklung der Kinder." (Zitat einer Erziehungspartnerin).

8 Zusammenfassung der Ergebnisse

Im Folgenden werden die in Kapitel 7 berichteten Ergebnisse zusammenfassend dargestellt.

8.1 Zugänge zur Zielgruppe (F1-F2)

Bemühungen um Zugänge zur Zielgruppe erfolgten dabei auf mehreren Ebenen gleichzeitig:

1.) Vernetzung im Stadtteil,

2.) Bekanntmachung des Projektes über Aktionen und Medien,

3.) Akquise potenzieller Erziehungspartnerinnen,

4.) Personalakquise,

5.) Schaffung offener Angebote – zielgruppenunabhängig – für alle Mütter/ Familien mit Kindern unter drei Jahren im Stadtteil.

Die Schaffung vertrauensvoller und stabiler Zugänge im Kontext „Früher Hilfen" setzt eine offene, interessierte Grundhaltung der MitarbeiterInnen gegenüber den Zielgruppen voraus sowie die Bereitschaft und Geduld zu einem vorsichtigen und kontinuierlichen, wechselseitig miteinander abgestimmten Beziehungsaufbau. Dazu gehört es ebenfalls, sich mit den Vorstellungen und Werten der Zielgruppenangehörigen auseinanderzusetzen, die eigenen Vorstellungen und Werte als Chance zur Erweiterung vorhandener Möglichkeiten einzubringen bzw. anzubieten und diese gleichzeitig nicht zum Maß aller Dinge zu erheben. Dem liegt die Vorstellung zugrunde, dass hinter allem Tun von Menschen in der Regel eine positive Absicht steht. Diese gilt es zu ergründen, wenn sich herausstellt, dass die aktuellen Realisierungsversuche keinen Erfolg versprechen. In diesem Fall lässt sich das Spektrum der Möglichkeiten durch Impulse erweitern, die von den Betroffenen dahingehend überprüft werden können, welche zu ihrer persönlichen Lebensweise und -situation passend erscheinen.

8.2 Teilnahme an offenen Angeboten (F3-F5)

Insgesamt wurden n = 63 Teilnehmerinnen zu den offenen Angeboten befragt. Die befragten Teilnehmerinnen waren zwischen 21 und 50 Jahren alt, wobei es sich bei den meisten Teilnehmerinnen um junge Mütter im Alter von 26 bis 40 Jahren handelte.

Das Projekt „Starke Mütter – Starke Kinder" war ein sehr **internationales Projekt**. Die Teilnehmerinnen stammen aus 20 Ländern, über 50 % der befragten Frauen hatten Migrationshintergund.

Die befragten Teilnehmerinnen hatten im Durchschnitt 1,6 Kinder, woraus sich folgern lässt, dass insgesamt ca. 100 Kinder aus der Mainzer Neustadt vom Modellprojekt „Starke Mütter – Starke Kinder" direkt oder indirekt profitieren konnten.

Weiter zeigte sich, dass die offenen Angebote des Projektes überwiegend von Frauen mit hohem Bildungshintergrund (Fachhochschulreife oder höher) genutzt wurden, 58 % der Teilnehmerinnen mit hoher Bildung hatten Migrationshintergrund. 64 % der bildungsnahen Mütter mit Migrationshintergrund konnten ihren erlernten Beruf in Deutschland nicht ausüben. Es zeigte sich, dass in der Gruppe bildungsnaher Mütter mit Migrationshintergrund ein hoher Bedarf an internationalen Angeboten besteht, die dem Austausch mit anderen Müttern, der Abwechslung aus einem von sozialer Isolierung geprägten Alltag sowie der sprachlichen, beruflichen, pädagogischen und intellektuellen Weiterbildung dienen sollen. Die Nutzung derartiger Angebote für Mütter sowie die Nutzung der Kinderbetreuungs- und Frühförderangebote hat außerdem direkten Einfluss auf die sprachliche und soziale Entwicklung der Kinder und somit auch auf die Integration in den Kindergarten oder die erste soziale Einrichtung.

Die befragten Teilnehmerinnen nahmen im Durchschnitt regelmäßig an zwei offenen Angeboten pro Woche teil.

Die **Bewertung** der offenen Angebote fand zu den Angeboten „Mutter-Kind-Café", „Bewegungsangebot für Schwangere und frisch entbundene Mütter", Deutsch-Gesprächskreis, „Eine Stunde Zeit für uns" (Frühförderangebot für Mütter mit Kleinkindern), Elternkurs „Starke Eltern – Starke Kinder", Berufsorientierungskurs „Zukunftswegweiser" sowie für die offene Stillberatung statt. Die Kurse wurden durchweg als positiv bis sehr positiv bewertet. Die qualifizierte Kinderbetreuung erhielt sehr viel Lob und hervorragende Bewertungen.

Explizit **gelobt** wurde auch die Möglichkeit, im Rahmen des Projektes mit Frauen, die über sehr unterschiedliche kulturelle Hintergründe verfügen, in Kontakt treten zu können sowie die Angebotsvielfalt für Mütter mit Kindern aus dem Stadtteil.

Kritisiert wurden die beengten räumlichen Verhältnisse. Des Weiteren wurde mehrfach der Wunsch geäußert, das Bewegungsangebot und den Sprachkurs häufiger als einmal wöchentlich stattfinden zu lassen. Bezüglich der Kinderbetreuung wurde der Wunsch geäußert, mehr Personal hinzuzuziehen, gerade an Tagen, an denen viele Babys die Kinderbetreuung besuchen.

8.3 Mütter und Kinder in Erziehungspartnerschaft (F6-F11)

Insgesamt wurden im Verlauf des Projektes sechs über einen längeren Zeitraum andauernde Erziehungspartnerschaften vermittelt.

Belastungsmerkmale der begleiteten Mütter waren vorwiegend relative Armut sowie Alleinerziehendenstatus und Migrationshintergrund. Eine geringe Bildung spielte bei den Belastungsfaktoren eine untergeordnete Rolle.

Die **Zielsetzungen** der begleiteten Mütter bezogen sich vorwiegend auf den Umgang mit dem Kind sowie auf eine Verbesserung der Erziehungskompetenz. Auch wollten die Mütter die Entwicklung ihres Kindes unterstützen und damit seinen Eintritt in den Kindergarten vorbereiten. Weiterhin erwarteten sich die Mütter eine Unterstützung und Entlastung durch die Erziehungspartnerin sowie eine Steigerung des eigenen Wohlbefindens. Auch die Interaktion und der Austausch mit anderen Müttern wurde als Ziel für die Projektteilnahme formuliert. Bei Müttern mit Migrationshintergrund war die Verbesserung der Deutschkenntnisse eine weitere Zielsetzung.

Was die **Zielerreichung** anbelangt, gaben 2 von 4 befragten Müttern nach Abschluss der Erziehungspartnerschaft an, ihre Ziele durch die Erziehungspartnerschaft voll erreicht zu haben. Eine Mutter berichtete, ihre Ziele im Hinblick auf ihr eigenes Wohlbefinden, aber nicht im Umgang mit den Kindern erreicht zu haben. Gegen Ende der Erziehungspartnerschaft sei es stärker um ihre eigenen Probleme als um die Förderung des Kindes gegangen. Dieser Austausch mit der Erziehungspartnerin habe der Mutter sehr gut getan und sie habe stark davon profitiert. Eine weitere Mutter gab an, ihre Ziele mit Hilfe des Projektes, aber nicht primär durch die Erziehungspartnerschaft erreicht zu haben. Vielmehr habe die Mutter von der Teilnahme an diversen offenen Angeboten als auch von den Beratungsgesprächen mit der Projektleiterin profitiert.

Alle Mütter beurteilten ihre **Lebensqualität** nach Abschluss der Erziehungspartnerschaft besser als zu Beginn der Erziehungspartnerschaft. Auch eine Erhöhung der Zufriedenheit mit der **Unterstützung durch Freunde** sowie mit der **Zugangsmöglichkeit zu sozialen Einrichtungen** konnte erreicht werden.

Risikofaktoren, die die Entwicklung des Kindes betreffen, konnten im Projektverlauf deutlich verringert werden. Hatten die Mütter zu Beginn der Erziehungspartnerschaft im Durchschnitt mit 6 distalen und 1,25 proximalen Risikofaktoren zu kämpfen, verringerten sich die distalen Risikofaktoren auf durchschnittlich 2,5 Faktoren nach Abschluss der Erziehungspartnerschaft. Proximale Risikofaktoren lagen bei den Müttern nach Abschluss der Erziehungspartnerschaft nicht mehr vor.

Der **Übergang des Kindes in den Kindergarten** bzw. die erste soziale Einrichtung hatte zum Zeitpunkt der Abschlussbefragung erst bei dem Kind einer begleiteten Mutter stattgefunden. Sie beschrieb den Übergang in den Kindergarten als einfach und unkompliziert, da sowohl sie als auch ihr Sohn durch die Teilnahme am Projekt und vor allem durch die Teilnahme an der Kinderbetreuung gut auf den Übergang in eine soziale Einrichtung vorbereitet waren.

Erste Rückmeldungen von Krippen und Kindertagesstätten über Kinder, die regelmäßig die Kinderbetreuung des Projektes besuchten (ohne Erziehungspartnerschaft), deuten darauf hin, dass den Kindern ein leichter Einstieg und eine gute Integration in die Gruppe gelang, so dass sich der Eindruck verstärkt, dass die Teilnahme an der Kinderbetreuung des Projektes maßgeblich dazu beitragen kann, einen für das Kind leichten und positiven Übergang in den Kindergarten oder die Kinderkrippe zu ermöglichen.

8.4 Erziehungspartnerinnen (F12-F15)

Insgesamt nahmen 22 Frauen an einer Erstschulung zur Erziehungspartnerin teil. 18 Frauen konnten die Schulung erfolgreich abschließen. Alle Frauen, die an der Schulung zur Erziehungspartnerin teilnahmen, waren selbst Mütter. Die meisten waren zwischen 25 und 35 Jahre alt und verheiratet. Auch die Gruppe der Erziehungspartnerinnen setzte sich sehr international zusammen. Die Frauen kamen aus 6 Ländern und konnten sich in insgesamt 9 Sprachen verständigen. Der Ausbildungshintergrund der Frauen war sehr unterschiedlich, so dass die Frauen über diverse Bildungs- und Erfahrungsressourcen verfügten, die sie an andere Erziehungspartnerinnen sowie an Familien in schwierigen Lebenslagen weitergeben konnten.

Teilnahmemotive der Erziehungspartnerinnen waren in erster Linie der Wunsch zu helfen und das Interesse an der Arbeit mit Kindern und Säuglingen. Auch wurde die Teilnahme am Projekt als Alternative zur bzw. als erneuten Einstieg in die Berufstätigkeit angesehen. Weiterhin wollten die Mütter gerne ihre eigenen Erfahrungen und Ressourcen weiter geben. Einige der Erziehungspartnerinnen hätten sich diese Art der Unterstützung selbst gewünscht, als sie selbst mit Kleinkindern zu Hause waren.

Die **Ziele** der Erziehungspartnerinnen wurden im Projektverlauf **weitgehend erreicht**. Lediglich zwei Erziehungspartnerinnen gaben in der Zwischenbefragung an, noch keine ihrer Ziele erreicht zu haben, da bisher noch nicht genug Gelegenheit dafür bestanden hätte (sie waren noch nicht als Erziehungspartnerin vermittelt).

Die **Beurteilung des Projektes** „Starke Mütter – Starke Kinder" **durch die Erziehungspartnerinnen** fiel sehr positiv aus. 64 % der befragten Erziehungspartnerinnen beurteilten das Projekt im Rahmen der Abschlussbefragung als „sehr hilfreich", 36 % beurteilten das Projekt als „hilfreich" in Hinblick auf die Erreichung ihrer Zielsetzungen.

73 % der befragten Erziehungspartnerinnen gaben an, die **Erkenntnisse aus der Schulung** und aus der praktischen Tätigkeit im Projekt auch **im privaten Lebensbereich nutzen** zu können. Dies betraf v.a. den Umgang mit den eigenen Kindern sowie die Möglichkeit, Freundinnen oder anderen Müttern weiterhelfen

zu können, aber auch für die Kommunikation innerhalb der Familie sowie das familiäre Miteinander erwies sich die Teilnahme am Projekt als hilfreich.

9 Ausblick – El KiKo – international

Zum Ende der Projektlaufzeit stellte sich die Frage nach der weiteren Perspektive der geschaffenen Strukturen. Das Konzept hatte zu diesem Zeitpunkt im Stadtteil einen guten Anklang bei den dort lebenden Familien gefunden, was auch die Ergebnisse der wissenschaftlichen Begleitung belegten. Die Stadt war bereit, ihre Räumlichkeiten über die Dauer der Projektlaufzeit hinaus zur Verfügung zu stellen.

Die positive Resonanz im Stadtteil führte dazu, dass die Stadt Mainz eine Teilfinanzierung für weitere drei Jahre bewilligte, die das Ministerium für Frauen, Bildung und Jugend Rheinland-Pfalz jeweils in 2009 und 2010 um einen nun deutlich reduzierten Zuschuss ergänzte. Einen großen finanziellen Anteil trägt der Kinderschutzbund Mainz aus Eigenmitteln.

Somit konnte das

Eltern-Kind-Kompetenzzentrum „El KiKo – international",

welches sich mittlerweile aus dem Modellprojekt entwickelt hatte, als Institution im Stadtteil aufrechterhalten werden.

Über das bereits bestehende Angebot hinaus wurden nachfolgende Maßnahmen für das erweiterte Konzept des „El KiKo – international" geplant bzw. bereits umgesetzt:

- Eltern-Kind-Spielgruppen für Ein- bis Dreijährige,

- Elternkurse: „Starke Eltern – Starke Kinder" in türkischer und ggfs. anderen Sprachen (mit Kinderbetreuung),

- Ausbau der Sozialberatung,

- Außensprechstunde Erziehungsberatung,

- Mutter-Kind-Café – begleiteter offener Müttertreff – **mind. 3 x pro Woche,**

- Vater-Kind-Café – begleiteter offener Vätertreff,

- Eltern-Kind-Café – begleiteter offener Elterntreff,

- Gesundheitskurse (mehrsprachig bzw. mit konzeptioneller Berücksichtigung von Sprach- oder anderen Barrieren), z.B.:

o Schwangerschaftsgymnastik,

o Säuglingspflege,

o Entspannungskurse,

o gesunde Ernährung für alle Altersstufen,

o Rückensschule für alle Altersstufen,

o häusliche Pflege,

- weitere einrichtungsspezifische Ehrenamtlichen-Schulungen und -begleitungen,

- Berufsorientierung im Kontext von Familie,

- Offene Begegnungsangebote – zunehmend in Selbstorganisation.

Auch war ein weiterer Ausbau der Kooperationen vorgesehen.

Teil 2:
Die Erziehungspartnerschaft
aus Sicht der Akteurinnen

Im ersten Teil der Arbeit wurde die formative Evaluation des Projektes „Starke Mütter – Starke Kinder" ausführlich beschrieben und die daraus ermittelten Ergebnisse dargestellt.

Im zweiten Teil der Arbeit soll das Konzept der „Erziehungspartnerschaft", welches ein zentrales Element in der Ausgangskonzeption des Projektes darstellte, aus Sicht der beteiligten Akteurinnen, also den begleiteten Müttern und den Erziehungspartnerinnen, näher beleuchtet werden. Auf diese Weise kann ein tieferes Verständnis der Ergebnisse erreicht werden. Auch die Ergebnisse aus dem zweiten Teil der Arbeit können wichtige Hinweise für die Weiterentwicklung des Projektes liefern.

Die Erfassung der Daten erfolgte anhand von leitfadengestützten Interviews, die mit dem rekonstruktiven Verfahren der Dokumentarischen Methode ausgewertet und interpretiert wurden. Anhand individueller, ausführlich beschriebener Fälle und Sichtweisen lassen sich praktische Erfahrungen von Einzelpersonen und Gruppen rekonstruieren. Diese Rekonstruktion gibt Aufschluss über die Handlungsorientierungen, die sich in der jeweiligen Praxis dokumentieren und eröffnet somit einen Zugang zur Handlungspraxis. Unter Einbeziehung des Kontextes, der beteiligten Akteure, sowie der Interaktionsprozesse lässt die qualitative Auswertung interpretative Aussagen zu, die über die Darstellung quantitativer Ergebnisse hinausgehen.

Auf relevante Aspekte der qualitativen Sozialforschung sowie die Möglichkeit der Methodentriangulation wurde bereits ausführlich in den Kapiteln 5.2.3 und 5.2.4 eingegangen. Im Folgenden soll die hier zur Anwendung kommende Auswertungsmethode, die Dokumentarische Methode der Interpretation, näher erläutert werden. Anschließend wird auf die eigenen Erhebungs- und Auswertungsmethoden eingegangen, bevor die Ergebnisse der Interpretationen dargestellt werden.

10   Die dokumentarische Methode

Die Wurzeln der dokumentarischen Methode der Interpretation finden sich einerseits in der Wissenssoziologie von Karl Mannheim (vgl. Mannheim, 2009) und andererseits in der Ethnomethodologie (vgl. Garfinkel, 1967). Über die Analyseverfahren der dokumentarischen Methode lässt sich sowohl ein Zugang zum reflexiven als auch zum handlungsleitenden Wissen der Akteure eröffnen. Die dokumentarische Methode „dient der Rekonstruktion der praktischen Erfahrungen von Einzelpersonen und Gruppen, in Milieus und Organisationen, gibt Aufschluss über Handlungsorientierungen, die sich in der jeweiligen Praxis dokumentieren und eröffnet somit einen Zugang zur Handlungspraxis." (Nohl, 2009, S. 8).

Im Vergleich zu anderen Analyseverfahren wie beispielsweise der objektiven Hermeneutik (vgl. Oevermann, Allert, Konau & Krambeck, 1979), die nach allgemeinen, objektiven Strukturen suchen, die hinter den einzelnen subjektiven Bedeutungsstrukturen, die das Material liefert, liegen, geht es in der dokumentarischen Methode vor allem darum, die impliziten, in die Lebenspraxis eingelassenen Wissensbestände der AkteurInnen zu rekonstruieren (Nohl, 2009, S. 10).

Bohnsack, Nentwig-Gesemann & Nohl (2007) beschreiben diesen Sachverhalt wie folgt:

> *„Die sozialwissenschaftlichen Interpret(inn)en im Sinne der Mannheim'schen Wissenssoziologie gehen also nicht davon aus, dass sie mehr wissen als die Akteure oder Akteurinnen, sondern davon, dass letztere selbst nicht wissen, was sie da eigentlich alles wissen, somit also über ein implizites Wissen verfügen, welches ihnen reflexiv nicht so ohne weiteres zugänglich ist."*

(Bohnsack, Nentwig-Gesemann & Nohl, 2007, S. 11)

Karl Mannheim formulierte bereits in seinem 1921 erschienenen Aufsatz „Beiträge zur Theorie der Weltanschauungs-Interpretation" die Grundideen der dokumentarischen Interpretation (vgl. Mannheim, 2009).

In seinem Beitrag „Die Fallanalyse. Zur wissenschaftlichen Fundierung der klassischen Methode der Sozialen Arbeit" erläutert Fritz Schütze (1993) diese

Grundideen sowie die dazugehörigen Fachtermini „Objektsinn", „Ausdruckssinn" und „Dokumentsinn" anhand eines einfachen, ursprünglich von Karl
Mannheim formulierten Beispiels:

> *„Er geht mit seinem Freund auf einer belebten Strasse und der Freund gibt
> einem Bettler ein Almosen. Mit dem Terminus „Objektsinn" bezeichnet
> Mannheim die typisierte Situation der „Hilfe"; es handelt sich hierbei um
> ein allgemeines Situationsskript, das von Menschen immer wieder zur An-
> wendung gebracht wird. Mit dem Terminus „Ausdruckssinn" bezieht sich
> Mannheim auf die subjektive Intention und Kundgabe des Freundes, ihm
> und/oder dem Bettler sein Mitleid zum Ausdruck zu bringen. Der Terminus
> „Dokumentsinn" bezieht sich auf eine der typisierten Situation und der
> subjektiven Intention und Kundgabe verborgen zugrunde liegende Sinn-
> schicht: es könnte ja sein, dass der Freund sein Mitleid nur heuchelt und –
> ohne dass auch ihm selbst das voll deutlich ist – in einen bigotten Lebens-
> habitus verstrickt ist."*
>
> (Mannheim, 1964, S. 105ff, zitiert nach Schütze, 1993, S. 198)

Anhand dieses Beispiels wird deutlich, dass die dokumentarische Interpretation
neben typisierten kulturellen Gebilden und den subjektiven Handlungsintentio-
nen und Ausdrucksgebärden auch die Berücksichtigung verdeckter, zugrunde
liegender Muster und psychosozialer Konstellationen beinhaltet, die das Leben,
Handeln und Erleiden der Menschen mehr oder weniger unbewusst mitbestim-
men und die von den Akteuren zwar gefühlt und bemerkt, jedoch nicht reflektiv-
begrifflich erfasst werden. (Schütze, 1993, S. 198).

Ralf Bohnsack (2007) und Arnd-Michael Nohl (2009) haben sich intensiv mit
den drei Sinnschichten „Objektsinn", „Ausdruckssinn" und „Dokumentsinn"
auseinander gesetzt. Auch sie sind darauf bedacht, die Strukturen menschlichen
Handelns anhand der dahinter stehenden Orientierungen sichtbar zu machen
(vgl. Bohnsack, 2007, Nohl, 2009). Nohl (2009) unterscheidet zwischen „kom-
munikativem" und „konjunktivem" Wissen, wobei sich das „kommunikative"
Wissen auf die Motive des Handelns und somit auf den immanenten Sinngehalt
(objektiver Sinn und Ausdruckssinn) bezieht, während sich das „konjunktive",
„atheoretische" oder auch „implizite" Wissen auf das in die Handlungspraxis

eingelassene und diese orientierende Wissen der Interviewten und somit auf den von Mannheim (1964) definierten Dokumentsinn bezieht (Nohl, 2009, S. 49).

Nach Bohnsack (2003a) begreift der Dokumentsinn die Handlung oder den Text in seiner Herstellungsweise, in seinem „modus operandi" (Bohnsack, 2003a, S. 255)

Während das kommunikative Wissen ohne große Schwierigkeiten abgefragt werden kann, kann das konjunktive Wissen nur dann erschlossen werden, wenn der Forscher oder die Forscherin sich mit der Handlungspraxis vertraut gemacht hat (Bohnsack, 2003b, S. 43).

Auch Kramer, Helsper, Thiersch & Ziems (2009) stimmen mit Bohnsack und Nohl überein, dass es sich bei der Dokumentarischen Methode um ein analytisches Verfahren handelt, durch das „eine latente, grundlegende Geisteshaltung bzw. ein Habitus rekonstruktiv erschlossen werden kann.". Allerdings fassen diese den „Habitus" in erster Linie als individuell ausgeprägte Geisteshaltung, als „individuellen Orientierungsrahmen" (im Gegensatz zum „kollektiven Orientierungsrahmen") auf. Diese Auffassung erschließt die Möglichkeit, das Forschungsinteresse stärker auf individuelle Fälle auszurichten (Kramer, Helsper, Thiersch & Ziems, 2009, S. 66).

Auch das für die vorliegende Untersuchung – anhand leitfadengestützter Interviews erhobene – Datenmaterial (vgl. Kap. 12), lässt keine kollektiven und gemeinschaftlichen Bezüge, wie das beispielsweise bei Gruppendiskussionen der Fall ist, zu, so dass auch die vorliegende Untersuchung auf die Rekonstruktion „individueller Orientierungsrahmen" abzielt.

Die Dokumentarische Methode ermöglicht es, die Orientierungsrahmen der Akteure durch positive und negative Gegenhorizonte aufzuzeigen (komparative Analyse, vgl. auch Schütze, 1987). So wird es möglich, bei der Interpretation nicht nur gedankenexperimentell konstruierte Vergleichshorizonte zuzulassen, sondern tatsächlich realisierte Optionen anderer Fälle ins Spiel zu bringen. Auf diese Weise können Einzelfälle zu einem sehr frühen Zeitpunkt der Interpretation miteinander verglichen werden (vgl. Helsper et al., 2006, Nohl, 2009).

Für die Forschungspraxis der Dokumentarischen Methode ergeben sich die beiden klar voneinander abgrenzbaren Arbeitsschritte der „formulierenden" und der „reflektierenden" Interpretation sowie die komparative Sequenzanalyse und die Typenbildung.

Die Formulierende Interpretation

Grundgerüst der formulierenden Interpretation ist eine Entschlüsselung der thematischen Struktur der Texte vor dem Hintergrund, *was* gesagt wird, also welche Themen in der entsprechenden Passage behandelt werden. Die formulierende Interpretation verbleibt auf der Ebene des immanenten Sinngehaltes eines Textes (Bohnsack, 2003b, S. 43, Bohnsack, Nentwig-Gesemann & Nohl, 2007, S. 303).

Kramer, Helsper, Thiersch & Ziems (2009) befürworten eine Trennung der beiden Arbeitsschritte „Erstellung der Thematischen Struktur" des Textes und der „Formulierenden Interpretation". Diese Methode birgt den Vorteil, dass die Forscherin oder der Forscher sich auf Grundlage der thematischen Struktur zunächst einen Überblick über den Verlauf des Interviews verschaffen kann. Auf Grundlage der thematischen Struktur lassen sich dann diejenigen Passagen auswählen, die genauer analysiert werden sollen (Kramer, Helsper, Thiersch & Ziems, 2009, S. 67).

Dabei empfehlen die Autoren eine Auswahl der Passagen nach folgenden Kriterien:

- Passagen, die sich durch eine besonders hohe kommunikative Dichte und/oder eine metaphorische Dichte auszeichnen,

- Passagen, die eine inhaltliche Relevanz in Bezug auf die Forschungsfrage aufweisen,

- Passagen, die eine thematische Vergleichbarkeit mit anderen Passagen aus dem gleichen Interview oder mit Passagen anderer Interviews gewährleisten.

(Kramer, Helsper, Thiersch & Ziems, S. 68)

In der Formulierenden Interpretation geht es dann darum, das von den Akteuren begrifflich Explizite noch einmal zusammenfassend und in eigenen Worten zu „formulieren", also die Sprache der Akteure in die der Forschenden zu überführen und so eine Einigkeit über den wörtlichen Gehalt des Textes zu erzielen (vgl. Bohnsack et. al., 2007, Przyborski, 2004).

Des Weiteren lassen sich erste „Fokusierungsmetaphern" identifizieren, die für den nächsten Arbeitsschritt, die Reflektierende Interpretation, nutzbar gemacht werden können.

Die Reflektierende Interpretation

Die Reflektierende Interpretation untersucht darüber hinausgehend, *wie*, d.h. in welchem Rahmen, ein Thema behandelt wird und dient damit der Entschlüsselung des dokumentarischen Sinngehaltes eines Textes. Der so ermittelte *Orientierungsrahmen* oder auch *Habitus* (vgl. Bourdieu, 1983) ist der zentrale Gegenstand dokumentarischer Interpretation. Dieser kann sich, wie bereits oben beschrieben, auf eine Gruppe oder auf ein Individuum beziehen (Bohnsack, 2003b, S. 43).

Komparative Sequenzanalyse und Typenbildung

Anhand der komparativen Sequenzanalyse, also anhand einer zu einem sehr frühen Zeitpunkt der Interpretation stattfindenden Kontrastierung mit anderen Fällen, lässt sich der Orientierungsrahmen vor dem Vergleichshorizont anderer Fälle konturierter herausarbeiten. Derartige Vergleiche können sowohl hypothetisch als auch empirisch, d.h. anhand des Vergleichs mit Fällen aus dem eigenen Sample oder anderen rekonstruktiven Studien, erfolgen (Kramer, Helsper, Thiersch & Ziems, 2009, S. 69).

Die komparative Analyse ermöglicht neben der methodischen Kontrolle der Interpretation auch die Bildung von Typen. Diese „Typen" lassen sich herausarbeiten, wenn in mehreren Fällen eine bestimmte Art und Weise der Problembearbeitung identifiziert wird und wenn dieser ermittelte „Orientierungsrahmen" von anderen Arten der Problembearbeitung (derselben Problemstellung) unterschieden werden kann (Nohl, 2009, S. 13).

Für die Auswertung der durchgeführten leitfadengestützten Interviews kam die Dokumentarische Methode der Interpretation deshalb zur Anwendung, weil sie zu einem sehr frühen Zeitpunkt der Interpretation eine komparative Analyse, also einen Fallvergleich zulässt. Dabei geht es darum zu eruieren, wie dasselbe

Thema (hier: die Erziehungspartnerschaft) von unterschiedlichen Akteurinnen in unterschiedlicher Weise bewältigt wird.

Im Folgenden werden Durchführung und Auswertung der leitfadengestützten Interviews näher erläutert.

11 Durchführung und Auswertung der leitfadengestützten Interviews

Wie sich in Teil 1 der Arbeit zeigte, konnte im Projektverlauf nur eine geringe Anzahl an Erziehungspartnerschaften vermittelt werden. Auch bei den vermittelten Erziehungspartnerschaften wurden in der Hälfte der Fälle die ursprünglichen Zielsetzungen nicht oder nur teilweise erreicht. Da die Erziehungspartnerschaft jedoch in der Ausgangskonzeption des Projektes „Starke Mütter – Starke Kinder" ein zentrales Element darstellte, erschien es sinnvoll und wichtig, die Verläufe der Erziehungspartnerschaften noch näher und individueller zu beleuchten. Eine intensive Reflexion der Erziehungspartnerschaften erfolgte anhand der qualitativen Auswertung leitfadengestützter Interviews mit den beteiligten Akteurinnen.

Zunächst wird kurz auf die methodische Anlage der Untersuchung eingegangen, bevor anschließend die Reflexionsergebnisse vorgestellt werden.

11.1 Datenerhebung

Im Anschluss an die in Teil 1 der Arbeit beschriebene formative Evaluation des Modellprojektes „Starke Mütter – Starke Kinder" wurden die im Rahmen einer Erziehungspartnerschaft betreuten Mütter sowie deren Erziehungspartnerinnen erneut – in Form von leitfadengestützten Interviews – befragt, um Ergebnisse, die im Verlauf der formativen Evaluation ermittelt wurden, in tieferen Schichten betrachten zu können und um die individuellen Sichtweisen der Akteurinnen besser rekonstruieren zu können. Die Untersuchung zeigte u.a., dass die Zielsetzungen der Mütter im Rahmen der Erziehungspartnerschaft nur in 50% der Fälle erreicht werden konnten und dass offene Angebote, die in den Projekträumen stattfanden, viel stärker nachgefragt und frequentiert wurden als das „aufsuchende" Angebot der Erziehungspartnerschaft (vgl. hierzu auch Kap. 7).

Insgesamt wurden sieben leitfadengestützte Interviews durchgeführt, die alle audiographisch aufgezeichnet und anschließend in Form exakter Gesprächsprotokolle transkribiert wurden. Dabei wurden Transkriptionsregeln angewendet, die ein einheitliches Verschriftlichen der Interviews gewährleisten und durch hinzugefügte Kommentare (wie z.B. „(lacht)") weitere Informationen über die Interviewsituation oder Verhaltensweisen der Befragten liefern (vgl. Anhang A: Transkriptionsregeln). Schlussendlich wurde entschieden, nur fünf der Interviews in die hier vorliegenden Analysen mit einzubeziehen. Dieses „Sample" setzte sich aus den (zum Zeitpunkt der Interviews noch erreichbaren) Mütter und deren Erziehungspartnerinnen zusammen.

Die Gruppe der interviewten Akteurinnen setzte sich wie folgt zusammen:

-   Zwei Interviews wurden mit geschulten Erziehungspartnerinnen (Annemarie und Anila) durchgeführt. Sie waren zum Zeitpunkt des Interviews seit längerer Zeit im Projekt tätig und auch die Erziehungspartnerschaften hatten seit mindestens einem Jahr Bestand.

-   In drei Interviews wurden Mütter befragt, die sich aktuell in einer Erziehungspartnerschaft befanden (Diana und Nadja) oder eine Erziehungspartnerschaft bereits abgeschlossen hatten (Gannet). In zwei Fällen (Diana & Annemarie, Nadja & Anila) gelang es, „Partner" zu befragen, d.h. die betreuten Mütter und die dazugehörigen Erziehungspartnerinnen.

-   Zwei der Befragten (Shiva und Souraya) waren regelmäßige Teilnehmerinnen an den offenen Angeboten des Projektes, sie waren zum Zeitpunkt des Interviews bereits seit längerer Zeit Projektteilnehmerinnen und engagierten sich mittlerweile selbst ehrenamtlich im Projekt. Die ehrenamtliche Mitarbeit fand im Mutter-Kind-Café wie in der Kinderbetreuung statt. Die Interviews von Shiva und Souraya wurden nicht in die hier dargelegten Analysen mit einbezogen, da sie thematisch zu stark von den anderen Interviews abweichten. Sie werden aber sicherlich im Rahmen anderer Veröffentlichungen analysiert werden können.

Die Leitfäden der einzelnen befragten und in die Auswertung einbezogenen Akteurinnen (Mütter und Erziehungspartnerinnen) ähnelten sich sehr, was einige Passagen über die Gruppen hinweg vergleichbar machte.

Zunächst wurden die Interviewten aufgefordert, über sich zu erzählen (Alter, Anzahl der Kinder, Familienstand, Herkunftsland, mögliche Berufstätigkeit), um in einen Redefluss zu gelangen. Auch wurden alle Interviewten gefragt, wie sie zum Projekt gekommen sind.

Die betreuten Mütter und Erziehungspartnerinnen sollten anschließend über die Erziehungspartnerschaft berichten. Die Fragen bezogen sich auf ursprüngliche Ziele an die Erziehungspartnerschaft, bereits erreichte Ziele im Rahmen der Erziehungspartnerschaft sowie Situationen, die nun einfacher zu bewältigen sind.

11.2 Interpretation und Darstellung

Die Interpretation der Interviews erfolgte anhand der in Kapitel 10 beschriebenen Dokumentarischen Methode, die einzelnen Auswertungsschritte wurden berücksichtigt. Interpretationen einzelner Textstellen fanden in Interpretationsgruppen statt (vgl. Anhang D: Interpretationsprotokolle).

Bei der Darstellung der Ergebnisse wurden die Namen der Akteurinnen und deren Kinder sowie Dritter und Wohnorte anonymisiert. Alle Akteurinnen werden im Folgenden beim (anonymisierten) Vornamen genannt, dabei wurde auf landestypische Vornamen zurückgegriffen.

Ein Problem, das sich bei der Interpretation des Datenmaterials stellte, war die Frage, wie mit sprachlichen Ungereimtheiten, die häufig infolge sprachlicher Unsicherheiten der Teilnehmerinnen auftraten, verfahren wurde. Im Großen und Ganzen wurde davon ausgegangen, dass das im Interview Gesagte wörtlich gemeint ist, allerdings immer unter der Prämisse, dass bei bestimmten Äußerungen auch sprachliche Barrieren eine Rolle spielen können. Bei offensichtlichen sprachlichen Ungereimtheiten sowie starken sprachlichen Schwierigkeiten fand bei der „Reflektierenden Interpretation" die „Formulierende Interpretation" starke Berücksichtigung.

12 Ergebnisse

Zunächst wird es darum gehen, drei Erziehungspartnerschaften als Eckfälle in ihrem Verlauf kennen zu lernen und in tiefer gehenden Strukturen zu betrachten, bevor im Anschluss relevante Themen, die sich aus der Analyse ergeben, dargestellt werden.

12.1 Rekonstruktion der Erziehungspartnerschaften

12.1.1 Diana und Annemarie: Eine Erziehungspartnerschaft mit unterschiedlichen Wahrnehmungen

Die Erziehungspartnerschaft zwischen Diana und Annemarie dauerte insgesamt knapp zwei Jahre, in denen sich die beiden Protagonistinnen ein- bis zweimal wöchentlich trafen. Die leitfadengestützten Interviews fanden nach eineinhalb Jahren Erziehungspartnerschaft statt. Um den Verlauf der Erziehungspartnerschaft aus Sicht der Akteurinnen darzustellen, erscheint es sinnvoll, zunächst ein kurzes Porträt der Akteurinnen zu zeichnen. Hierzu wird auch auf die Analyse dritter Dokumente, wie z.b. das Erstgesprächsprotokoll oder Zwischenprotokolle, die durch die Projektleiterin angefertigt wurden, zurückgegriffen.

Die Akteurinnen

Diana (die begleitete Mutter) ist zum Zeitpunkt des Interviews 27 Jahre alt. Sie stammt aus Deutschland und hat eine Lehre absolviert. Diana hat zwei Töchter, Chantal und Janina, die zum Zeitpunkt des Interviews sechs und zwei Jahre alt sind. Wie Diana im Kennenlerngespräch berichtet, gestaltet sich die Beziehung zum Lebensgefährten äußerst schwierig, da dieser drogenabhängig ist. Zum Zeitpunkt des Interviews befindet er sich in der JVA, was Diana als Erleichterung empfindet und beschreibt. Auch die Beziehung zur eigenen Mutter stellt sich für Diana sehr schwierig und belastend dar. Diana klagt über starke Einmischungs- und Einflussnahmeversuche der Mutter in diversen Lebensbereichen. Diese Einflussnahmeversuche gehen so weit, dass die Mutter Diana bereits beim Jugendamt wegen Kindeswohlgefährdung ihrer Enkel angezeigt hatte. Diana berichtet, sich von ihrer Mutter ständig kontrolliert, kritisiert und abgewertet – wie ein unmündiges Kind behandelt – zu fühlen.

Annemarie (die Erziehungspartnerin) ist zum Zeitpunkt des ersten Zusammentreffens 43 Jahre alt, stammt ebenfalls aus Deutschland und studiert auf dem zweiten Bildungsweg. Ihre beiden Kinder Christoph und Cathrin sind zum Zeitpunkt des Interviews dreizehn und sieben Jahre alt. Annemarie ist derzeit allein erziehend. Sie hat beim Projekt „Starke Mütter – Starke Kinder" die Erziehungspartnerinnenschulung absolviert, nimmt selbst an diversen offenen Angeboten des Projektes teil und arbeitet aktiv in dem im Rahmen des Projektes angebotenen Mutter-Kind-Café mit.

Der Weg zum Projekt

Diana wendet sich im Juli 2007 an das Projekt „Starke Mütter – Starke Kinder" und berichtet von sozialen Ängsten und depressiven Verstimmungen. Sie ist auf der Suche nach einer Erziehungspartnerin („eine ältere Person mit Erfahrung", Zitat Interview, S. 2, Z. 48). Im Vermittlungsgespräch mit Annemarie gibt Diana an, sich Unterstützung durch eine Person zu wünschen, die ihr den Rücken stärke, Mut mache für die Lebensbewältigung mit den zwei Kindern, ihr Anregungen für altersgemäße Spiel- und Entwicklungsanregungen für die jüngere Tochter (Janina) zur Verfügung stelle. Des Weiteren sei sie auf der Suche nach einer Gesprächspartnerin für Fragen rund ums Kind sowie nach einer gelegentlichen Begleiterin an öffentliche Orte, als Unterstützung zum Angstabbau.

Als mögliche Erziehungspartnerin wird Diana Annemarie vorgestellt. Beide Akteurinnen erklären sich bereit, miteinander eine Erziehungspartnerschaft einzugehen. Parallel dazu möchte Diana Therapiestunden besuchen, um ihre Ängstlichkeit zu überwinden.

Die „Partnerinnen" werden gebeten, möglichst offen miteinander umzugehen und eventuell auftretende Probleme zeitnah miteinander zu besprechen oder – falls ihnen dies nicht möglich ist – Unterstützung durch die Projektleiterin hinzuzuziehen, damit einvernehmliche Lösungen gesucht bzw. entwickelt werden können.

Wahrnehmung der Erziehungspartnerschaft
„das ist jetzt auch kein schlechtes Gerede, aber..."

Beide Protagonistinnen werden im Interview zum Verlauf der Erziehungspartnerschaft befragt. Dabei wird schnell deutlich, dass Diana mit dem Verlauf der Erziehungspartnerschaft nicht uneingeschränkt zufrieden ist.

Textstelle Diana: Z. 60-71

60   I: Mmh. Und ähm, hatten sie das Gefühl, dass das auch äh so gelaufen ist
       wie Sie sich das
61   vorgestellt haben mit der Erziehungspartnerschaft?
63   D: Nein.
65   I: Haben sie es sich anders vorgestellt?
67   D: Ja.
69   I: Mmh. Und wie ist es jetzt gelaufen letztendlich?
71   D: (holt tief Luft) Is O.K. Es is mittelmäßig.

Die geschlossene Frage der Interviewerin ruft bei Diana zunächst ein einfaches „nein" als erste Reaktion hervor, welche nicht weiter ausgeführt wird.

Möglicherweise liegt es an der ebenso geschlossen gestellten Frage der Interviewerin „*Haben sie es sich anders vorgestellt?*", dass Diana erneut mit einem knappen „*ja*" antwortet.

Die Aufforderung nach einem Gesamtresümee „*Und wie ist es jetzt gelaufen letztendlich?*" wird von Diana als „*OK*" und „*mittelmäßig*" beantwortet.

Dabei hält sich Diana an ein formales Bewertungssystem und geht nicht auf die Gefühlsebene ein, die von der Interviewerin abgefragt wird. Mit der Wahl der Worte „*hatten Sie das Gefühl...?*" eröffnet die Interviewerin Diana die Möglichkeit, auf einer individuellen Ebene zu antworten und zu reagieren. Es wird keine professionelle, sondern eine emotionale Analyse der Situation verlangt. Möglicherweise fällt es Diana auch deshalb so schwer, die Frage zu beantworten, da die Gefühlsebene angesprochen wird, Diana aber nur bereit ist, auf einer formalen Ebene zu antworten.

Es scheint, als müsse die Interviewerin sich erst das Vertrauen der Mutter „erarbeiten", ebenso wie Annemarie sich Dianas Vertrauen im Rahmen der Erziehungspartnerschaft erarbeiten muss.

Diana verneint eindeutig, dass ihre Vorstellungen sich in der Erziehungspartnerschaft wieder finden. Die Tatsache jedoch, dass sie den Verlauf letztendlich als „*OK*" bezeichnet, deutet bereits eine Ambivalenz in Bezug auf die Erziehungspartnerschaft an, die darauf hinweist, dass sie mit bestimmten Aspekten der Erziehungspartnerschaft zufrieden war, mit anderen nicht. Auch „*mittelmäßig*" beschreibt einen Verlauf, der von ihren ursprünglichen Ansprüchen abweicht.

Aus den Äußerungen geht hervor, dass die Erziehungspartnerschaft nicht (ausschließlich) positiv verlaufen ist, es bleibt aber bislang offen, was genau Dianas Kritikpunkte sind. Das tiefe Luftholen zu Beginn der Äußerung zeigt, dass es Diana Überwindung kostete, diese „mittelmäßige" Bewertung abzugeben.

Der nächste Interviewabschnitt zeigt den Versuch der Interviewerin, die Erwartungen an die Erziehungspartnerschaft genauer zu eruieren sowie die daraus resultierende Erläuterung Dianas.

Textstellen Diana: Z. 73-92, 106-112

73   I: Mmh, mmh. Was hätten sie sich mehr gewünscht in der Erziehungspartnerschaft?

75   D: (5 Sek.) Mehr Ergebnisse. Noch besser geschult.

77   I: Bezüglich auf sie selbst, oder bezüglich auf die Kinder?

79   D: Auf's Kind. Also, es ging ja um die Janina hauptsächlich. Das war auch am Anfang war

80   ich da eigentlich sehr zufrieden, aber (4 Sek.) hatte nachgelassen mit der Zeit.

82   I: Mmh, mmh. Haben sie da auch n Beispiel, zum Beispiel was sie sich jetzt in in in welchem

83   bestimmten Bereich sie sich da mehr Unterstützung gewünscht hätten?

85   D: Ja, es ging mir letztendlich nicht mehr so um's Kind. Also ich hatte das Gefühl, dass das

86   Interesse am Kind nachgelassen hatte. Das der Fo-

88   I: Von Seiten der Erziehungspa-

90   D: Ja, der Fokus war nicht mehr so ganz auf'm Kind irgendwie. Also, ich hab mir gewünscht,

91   dass da auch mehr Anregung kommt von ihr, weil <u>ich</u> war ja die Ratsuchende und sie war ja

92 die Expertin praktisch. Und das Gefühl hatte ich nicht. <u>Später</u>. Am Anfang ging's.

[...]

106 D: Es ging ja auch ich hab auch ich hab mich auch einmal beschwert, weil ich gesagt hab, es

107 ging mir zu wenig um die Janina irgendwie. Also es ging oft um meine Problematik, das war

108 auch O.K. und damit bin ich auch sicher äh sehr oft hier hergekommen, aber ich denke, äh

109 also, das ist jetzt auch kein schlechtes Gerede, aber es sollte von äh von ihrer Seite ähm ...

110 professioneller oder also sie war die Expertin Fachfrau und das kam später nicht mehr so

111 rüber irgendwo. Ich hatte oft das Gefühl, dass sie mit den Gedanken nicht mehr so bei dabei

112 ist so.

Die Interviewerin ist nach wie vor darum bemüht, mehr Informationen über den Verlauf der Erziehungspartnerschaft zu erhalten. Nach einer längeren Phase des Nachdenkens (5 Sekunden) entscheidet Diana, dass sie zunächst nicht mehr als zwei knappe, formale Hinweise geben möchte auf die Frage, was sie sich mehr gewünscht hätte in der Erziehungspartnerschaft. Indem Diana mehr Ergebnisse und eine bessere Ausbildung der Erziehungspartnerin als nicht erfüllte Wünsche an die Erziehungspartnerschaft angibt, zeigt sich, dass sie eher die professionelle Seite der Erziehungspartnerschaft abruft, sich eine „professionellere" Begleitung wünscht, auch wenn sie bei der Abfrage der Ziele an die Erziehungspartnerschaft an vorangegangener Stelle äußerte, sich „Austausch und Kontakt" zu wünschen. Es zeigt sich eine Ambivalenz in Dianas Erwartungen. Einerseits wünscht sie sich eine eher familiär anmutende Begleitperson („eine ältere Person mit Erfahrung", „Es war mir einfach wichtig, jemanden an meiner Seite zu haben"), andererseits spielt die Professionalität in der Begleitung für sie eine wesentliche Rolle.

In diesem Abschnitt des Interviews wird deutlich, dass die Erziehungspartnerschaft zwischen Diana und Annemarie in Dianas Augen eine Entwicklung nahm, die Diana rückblickend eher als eine negative beschreibt.

Die Verantwortlichkeit für den nicht zufrieden stellenden Verlauf der Erziehungspartnerschaft wird durch die Einführung von Hierarchie (Annemarie als „Expertin", Diana als „Ratsuchende") ganz klar Annemarie zugeschrieben.

Der Hauptkritikpunkt Dianas liegt in der Tatsache, dass der Fokus nicht so stark auf dem Kind lag, wie sie es sich gewünscht hätte. Den Beginn der Erziehungspartnerschaft bewertet Diana positiver („am Anfang war ich da eigentlich sehr zufrieden"), da ihr in dieser Zeit viel „Praktisches" und „Konkretes" vermittelt wurde. Das Rollengefüge schien zu diesem Zeitpunkt der Erziehungspartnerschaft klar umrissen gewesen zu sein (Diana als Ratsuchende und Annemarie als Expertin). In der Beziehungsdynamik zwischen Diana und Annemarie beschreibt Diana es als wichtig, praktische Ratschläge zu erhalten, Input, der direkt im Kontakt mit dem Kind umgesetzt werden kann. Auf der anderen Seite könnte die Suche nach konkreten, praktischen Ratschlägen auch einen Schutzmechanismus von Seiten Dianas darstellen, um das Aufkommen von Themen, die für Diana unangenehm sind, wie beispielsweise Themen, die ihr Erziehungsverhalten betreffen, zu vermeiden.

Diana ist es außerdem wichtig, in ihrer Unzufriedenheit ernst genommen zu werden. Sie berichtet, sich bereits einmal beschwert zu haben, geht allerdings nicht weiter darauf ein, welche Reaktionen von Seiten Annemaries auf ihre Beschwerden folgten. Aus dem Gesagten lässt sich jedoch schließen, dass ihre Beschwerden keinen Anklang fanden, da die Qualität der Erziehungspartnerschaft sich in Dianas Augen kontinuierlich verschlechterte.

Mit der Aussage „das ist jetzt auch kein schlechtes Gerede" spricht Diana die persönliche Ebene an, die sie deutlich von Kritik abgrenzen möchte. Auch die Aussage „ ich mag die Annemarie" untermauert die Tatsache, dass Diana Annemarie als Person anerkennt und schätzt, sie aber nicht als „professionelle" Unterstützung empfindet.

Betrachtet man die Rollenzuschreibung Dianas – ihre eigene Rolle und Annemaries Rolle in der Erziehungspartnerschaft betreffend – wird schnell deutlich und auch wörtlich von Diana benannt, dass sie sich selbst als „Ratsuchende" beschreibt, während Annemarie als „Fachfrau" und „Expertin" bezeichnet wird. Diana appelliert an Annemaries Professionalität und schreibt der „Fachfrau" die

Prozessverantwortung zu. Die betreute Mutter hat hohe Ansprüche an die Professionalität der Erziehungspartnerin, die an „Dienstleitungsansprüche" erinnern. Sie ist einerseits aktiv auf der Suche nach Hilfe und Unterstützung, ist andererseits jedoch nicht bereit, Hilfe, die über das Praktische, Alltägliche hinausgeht, zuzulassen. Diana akzeptiert Hilfe also nur dann, wenn sie die eigene Haltung oder den Selbstwert nicht beeinflusst.

Interessant erscheint an dieser Stelle der direkte Vergleich mit den Textstellen, in denen die Erziehungspartnerin Annemarie über die Erziehungspartnerschaft berichtet:

Textstellen Annemarie: Z. 191-198, 218-220, 264-271

[...]

191   I: Also das heißt, du betreust im Moment eine Mutter.

193   A: Ja.

195   I: Wie läuft das im Moment?

197   A: Ähm ... Also ich betreue eher die Mutter als das Kind. Wobei ich denk, dass die Kinder es

198   eigentlich auch nötig hätten, ja.

[...]

218   A: Und ich versuch auch immer mal so ihre

219   Aufmerksamkeit auf die Kinder zu lenken. Weil da ist sie einfach sehr sehr unaufmerksam, ja

220   weil sie einfach sehr mit sich beschäftigt ist.

[...]

264   Und das is, weil ich denke, sie braucht schon noch Unterstützung. Also grad so in dem

265   Umgang mit den Kindern. Also ihr Ding kriegt sie jetzt langsam ganz

266   gut geregelt, aber sie hat halt wirklich keinen Blick für die Kinder. Also, die laufen so

267   nebenher mit und ich sag mal, die Zuwendung die die Kinder erfahren, das ist so das,

268   wo sie sich mal grade danach fühlt. Also sie guckt nicht, was braucht das Kind, sondern sie

269   denkt halt wirklich, ach, jetzt könnt ich mal meine Kinder knuddeln, weil's ihr gut tut,

270   und dann knuddelt se die. Also, die werden schon geknuddelt, tut denen ja auch gut, ja,

271   aber also die Aufmerksamkeit ist halt bei ihr, ne.

Auf die Frage der Interviewerin nach dem Verlauf der Erziehungspartnerschaft bestätigt auch Annemarie den Eindruck, die Erziehungspartnerschaft habe sich eher auf die Mutter als auf das Kind fokussiert. Diese grundlegende Aussage deckt sich mit der Aussage Dianas. Das Thema wird direkt und ohne Initiierung von beiden Partnerinnen eingeführt, als die Frage nach der Erziehungspartnerschaft gestellt wird, was vermuten lässt, dass dieser Umstand bereits Thema, möglicherweise auch das zentrale Thema zwischen den beiden Akteurinnen war. Während die Wahrnehmung der beiden Protagonistinnen gleich ist, differiert die Ursachenzuschreibung. Diana schreibt die Ursache für die mangelnde Fokussierung auf das Kind ganz klar Annemarie und deren vermeintlicher Expertenrolle und somit Verantwortlichkeit zu. Annemarie hingegen geht davon aus, dass Diana nicht in der Lage ist, sich auf ihre Kinder zu fokussieren, da sie zu stark in ihrer eigenen Problematik gefangen ist. Sie geht sogar noch einen Schritt weiter und unterstellt Diana „sehr, sehr unaufmerksam" zu sein und „keinen Blick für die Kinder" zu haben. Diese Analyse erscheint sehr nüchtern und unpersönlich und stellt sich eher als „professionelle Diagnose" denn als Bericht über die Erziehungspartnerschaft dar. Oevermann (1996) spricht hier von einem die Professionalisierungsbedürftigkeit erfüllenden *professionalisiertem Habitus*. Demnach ist der oder die Handelnde habituell geprägt durch die Widersprüchlichkeit von unpersönlichem Rollenhandeln (gemäß dem Prinzip von Sachhaltigkeit und Methodisierung) und Handeln als ganze Person (welches eine Hingabe an die Sache voraussetzt) (Oevermann, 1996, S. 105f.). Annemaries Analyse der Situation beschreibt im Sinne Oevermanns ein Rollenhandeln, das von Sachhaltigkeit geprägt ist. Eine persönliche Bewertung von Seiten Annemaries (z.B. „es läuft gut" oder „es läuft nicht so gut") erfolgt an dieser Stelle nicht. Somit konstruiert Annemarie ihre eigene Rolle als Rolle der professionell Agierenden. Dies wird durch Aussagen wie „ich denke, sie braucht schon noch Unterstützung" und „sie hat halt wirklich keinen Blick für die Kinder" untermauert. Aus dem Rollenselbstverständnis Annemaries wird erkennbar, dass keine Begegnung auf Augenhöhe stattfindet.

Derartige „professionelle Diagnosen" führen zu Verunsicherung auf Seiten Dianas, da diese bestrebt ist, alles richtig zu machen und die Bereitschaft zeigt, sich neues Wissen und neue Fertigkeiten in Bezug auf die Kinderpflege anzu-eignen. Anhand von Aussagen Annemaries wie „sie hat halt wirklich keinen Blick für die Kinder" erfährt Diana eine deutliche Abwertung. Demnach ver-wundert es nicht, dass sie die Relevanz, den Fokus stärker auf das Kind zu lenken, so stark betont. Im Interview möchte sie zeigen, dass ihr die Kinder durchaus wichtig sind.

Ihre „Beschwerde" über Annemaries Äußerungen zum mangelnden Fokus auf das Kind ist für Diana ein zentrales Thema. Allerdings führt Diana nicht weiter aus, an welche Stelle sie die Beschwerde richtete. Von Seiten Annemaries wird dieser Vorfall nicht thematisiert. Sie konstruiert die Erziehungspartnerschaft nicht als konflikthaft, eher als ausbaufähig in Bezug auf inhaltliche Themen.

Dass die Beschwerde Dianas von Annemarie nicht thematisiert wird, kann zur Ursache haben, dass

- die „Beschwerde" nicht erfolgt ist bzw. bei Dritten erfolgt ist und nicht an Annemarie weitergegeben wurde,

- die „Beschwerde" von Annemarie nicht als solche wahrgenommen wurde, da sie beispielsweise von Seiten Dianas zu zaghaft geäußert wurde,

- die „Beschwerde" für Annemarie hinsichtlich ihrer Konstruktion der Erzie-hungspartnerschaft keine Relevanz hat.

Auch wenn Dianas Beschwerdeversuche bei Annemarie keine Beachtung fan-den, stellen sie für Diana einen Entwicklungsschritt dar, der mit einer kontinu-ierlichen Ablösung Dianas von Annemarie einhergeht.

Um die Erziehungspartnerschaft fortführen zu können, würde es sich anbieten, möglichst unter professioneller Moderation die Erziehungspartnerschaft zu überdenken und die Ziele beider Partnerinnen neu zu formulieren.

Beziehung und Vertrauen
„Ich hab mich am Schluss nicht mehr unterstützt gefühlt irgendwie."

Anhand zwei weiterer Textstellen lassen sich weitere Aspekte in der Beziehung zwischen Diana und Annemarie herausarbeiten.

Zunächst berichtet Diana über Protokolle, die Annemarie über ihre Hausbesuche bei Diana verfasst hat:

Textstellen Diana: Z. 123-138, 142

123   D: Ich hatte mich auch n bisschen einfach auch geärgert, über die Berichte und
125   I: Über welche Berichte? Gab's gab's meinen sie in der Zeitung oder?
127   D: Nein, die Berichte, die ich über mich gelesen hab. Da hab ich gesagt Annemarie, änder die
128   bitte mal. Das gefällt mir nicht, wie du über mich schreibst.
130   I: Ach so, diese diese Protokolle? Mmh
132   D: Ja. Das hat mir nicht gefallen.
134   I: Ah, das ist ja gut, wenn sie das sagen auch, ne. Und hat wurde das dann auch geändert?
136   (laute Hintergrundgeräusche)
138   D: Weiß ich nicht. Ich hab's ihr nur gesagt.

In der Abhandlung des neuen Kritikpunktes „Berichte, die über mich verfasst wurden" zeigt sich, dass Annemarie Dritten gegenüber in einer Form von Diana berichtet, die dieser nicht gefällt und die sie verletzt. Diana fühlte sich aufgrund der Lektüre dieser Berichte persönlich getroffen und verlangt von Annemarie, diese zu ändern. Um welche Inhalte es sich dabei genau handelt, wird nicht näher erläutert. Das Lesen dieser Berichte und das daraus resultierende Bewusstsein Dianas, wie Annemarie über sie denkt und über sie berichtet, könnte zu einem Wendepunkt in der Beziehung zwischen Diana und Annemarie geführt und einen ersten Bruch im Vertrauen evoziert haben. Die Berichte führen Diana vor Augen, dass Annemarie nicht bedingungslos hinter ihr steht, wie sie es sich beim Einstieg in die Erziehungspartnerschaft gewünscht hatte („Es war mir einfach wichtig, jemanden an meiner Seite zu haben.", Original: Z. 57).

Im Interview mit Annemarie finden sich keine Textstellen, in denen über die Protokolle und die Kritik, die Diana daran geübt hat, berichtet wird. Für Annemarie hingegen haben vermeintliche Bewertungsgedanken und Bewertungsängste Dianas große Relevanz, wie sich an unterschiedlichen Stellen im Interview dokumentiert:

Textstellen Annemarie: Z. 215, 277-278, 285-286, 297-303

215 Also sie ist einfach sehr unsicher, holt sich von vielen Rückmeldungen.
[...]
277 Sie ist eigentlich... also ich denk, ja...
278 also so ne Bewertungsangst steht halt auch noch im Vordergrund.
[...]
285 Ähm, diese Bewertungsgedanken
286 sind immer noch da, aber die sind auch deutlich besser geworden schon.
[...]
297 aber diese Bewertungsangst, die is schon
298 da. Das sie ganz oft fragt, ja, wie wirk ich denn auf andere, wie wirk ich denn auf dich? Und
299 wenn man ihr dann sagt, ja, du siehst gut aus, du siehst gepflegt aus, du machst n guten
300 Eindruck, du machst n offenen Eindruck. Das glaubt sie alles net so unbedingt, ja. Also sie hat
301 da hab ich oft so das Gefühl, sie fragt so oft, dass die Antwort nicht wirklich bei ihr ankommt,
302 ja. Also, das sind oft so die Sachen, mit denen sie dann beschäftigt ist. Und auch so ja, wie
303 sieht das Kind aus? Also, so dieses Jugendamt.

Bewertungsgedanken Dianas sind für Annemarie ein zentrales Thema in der Zusammenarbeit mit Diana. Möglicherweise findet sich hier auch eine Erklärung dafür, warum Annemarie nicht explizit auf Dianas Kritikpunkte eingeht. Annemarie subsumiert geäußerte Unzufriedenheiten Dianas unter der psychologischen Diagnose „Bewertungsangst". An dieser Stelle zeigt sich erneut der professionalisierte Habitus, der von Sachhaltigkeit und dem Wunsch nach professionellem Handeln geprägt ist. Allerdings umgeht Annemarie damit auch eine Reflexion ihres eigenen Verhaltens. Annemarie nimmt sich kritischen Äußerungen nicht in der Form an, wie Diana sich das wünschen würde. Somit fühlt sich Diana nun auch von Annemarie hintergangen und im Stich gelassen, nachdem sie durch ähnliche Erfahrungen mit ihrer Mutter geprägt wurde. Annemarie kann die „bedingungslose Unterstützung", die Diana sich von ihr wünscht, nicht erfüllen, da sie sich als Mitarbeiterin des Projektes dem Projekt verpflichtet fühlt.

An dieser Stelle wird deutlich, dass Dianas Wunsch nach „professionellem Handeln" der Erziehungspartnerin ein ambivalenter Wunsch ist, der sich ausschließlich auf die professionelle Vermittlung von praktischen Anregungen in der Kinderpflege bezieht. Aufgrund ihrer Angst vor Sanktionen von Seiten des Jugendamtes akzeptiert Diana nur Hilfe, die das eigene Selbstbild und die eigene Haltung nicht beeinflussen. Professionelles Handeln im Sinne von „ich muss problematische Verhaltensmuster nach außen kommunizieren, um u.U. von anderer Seite Hilfe zu erhalten", sind nicht erwünscht.

Forscher aus dem Gebiet der Sozialpsychologie haben sich mit dem Phänomen der „Eindruckssteuerung" beschäftigt. Forgas (1992) definiert Eindruckssteuerung als „die Pläne, Gedanken, Motivationen und Kompetenzen, die unsere Kommunikationen mit anderen beeinflussen." Meist sind das Strategien, die dazu beitragen, sich in ein positives Licht zu rücken. Forgas (1992) betont die Relevanz dieses strategischen Aspektes der Kommunikation, da sich erfolgreiche Steuerungsstrategien, die dazu führen, dass andere positiv von uns denken, auf unser Selbstkonzept und unsere Selbstwertschätzung auswirken (Forgas, 1992, S. 162).

Laut Forgas (1992) suchen Personen, die sehr viel Anerkennung benötigen, sehr viel häufiger (wenn auch nicht unbedingt mit größerem Erfolg) Zuflucht zu Strategien der Eindruckssteuerung als Personen, deren Anerkennungsbedürfnis gering ist oder die Anerkennung von anderer Seite erfahren (Forgas, 1992, S. 175).

Da Diana in der Interaktion mit ihrer Mutter nur wenig Anerkennung erfahren hat und auch beim Kennenlerngespräch mit Annemarie ganz klar äußert, auf der Suche nach einer Person zu sein, die ihr den Rücken stärkt und positives Feedback gibt, liegt die Vermutung nahe, dass Diana in der Interaktion mit Annemarie wie auch im Interview verstärkt auf Strategien der Eindruckssteuerung zurück greift.

Auch die Textstellen zum Thema „Helferkonferenz"[4] liefern Hinweise darauf, dass im Rahmen der Erziehungspartnerschaft Verletzungen und Vertrauensbrüche erfolgt sind, die Annemarie möglicherweise nicht bewusst sind oder die durch Annemarie nicht ausreichend reflektiert wurden.

Textstelle Diana: Z. 199-208

199 D: Nur wir hatten halt so ne Helferkonferenz und .. im Kindergarten. Und ... ich fühle mich

200 da irgendwie nicht so wohl irgendwie. Ich war nicht da dabei, aber was die mir da erzählt hat

201 das da hab ich geweint am Telefon, das hat mich mehr runter gezogen. Also ich brauch die

202 Leute mit denen ich Kontakt hab die sollen hinter mir stehen und für mich reden, und nicht

203 noch dagegen. Also das is nichts. Die sollen mir helfen. Ich sag jetzt nicht, dass sie gegen

204 mich geredet haben sag ich jetzt nicht. Aber das kam nicht so für mich rüber. Dann brauch ich

208 […] auch niemanden dann so bei der Konferenz.

Für Diana ist das Thema „Helferkonferenz", das im Interview von ihr selbst initiiert wird, stark belastet und mit negativen Gefühlen („ich fühle mich da irgendwie nicht so wohl irgendwie") sowie negativen Erinnerungen („da hab ich geweint am Telefon, das hat mich runter gezogen") behaftet.

An dieser Textstelle manifestiert sich erneut Dianas starkes Bedürfnis nach Rückhalt und Unterstützung. Sie ist auf der Suche nach einem „Mutterersatz", der ihr bedingungslose Unterstützung entgegenbringt und dem sie vertrauen kann. „Helfen" bedeutet für Diana eine Fürsprache („die sollen hinter mir stehen und für mich reden."), sie hat sehr konkrete Vorstellungen davon, wie Hilfe aussehen soll. Des Weiteren lehnt sie es ab, dass kritische Aspekte, die ihre Lebenssituation und insbesondere ihr Erziehungsverhalten betreffen, diskutiert

---

[4] Die „Helferkonferenz" setzte sich aus Annemarie sowie den Kindergarten-Bezugserzieherinnen von Dianas älterer Tochter und Dianas Familienhelferin zusammen, um sich über Fortschritte im Erziehungsverhalten Dianas sowie daraus resultierenden beobachtbaren Verhaltensänderungen bei der älteren Tochter auszutauschen (Anmerkung der Autorin).

werden, vor allem, wenn sie selbst nicht anwesend ist und sich selbst nicht äußern kann. Diana fühlt sich von der Helferkonferenz ausgeschlossen und nimmt übermächtige Kritik an ihrer Person wahr. Dementsprechend fühlt sie sich persönlich angegriffen, da sie das Gefühl hat, dass hinter ihrem Rücken schlecht über sie geredet wurde.

Annemarie handelt eher im Sinne eines „Monitoring", d.h. sie überwacht und beobachtet Dianas Erziehungsverhalten und gibt die Erkenntnisse aus diesen Beobachtungen auch an Dritte weiter (in Form von Protokollen sowie im Rahmen der Helferkonferenz). Diana weiß, dass die Personen, die in das Helfersystem involviert sind, von ihr eine Veränderung im Erziehungsverhalten erwarten.

Anhand der Themen „Protokolle" und „Helferkonferenz" dokumentiert Diana den Vertrauensbruch, der in ihren Augen stattgefunden hat. Annemarie ist zu tief in ihre Privatsphäre eingedrungen, hat sich zu stark eingemischt. Diana hat nicht das Gefühl, von Annemarie bei der Helferkonferenz angemessen vertreten worden zu sein. Es wird eine große Unsicherheit gegenüber Annemarie deutlich. Diana kann nicht einschätzen, wie Annemarie ihren „Fall" nach außen kommuniziert.

Dieser Abschnitt zeigt, dass im Rahmen der Erziehungspartnerschaft beiden Partnerinnen viel abverlangt wird. Diana muss sich der Kritik an ihrem Erziehungsverhalten stellen, was ihr offensichtlich sehr schwer fällt. Annemarie steht vor der Aufgabe, Diana in ihrer Person und ihrem Verhalten zu würdigen, um die Grundlage eines vertrauensvollen Umgangs zu schaffen, welcher es aber wiederum auch möglich machen sollte, konstruktive Kritik anbringen und Anregungen geben zu können, um das Erziehungsverhalten weiter auf einer ganzheitlichen Ebene zu optimieren.

Diana und Annemarie kämpfen beide um die Berücksichtigung ihrer Perspektive. Beide sind der Ansicht, die „Partnerin" müsse ihr Verhalten ändern, um die Erziehungspartnerschaft erfolgreich weiterführen zu können.

Die Aufarbeitung der Themen „Protokolle" und „Helferkonferenz" deutet auf eine Unvereinbarkeit des „Partnermodells" (die Erziehungspartnerin als soziale Patin) und des „Expertenmodells" (die Erziehungspartnerin als Expertin) hin, zumindest im Falle von Diana und Annemarie.

An dieser Stelle bietet sich erneut der direkte Vergleich mit der Textstelle an, in der Annemarie die Helferkonferenz anspricht.

Textstelle Annemarie: Z. 303-305

303 A: Es gab mal so zu Zeiten, als diese
304 Helferkonferenz war mit vielen, die im Hilfesystem aktiv sind. Da war das, also da hat man
305 schon gemerkt, also sie macht viel einfach auch, um vor dem Jugendamt gut dazustehen, ja.

Verglichen mit der Themenbearbeitung Dianas wird bei Annemarie das Thema „Helferkonferenz" lediglich kurz angerissen. Auf die Gefühle, die die Helferkonferenz und Annemaries Positionierung dazu bei Diana ausgelöst haben, geht Annemarie nicht ein. Es zeigt sich, dass Annemarie die kritische und verletzte Haltung Dianas, welche diese auch an Annemarie zurückgemeldet hat, entweder nicht bewusst ist, sie Diana in ihrer Sorge und Verletztheit nicht ernst nimmt oder diese nicht für erwähnenswert hält.

Auch von Annemarie wird das Thema „Helferkonferenz" aus eigenem Antrieb initiiert, allerdings in einem anderen Zusammenhang. Die Motivation der Themeninitiierung ist in Annemaries Interview die Bestätigung einer von ihr bereits an vorangegangener Stelle formulierten These: Diana leide unter starker Bewertungsangst und tue viel, „um vor dem Jugendamt gut dazustehen".

Eine weitere Textstelle zeigt jedoch, dass auch für Annemarie „Vertrauen" ein Thema innerhalb der Erziehungspartnerschaft ist:

Textstelle Annemarie: Z. 306-311

306 Ja, also (4 Sek.). Ja, es ist immer so n bisschen schwierig einzuschätzen, wie wie kommt das
307 an, was was man ihr sagt, was setzt sie davon wirklich um, ja. Also wenn man fragt also, wir
308 haben ne Zeit lang Babymassage miteinander gemacht, und das ist auch ganz gut, weil die
309 Janina hat ne ganz trockene Haut und da wird ja viel mit Öl gearbeitet und ähm, ja, also wenn

310   man sie dann fragt, ja machste das? „Ja ja" also, ja, aber is schwierig
        einzuschätzen, ob sie's
311   wirklich umsetzt.

Anhand dieser Textstelle dokumentiert sich sehr deutlich die „Monitoring-funktion", die Annemarie sich selbst zuschreibt. Ihr Beratungsverständnis im Rahmen der Erziehungspartnerschaft ist sehr direktiv und kontrollierend („wie kommt das an, was man ihr sagt, was setzt sie davon wirklich um"). Für Annemarie dokumentiert sich Beratungserfolg in der Umsetzung der Anregungen durch die betreute Mutter. Gleichzeitig wird ein gewisses Misstrauen deutlich („... aber es ist schwierig einzuschätzen, ob sie's wirklich umsetzt."). Selbst wenn Diana angibt, Annemaries Anregungen umzusetzen, zweifelt Annemarie an den Aussagen Dianas, sie kontrolliert die Akzeptanz ihrer Hilfsangebote („Monitoring"). Mit der Nachfrage „ja machste das?" zeigt Annemarie ihr Misstrauen gegenüber Diana. Der schmale Grad zwischen Hilfe und Kontrolle im Beratungskontext dokumentiert sich an dieser Stelle sehr deutlich.

Urban (2004) thematisiert den strukturellen Widerspruch der Sozialen Arbeit, indem sie davon ausgeht, dass jedes sozialarbeiterische Handeln gleichzeitig Hilfe und Kontrolle verlangt (Urban, 2004, S. 9). Gildermeister (1983) beschreibt unter dem Stichwort „Paradoxien professionellen Handelns" die gleichzeitige Ausübung von Hilfe und Kontrolle als im Grunde unvereinbar, aber dennoch als Ergebnis des Professionalisierungsprozesses in der Sozialen Arbeit unumgänglich (Gildermeister, 1983, S. 9).

Anhand der Erziehungspartnerschaft zwischen Diana und Annemarie lässt sich beispielhaft die Relevanz der Schaffung einer soliden Vertrauensbasis in Betreuungskontexten im Rahmen der Jugendhilfe aufzeigen sowie die Folgen, die sich aus der Vermischung von Hilfe und Kontrolle ergeben können.

Diana ist auf der Suche nach einer Person, die ihr vorbehaltlos begegnet, die sie akzeptiert wie sie ist und die ihr den Rücken stärkt. Dieser Anspruch kann durch Annemarie nicht erfüllt werden, da diese sich dem Projekt verpflichtet fühlt und sich in der Verantwortung sieht, eine „Kontrollfunktion" zu übernehmen. Diese

Kontrollfunktion äußert sich, indem Annemarie Dianas Erziehungsverhalten in Frage stellt und auch Dritten darüber berichtet.

Das Modell der Erziehungspartnerschaft sieht keine Kontrollfunktion für die Erziehungspartnerinnen vor, im Gegenteil: Die Erziehungspartnerschaft soll für betreute Mütter eine Möglichkeit darstellen, sich hinsichtlich der Erziehung, Förderung und Kinderpflege beraten zu lassen und auszutauschen, ohne in die Verlegenheit zu geraten, institutionell „überwacht" zu werden. Dieser Anspruch stellt die Erziehungspartnerinnen sicherlich in manchen Fällen vor eine große Herausforderung. Die Schulung soll die Erziehungspartnerinnen dabei unterstützen, eine wertschätzende und „nicht-kontrollierende" Haltung den betreuten Müttern gegenüber zu entwickeln.

Betrachtet man das Verhältnis zwischen Diana und Annemarie, werden Parallelen zur Beziehung Dianas zu ihrer Mutter deutlich. Auch Dianas Mutter hat sich in Dianas Augen zu stark in die Erziehung der Kinder eingemischt, auch sie hat Dianas Vertrauen mehrfach missbraucht und hinter ihrem Rücken schlecht über sie geredet. Auch zwischen Mutter und Tochter ist kein Austausch auf Augenhöhe möglich, Diana fühlt sich von ihrer Mutter nicht ernst genommen und sehr stark bevormundet. Dianas Mutter meint immer zu wissen, was das Beste für Diana ist, dabei finden Dianas eigene Bedürfnisse aus ihrer Sicht wenig Berücksichtigung. Auch Annemarie gibt vor zu wissen, was für Diana das Beste ist. Diana reagiert, indem sie angibt, Annemarie als Mensch zwar durchaus zu mögen, sich aber im Rahmen der Erziehungspartnerschaft in ihren Bedürfnissen nicht ernst genommen und zum Teil übergangen zu fühlen (vgl. z.B. „ich war nicht dabei", „das hat mich runter gezogen", „also ich brauch die Leute, mit denen ich Kontakt hab, die sollen hinter mir stehen und für mich reden und nicht noch dagegen.").

Textstelle Diana, Z. 142

142   D: Ich hab mich am Schluss nicht mehr unterstützt gefühlt irgendwie.

Dianas Äußerung resümiert, dass sie in Annemarie nicht die Vertrauensperson gefunden hat, die bedingungslos hinter ihr steht und ihr den Rücken stärkt. Auch wird durch die Spezifizierung „zum Schluss" eine zeitliche Komponente eingeführt. Aufgrund der dargestellten Vertrauensbrüche beurteilt Diana den Verlauf der Erziehungspartnerschaft negativ, „schlechter werdend". An dieser Stelle lässt sich der Bogen spannen zu Äußerungen, die von Diana ganz zu Beginn ihres Berichtes über die Erziehungspartnerschaft getroffen wurden: Am Anfang war sie zufrieden, aber das hatte „nachgelassen" mit der Zeit. Zu Beginn ihrer Erzählung bezieht Diana dieses „Nachlassen" darauf, dass der Fokus nicht mehr so stark auf dem Kind lag, wie sie sich das gewünscht hätte. Im Verlauf des Interviews wird allerdings deutlich, dass auch Vertrauensbrüche das „Nachlassen" mit bedingt haben.

Interessant ist der Vergleich mit der Verlaufsbeurteilung von Seiten Annemaries:

Textstelle Annemarie, Z. 474-476

474   Also, das ist also gerade auch dadurch, dass die
475   Beziehung nicht einfach war aber sich auch trotzdem jetzt über den
         Zeitraum gewandelt hat,
476   ja. Also, die Beziehung ist schon besser geworden

Beide Protagonistinnen haben eine Entwicklung in der Erziehungspartnerschaft wahrgenommen. Allerdings in unterschiedliche Richtungen. Während Diana mehrfach betont, ihre Zufriedenheit mit der Erziehungspartnerschaft habe über die Zeit hinweg nachgelassen, gibt Annemarie an, die „Beziehung" habe sich im Lauf der Zeit verbessert. An dieser Stelle bietet es sich an, den Begriff der „Beziehung" näher zu beleuchten, der von Annemarie an dieser Stelle zum ersten Mal verwendet wird, während sie sich an vorangegangenen Stellen immer aus der professionellen Sicht einer Projektmitarbeiterin heraus äußerte.

Die soziologische Definition von **Beziehung** lautet nach Brockhaus folgendermaßen:

Ein von E. Dupréel, L. von Wiese und A. Vierkandt eingeführter Grundbe-
griff der Soziologie, der den Grad der Verbundenheit oder Distanz zwi-
schen Individuen als Ergebnis sozialer Prozesse bezeichnet.

zitiert aus Brockhaus Enzyklopädie Nr. 3, 2006, S. 807

Als Ergebnis sozialer Interaktion verstärken sich also der Grad der Verbundenheit oder der der Distanz zwischen Individuen. Hält man an dieser Definition
fest, lässt sich konstatieren, dass Diana als Ergebnis der sozialen Interaktion mit
Annemarie über den Verlauf der Erziehungspartnerschaft hinweg eine stärkere
Distanz verspürt, was von ihr sehr deutlich geäußert wird.

Annemarie hingegen ist der Ansicht, dass es aufgrund der Interaktion über die
Zeit der Erziehungspartnerschaft hinweg zu einer stärkeren Verbundenheit
zwischen den beiden Akteurinnen gekommen ist.

Woher rührt diese Diskrepanz in der Wahrnehmung der Protagonistinnen?

Diana thematisiert die „Beziehung" zwischen ihr und Annemarie an keiner
Stelle des Interviews explizit, ihre Haltung erscheint durchweg eher distanziert:
Sie sieht die Erziehungspartnerschaft als eine Art „Dienstleistung", an die sie
Ansprüche der professionellen Beratung stellt. Allerdings dürfen diese Ratschläge nicht so weit gehen, dass sie ihre eigene Haltung in Frage stellen oder
ihren Selbstwert beeinflussen. Die Gegenseitigkeit, die der Begriff „Beziehung"
impliziert, scheint in Dianas Definition der Erziehungspartnerschaft nicht veran-
kert zu sein. Im Rahmen dieses „Dienstleistungsverhältnisses" kam es aus Sicht
Dianas im Laufe der Erziehungspartnerschaft vermehrt zu Vertrauensbrüchen,
außerdem konnten ihre ursprünglichen Erwartungen an die Erziehungspartnerschaft nicht hinreichend erfüllt werden, was in ihren Augen zu einer „Verschlechterung" der Betreuung im Rahmen der Erziehungspartnerschaft führte.

Annemarie beschreibt Erziehungspartnerschaft als professionellen Betreuungs-
kontext, im Rahmen dessen in „tiefere psychische Schichten" vorgedrungen
werden soll. Dennoch wird auch der Aspekt der „Beziehung" von ihr explizit
thematisiert. Allerdings konstruiert Annemarie „Beziehung" in Bezug auf die
Umsetzung der von ihr dargebotenen Beratungsanregungen. Letztendlich begründet sie die „Verbesserung der Beziehung" darin, dass Diana nun Anregun-

gen, die sie von Annemarie erhält, besser umsetzt. Aus den Interviews geht nicht hervor, ob es Annemarie möglich war, eine „Hilfe zur Selbsthilfe" zu bieten, deren Ziel es wäre, sich zum Ende der Beratungssituation selbst überflüssig zu machen.

Emotionale Aspekte in der Beziehung werden bis zu dieser Stelle des Interviews von keiner der beiden Partnerinnen thematisiert. Dennoch haben beide Protagonistinnen auch über positive Aspekte der Erziehungspartnerschaft zu berichten, die im Folgenden aufgezeigt werden sollen.

Erlebte Hilfestellung durch die Erziehungspartnerschaft
„es gibt ja auch Sachen, die mir gut gefallen haben…."

Im Verlauf des Interviews spricht Diana auch Aspekte an, die sie im Rahmen der Erziehungspartnerschaft als hilfreich bewertet:

Textstelle Diana: Z. 183-186, 190-191

183   D: es gibt ja auch Sachen, die mir gut gefallen haben, wie dass sie mir oft so, öfter hat sie mir

184   mal Sachen für die Janina gegeben, für ihr Alter, das fand ich gut. So n, wie sagt man da, so n

185   Viereck wo man da n Würfel reinstecken konnte. Oder n Zahnputzset, ja. Also das oder mit

186   der Babymassage das fand ich toll. Da konnt ich was lernen.

[…]

190   D: Ja. Oder mit dem Kochen, das fand ich auch gut. Wir haben ja hier ne Zeit lang gekocht,

191   ja, für die Janina. Das fand ich alles gut. Also es ist nicht nur negativ.

Diese Textstellen belegen, dass Diana vor allem alltagspraktische Hilfen im Rahmen der Erziehungspartnerschaft positiv bewertet. Diana erlebte Unterstützung in Form von kleinen altersgerechten Geschenken für die Kinder sowie vom Erlernen alltagspraktischer Techniken, die ihr positiv in Erinnerung blieben.

Spinnt man die oben angeführte Hypothese weiter, Diana sei Annemaries skeptische Sichtweise bekannt und sie möchte umso mehr beweisen, dass sie sich gut um ihre Kinder kümmert, zeigt Diana an dieser Stelle erneut ganz deutlich, dass sie großes Interesse daran hat, Fertigkeiten zu vertiefen, mit denen sie die Entwicklung ihrer Kinder fördern kann. Möglicherweise sind es aber auch „direkte, sichtbare Erfolge" (Babymassage, die dem Baby offensichtlich gut tut oder die Zubereitung gesunden Essens für das Baby), die Diana dazu motivieren, Fertigkeiten im Alltag mit ihren Kindern zu erlangen.

Annemarie setzt mit ihrer Hilfe auf einer anderen Ebene an. Sie möchte Diana auf einer übergeordneten Ebene helfen („den Blick für die Kinder schärfen"), was für Diana zum einen als zu abstrakt und zum anderen als zu übergriffig empfunden wird. Auch könnte der Weg dahin für Diana zu weit entfernt sein, weshalb sie sich an praktische, für sie einfach umsetzbare Tätigkeiten hält, die für sie nach und nach den Weg zum übergeordneten Ziel ebnen können.

Diana evaluiert die praktischen Lernerfahrungen sehr positiv: „...das fand ich toll. Da konnt ich was lernen.". Das Lernen wird im Hinblick auf die Erziehungspartnerschaft für Diana stärker hervorgehoben als die soziale Beziehung. Diana gibt keine Auskunft darüber, ob auch ein Lerntransfer statt fand oder inwieweit sie die Lernergebnisse in der Folgezeit für sich umsetzen konnte.

Auch das gemeinsame Kochen wird von Diana positiv bewertet. Hier zeigt sich erneut, dass praxisnahe Hilfen im Vordergrund ihrer Interessen stehen. Bei derartigen Tätigkeiten sind unmittelbare Erfolge sowie der unmittelbare Kontakt zum Kind erkennbar. Der zu Beginn des Interviews geäußerte Wunsch nach einer Person, die Diana den Rücken stärkt, könnte sich auf ebensolche praktischen Tätigkeiten, Anleitungen und Unterstützungen beziehen, die den Kindern direkt und erkennbar zugute kommen. Diana versucht, den Fokus auf das Wohl der Kinder zu lenken. Hierzu benötigt sie die Unterstützung und die positive Rückmeldung einer „Expertin", da sie sich manchen Anforderungen alleine noch nicht gewachsen fühlt.

Auch Annemarie kann positive Aspekte der Erziehungspartnerschaft benennen:

Textstelle Annemarie: Z. 501-507

501   Und ähm also wir lachen auch ganz viel, wenn wir zusammen
502   unterwegs sind. Ja, also wie gesagt, ich lerne durch die Auseinanderset-
      zung mit ihr. Und es ist
503   auch wirklich ... es is jetzt also sie ist jetzt nicht meine beste Freundin
      geworden oder so, ja.
504   Aber also ja also es kommt auch einfach auch was zurück, ja. Ähm. Der
      Umgang mit den
505   Kindern ich sag mal, von der Chantal krieg ich leider nicht so viel mit,
      weil, ja. Also, wir
506   haben hier n paar Mal zusammen gekocht. Das war eigentlich auch ganz
      schön. Würd ich
507   auch gerne weitermachen [...]

Annemarie beschreibt die Stimmung bei gemeinsamen Unternehmungen als
fröhlich und ausgelassen.

An dieser Stelle wird erstmals eine Gegenseitigkeit in der Erziehungspartnerschaft deutlich. Stellen wie „wir lachen auch ganz viel, wenn wir zusammen
unterwegs sind." und „es kommt auch einfach auch was zurück, ja." belegen,
dass in Annemaries Augen durchaus ein „Geben und Nehmen" im Rahmen der
Erziehungspartnerschaft statt findet. Grenzen zwischen Beraterin und Beratener
werden an dieser Stelle der Erzählung deutlich gelockert.

Der Profit für Annemarie besteht im individuellen Lernprozess, der durch die
„Auseinandersetzung" mit Diana erfolgt. Der Begriff „Auseinandersetzung", der
die intensive Beschäftigung mit einer anderen Person, aber auch Streit und
Diskussion beinhaltet, umfasst positive wie auch negative Aspekte. Es wird
deutlich, dass die Erziehungspartnerschaft für Annemarie von „Tiefgang" geprägt ist, sie ist bereit, sich intensiv auf eine Person einzulassen und sich lange
und ausdauernd mit ihr zu beschäftigen. An dieser Stelle dokumentiert sich ein
Moment des „Wohlfühlens" mit oder auch eine Freude an der Tätigkeit als
Erziehungspartnerin.

Abschließend zeigen sich von Seiten Annemaries die Bereitschaft und der
Wunsch, die Erziehungspartnerschaft weiterhin aufrecht zu erhalten. Die Rolle,
die Annemarie an vorangegangenen Stellen von sich gezeichnet hat (eher geprägt durch Monitoring und Kontrolle) weicht an dieser Stelle etwas auf. Es

dokumentiert sich eine Gegenseitigkeit („es kommt auch was zurück."), Gelöstheit im Umgang („wir lachen auch ganz viel...") sowie eine Freude am Miteinander und an der Tätigkeit („ich lerne durch die Auseinandersetzung mit ihr.").

Im Gegensatz zu Diana begibt sich Annemarie auch hier auf die Beziehungsebene und beschreibt positive Aspekte in der Beziehung zwischen den beiden „Partnerinnen", während Diana in ihrer Beschreibung an der Oberfläche bleibt und über praktische Aspekte berichtet, die in der Erziehungspartnerschaft für sie hilfreich waren.

Fazit

Diana und Annemarie zeichnen sehr unterschiedliche Bilder ihrer Erziehungspartnerschaft, die darüber hinaus in beiden Fällen durch Ambivalenzen geprägt ist.

Diana ist einerseits auf der Suche nach einer familiär anmutenden Beziehung, die sich durch bedingungslose Unterstützung und Rückhalt auszeichnet. Auf der anderen Seite schreibt sie Annemarie in ihrer Rolle als „Expertin" die Prozessverantwortung zu und erwartet von ihr professionelle Anleitung, allerdings nur in den Grenzen, die sie selbst bestimmt und die nicht über alltagspraktische Anleitungen hinausgehen.

Auch Annemarie sieht sich in der Rolle der „Expertin", allerdings differiert ihre Definition der Expertinnenrolle von der Dianas. Annemarie fühlt sich als Mitarbeiterin des Projektes „Starke Mütter – Starke Kinder" verantwortlich für das Wohl der Kinder und erörtert persönliche Themen, die ihr wichtig erscheinen in Form von schriftlichen Protokollen oder in Gremien wie der „Helferkonferenz". Diese „Veröffentlichung" von Dianas Privatsphäre evoziert bei dieser wiederum Brüche im Vertrauensverhältnis zu Annemarie. Insofern gelingt es im Verlauf der Erziehungspartnerschaft nicht, eine Vertrauensbasis zu schaffen, die eine Unterstützung auf emotionaler Ebene und somit den Aufbau einer persönlichen Beziehung zulässt. Aufgrund wiederholter Vertrauensbrüche „versteckt" sich Diana hinter dem Wunsch nach „formalen, alltagspraktischen Anregungen".

Das Bild, das Annemarie von Diana zeichnet, lässt sich in weiten Bereichen als „defizitär" beschreiben. Sie ist der Ansicht, Diana sei weiterhin auf ihre Hilfe angewiesen, leide unter starker Bewertungsangst und sei so stark in psychologische Handlungsmuster verstrickt, dass ihr der Blick für ihre Kinder fehle. Derartige Äußerungen, die von Diana beispielsweise in Form von Protokollen, die Annemarie angefertigt hat, registriert wurden, führten zu Verletzungen, Enttäuschungen und einem Mangel an Vertrauen. In diesem Zusammenhang lässt sich auch immer wieder ein hierarchisches Gefälle zwischen Diana und Annemarie ableiten. Annemarie wird von beiden Protagonistinnen als die „Expertin" angesehen, Diana als die „Hilfesuchende". Eine Begegnung auf Augenhöhe scheint nicht möglich zu sein, vor allem, wenn es um Themen geht, die die Kinder betreffen. Im persönlichen Austausch der beiden Frauen erscheint das Verhältnis etwas entspannter.

Jedoch lässt sich ebenso festhalten, dass die Erziehungspartnerschaft zwischen Diana und Annemarie für beide Protagonistinnen ebenso Erfolge birgt.

Als sehr positives Ergebnis kann der Umstand genannt werden, dass im Verlauf der Erziehungspartnerschaft für Diana eine größere Offenheit gegenüber dem Jugendamt und anderen Hilfesystemen erreicht wurde. Es konnte also auch für Hilfesysteme, die über den Projektrahmen hinausgehen, ein Zugang ermöglicht werden. Ursprünglich nahm Diana am Projekt teil, um einer Kontrolle durch das Jugendamt zu entgehen. Im Verlauf der Erziehungspartnerschaft ließ sie sich freiwillig auf eine enge Zusammenarbeit mit der Familienhelferin sowie mit weiteren Hilfesystemen ein. Diese Hilfesysteme evaluiert sie sehr positiv.

Weiterhin scheint die Möglichkeit, Kritik zu üben, für Diana eine neue und wichtige Weiterentwicklung darzustellen. Zwar besteht von ihrer Seite viel Kritik an der Erziehungspartnerschaft und deren Umsetzung durch Annemarie, aber ebenso zeigt Diana sich in der Lage, Kritik zu formulieren und Wünsche zu äußern, wie kritische Aspekte der Erziehungspartnerschaft verbessert werden können.

Auch Annemarie berichtet, sich durch die Erziehungspartnerschaft mit Diana weiterentwickelt zu haben. So beschreibt sie einen individuellen Lernprozess, der durch die „Auseinandersetzung" mit Diana erfolgte.

12.1.2 Nadja und Anila: Die Suche nach emotionaler Unterstützung

Die Erziehungspartnerschaft zwischen Nadja und Anila hat zum Zeitpunkt des Interviews seit acht Monaten Bestand, die Treffen finden zweimal wöchentlich statt.

Die Akteurinnen

Nadja (die begleitete Mutter) ist zum Zeitpunkt des Interviews 27 Jahre alt. Sie stammt aus Marokko und lebt seit eineinhalb Jahren in Deutschland. Ihr Schulabschluss ist vergleichbar mit einer mittleren Reife in Deutschland, einen Beruf hat Nadja nicht erlernt.

Nadja ist zwar noch verheiratet, aber dennoch allein erziehend, da sich ihr Mann in der Justizvollzugsanstalt befindet. Sie hat einen Sohn, Jamal, der zum Zeitpunkt des Interviews 13 Monate alt ist.

Nadja möchte sich von ihrem Mann scheiden lassen. Für Jamal hat Nadja das alleinige Sorgerecht beantragt, der Ehemann habe bereits sein Einverständnis gegeben.

Anila (die Erziehungspartnerin) ist zum Zeitpunkt des Interviews 46 Jahre alt. Sie stammt aus Indien und lebt seit 15 Jahren mit ihrem Ehemann und ihren beiden Kindern in Deutschland. Die Kinder (Tochter und Sohn) sind 13 und 9 Jahre alt. Anila war Grundschullehrerin und Erzieherin in Indien und würde auch in Deutschland gerne wieder als Erzieherin arbeiten, was nicht ohne weiteres möglich ist, da ihre Ausbildung in Deutschland nicht anerkannt wird. Einen ersten Schritt in Richtung beruflichen Wiedereinstiegs soll die Schulung zur und die Tätigkeit als Erziehungspartnerin darstellen. Nachdem Anila die Schulung zur Erziehungspartnerin absolviert hat, kann sie neben der ehrenamtlichen Tätigkeit als Erziehungspartnerin als Honorarkraft für die Kinderbetreuung im Projekt beschäftigt werden. Die Erziehungspartnerschaft mit Nadja ist Anilas zweite Erziehungspartnerschaft.

Der Weg zum Projekt

Nadja wendet sich im Januar 2008 erstmals an das Projekt „Starke Mütter – Starke Kinder". Zu dieser Zeit lebt sie im Frauenhaus und berichtet von Konzentrationsproblemen und „komischen Gedanken". Diese beziehen sich auf nicht genauer zu beschreibende Zukunftsängste, die sie vor allem darin begründet sieht, fremd in Deutschland zu sein, die Sprache nicht ausreichend zu beherrschen und allein für ihren Sohn verantwortlich zu sein. Des Weiteren wird sie von einer unbegründeten Traurigkeit sowie Nervosität geplagt. Körperlich leide sie unter Schmerzen in der Brust. Im Februar findet die Vermittlung mit einer Erziehungspartnerin statt, die leider kurz darauf aus persönlichen Gründen aus dem Projekt ausscheidet.

Im März 2008 steht Nadja der Umzug aus dem Frauenhaus in eine eigene Wohnung bevor. Der Umzug gestaltet sich als große Herausforderung, da Nadja zu einem vorgegebenen Termin aus dem Frauenhaus ausziehen muss und nicht weiß, wie sie es schaffen soll, innerhalb einer halben Woche die Küche aufzubauen und die Wohnung zu streichen, da ihr Kind dauernd weine, wenn sie in der Wohnung arbeiten möchte. Auch müsse sie nach dem Anstrich des nächsten Raumes wieder einen weiteren von Möbeln befreien. Nadja wendet sich zu diesem Zeitpunkt in großer Verzweiflung an die Projektleiterin. Im Interview bezeichnet sie diese Situation als „das Schlimmste, was passiert ist, seit ich Mutter bin" (Original: Z. 236-237).

Die Situation wird schließlich durch die Unterstützung der Projektleiterin und diverser Projektteilnehmerinnen gelöst, indem Jamal fortan jeden Vormittag zur Kinderbetreuung ins Projekt gebracht werden kann und drei Projektteilnehmerinnen Nadja vormittags helfen, Möbel in der neuen Wohnung aufzubauen und Wände zu streichen. Weiterhin wird durch die Projektleiterin ein Zivildienstleistender organisiert, der sich einen Vormittag Zeit nimmt, um in Nadjas Küche die Schränke aufzuhängen. Diese gelungene Unterstützung durch das Projekt „Starke Mütter – Starke Kinder" stellt für Nadja einen ersten wichtigen Schritt des Vertrauensaufbaus gegenüber dem Projekt dar. Auf Rückfrage bestätigt Nadja, sich durch diese erlebte Unterstützungssituation ermutigt gefühlt zu haben.

Kurz darauf kann die Erziehungspartnerschaft mit Anila vermittelt werden. Im Vermittlungsgespräch gibt Nadja an, sich eine Ansprechpartnerin für ihre Sorgen und Freuden zu wünschen sowie Beratung und Hilfestellung bei der Betreuung und Erziehung ihres Sohnes Jamal zu benötigen. Anila steht hierfür gerne zur Verfügung.

Auch hier werden die Akteurinnen gebeten, eventuell auftretende Probleme möglichst zeitnah miteinander zu besprechen oder – falls ihnen dies nicht möglich erscheine – Unterstützung durch die Projektleiterin anzufordern, damit einvernehmliche Lösungen gesucht bzw. entwickelt werden können.

Ziele für die Erziehungspartnerschaft
„Dann äh ja hab ich einfach mich geholfen."

Auf die Frage der Interviewerin nach Nadjas Zielen und Erwartungen an die Erziehungspartnerschaft nimmt Nadja eine Unterteilung in die „aktuelle Zeit" und in die Zeit vor der Erziehungspartnerschaft vor. Zunächst äußert sie sich zu der Zeit vor der Erziehungspartnerschaft:

Textstelle Nadja, Z. 97-101

97   N: Ja ich äh ich hab mich äh ein bisschen Zeit vorher gefühl äh gefühlt mit dem Einkaufen
98   alleine und mit dem Kind muss ich den Kind tragen und äh war mir ein bisschen schwer äh
99   und hab ich immer bisschen Angst auch <u>alleine</u> und kann nicht ich denke immer bis jetzt dass
100 ich nicht nicht so gut deutsch kann und das ist noch in fremden Land alleine da fühl ich mich
101 <u>alleine</u> und äh ja

In der Zeit, bevor die Erziehungspartnerschaft mit Anila zustande kam, beschreibt sich Nadja als alleine mit den Aufgaben, die der Alltag an sie stellte, was negative Gefühle bis hin zur Furcht in ihr auslöste. So berichtet sie, sich beim Einkaufen mit dem Kind unsicher gefühlt zu haben. Gleichzeitig musste sie ihren Sohn auf dem Arm halten, was ihr schwer fiel. Generell fürchtet sich Nadja vor Situationen, in denen sie mit dem Kind auf sich alleine gestellt ist.

Nadja ist alleine in einem fremden Land und fühlt sich auch alleine, was sie mehrfach betont. Das „Alleinefühlen" dokumentiert sich als dominierendes Thema in Nadjas Leben. Es ist nicht ausschließlich der Sprachschwierigkeit geschuldet, sondern auch dem Mangel an Kommunikation mit und dem Kontakt zu anderen Personen.

Textstelle Nadja, Z. 101-106

101   da hab ich die mit Frau [Name der Projektleiterin] dass ich vielleicht äh eine Frau mit mir

102   die kann mit mir vielleicht in die Stadt gehen äh zeigen wo die Geschäfte und so da kann ich

103   bisschen mehr besser. Ja und mit dem Kind auch, manchmal das brauch ich Information oder

104   passiert etwas Neues und äh weiß ich nicht äh da kann ich sie anrufen und da sie einen

105   Termin machen äh kommt zu mir. Sie hat zwei Kinder hat sie auch viele Erfahrung. Dann äh

106   ja hab ich einfach mich geholfen

Demnach ist Nadja auf der Suche nach einer weiblichen Person, die ihr Austausch und Entlastung bietet, ihr das „Alleinesein" und „Alleinefühlen" erleichtert. Die Versorgung und Pflege des Kindes findet dabei auch Berücksichtigung, steht aber nicht an erster Stelle.

Im Vergleich zu Diana, die die Erziehungspartnerschaft eher als „Dienstleistung" ansieht, liegt Nadjas Fokus stärker auf einer „Partnerschaftlichkeit". Sie sucht nach Freundschaft, Menschlichkeit und Austausch. Weiterhin ist sie auf der Suche nach einer Person, die ihr helfen kann, Fertigkeiten im lebenspraktischen Bereich sowie bei der Kindererziehung und Kinderpflege zu verbessern. Hier findet sich eine Gemeinsamkeit zur Erziehungspartnerschaft zwischen Diana und Annemarie. Auch Diana ist auf der Suche nach „lebenspraktischer" Unterstützung. Diese detaillierte Anleitung im lebenspraktischen Bereich ist für sie einfach nachvollziehbar und umsetzbar und führt zu schnell sichtbaren Erfolgen.

Im direkten Anschluss kommt Nadja auf ihre aktuelle Lebenssituation und somit auf die Erziehungspartnerschaft mit Anila zu sprechen. Für Nadja spielt die Erfahrung der Erziehungspartnerin eine große Rolle. Nadja konturiert Anila als eine Frau, die selbst Mutter zweier Kinder ist. Von ihr wird kein fachliches

Expertenwissen erwartet, sondern Wissen, das auf ihrer Erfahrung als zweifache Mutter basiert. Auch das daraus resultierende Vertrauen findet auf einer persönlichen Ebene statt.

Anila steht Nadja flexibel zur Verfügung. Wenn diese einen Bedarf nach Austausch oder spezifische Fragen hat, kann sich Nadja telefonisch an Anila wenden. Für Nadja scheint das Herstellen eines Telefonkontaktes keine hohe Schwelle darzustellen.

Eine organisatorische Komponente wird dadurch erkennbar, dass ein „Termin" für einen Hausbesuch Anilas vereinbart wird. Dass Nadja hier nicht von einem „Treffen" sondern von einem „Termin" spricht, zeigt, dass die Erziehungspartnerschaft, wenn auch auf einem persönlichen Vertrauensverhältnis basierend, institutionellen Charakter besitzt.

Konkludierend gibt Nadja an, „sich einfach geholfen zu haben". Diese Aussage macht Nadjas eigene Initiative und Aktivität deutlich. Nadja versuchte aktiv, sich eine Problemerleichterung zu verschaffen, indem sie sich an das Projekt „Starke Mütter – Starke Kinder" wendete. Zur Beschreibung dieses Vorgangs wählt sie nicht die passive Form „da wurde mir geholfen", sondern die aktive Form „dann hab ich mich geholfen". Die Erziehungspartnerschaft unterstützt Nadja dabei, sich selbst zu helfen, sie wird von Nadja als Hilfe zur Selbsthilfe angesehen.

Textstelle Nadja, Z. 110-111, 115

110 N: Ja ja ja . Manchmal nur einfach nur reden über mich auch. Wenn mir
     nich mal nicht so gut
111 geht oder krank.
[…]
115 N: Oder zum Einkaufen sie kommt. Sie weckt mich.

Nadja berichtet weiter, hin und wieder das Bedürfnis zu verspüren, über sich selbst zu sprechen, wenn sie seelisch oder gesundheitlich beeinträchtigt ist. Diese Äußerung zeigt, dass die Ziele an eine Erziehungspartnerschaft für Nadja nicht sehr hoch gesteckt sind. Auch hier handelt es sich nicht um den Wunsch nach Hilfe durch detailliertes Expertenwissen sondern um den Wunsch, sich jemandem anvertrauen zu können oder jemanden in seiner Nähe zu wissen, der bei Bedarf unterstützend zur Seite stehen kann. Die Möglichkeit, über sich selbst zu reden, bietet Nadja darüber hinaus die Möglichkeit, ihr eigenes Handeln und Denken zu reflektieren. Außerdem sind alltagspraktische Unterstützungen von Belang (einkaufen und wecken) wie Nadja auch bereits an vorangegangener Stelle äußerte.

Wahrnehmung und Beurteilung der Erziehungspartnerschaft
„Sie ist jetzt meine beste Freundin"

Sowohl Nadja als auch Anila wurden im Interview zum Verlauf der Erziehungspartnerschaft befragt.

Beide Protagonistinnen evaluieren die Erziehungspartnerschaft sehr positiv.

Auf die Frage der Interviewerin, ob der Verlauf der Erziehungspartnerschaft bisher Nadjas Vorstellungen entsprochen habe, antwortet diese:

Textstelle Nadja, Z. 120-121

120   N: Ja, ist ganz super. Sie ist jetzt meine beste Freundin. Wir reden über
        alles. Das tut mir sehr
121   gut. Ja, die hilft mich einfach egal was ich frage

Bei der Bewertung der Erziehungspartnerschaft mit Anila fokussiert Nadja vor allem den zwischenmenschlichen Bereich („sie ist jetzt meine beste Freundin", „Wir reden über alles."). Nadjas Äußerungen machen deutlich, dass die Inhalte der Erziehungspartnerschaft weit über die Pflege, Förderung und Erziehung des Kindes hinausgehen. Die zwischenmenschliche Passung scheint in dieser Erziehungspartnerschaft gut geglückt zu sein, Nadja erfährt eine starke Entlastung aufgrund der Erziehungspartnerschaft.

Auch eine Gegenseitigkeit im Sinne der soziologischen Definition von Beziehung (vgl. Kap. 12.1.1) ist erkennbar („wir reden über alles"). Als Ergebnis der sozialen Prozesse wurde zwischen Nadja und Anila eine starke Verbundenheit erreicht („Sie ist jetzt meine beste Freundin").

Auch handelt es sich um ein unbürokratisches Verhältnis („die hilft mich einfach."). Nadja kann Anila alles fragen, es gibt keine „dummen" Fragen, was ein Vertrauensverhältnis zwischen den beiden Protagonistinnen voraussetzt.

Auch Anila bewertet die Erziehungspartnerschaft sehr positiv, verschafft sich aber zunächst bei der Interviewerin eine Rückversicherung, wie Nadja die Erziehungspartnerschaft beurteilt:

Textstelle Anila, Z. 314-327

[...]
314   A: Ich glaube, sie schafft das. Aber sie hat,
315   was meinen Sie, haben Sie schon gesprochen, was glaubt?
317   I: Sie ist sehr zufrieden.
319   A: Mit mir?
321   I: Ja.
323   A: Sie ist sehr zufrieden, ich weiß. Sehr zufrieden.
325   I: Und sie hat
327   A: Sie hat immer Komplimente gemacht. Neun Uhr, zehn Uhr sie ruft
      mich, ich rufe auch an

Die Aussage „ich glaube, sie schafft das" zeigt, dass Anila bewusst ist, dass Nadja sich in einer Notsituation befindet. Ihr Ziel ist es, Nadja Hilfestellung beim Aufbau eines geregelten und zufriedenen Lebens als Mutter zu bieten. In der Gesamteinschätzung geht Anila davon aus, dass Nadja zusammen mit ihr diese Hürden überwinden kann und Anila sich letztendlich als Erziehungspartnerin selbst überflüssig macht, Nadja also Hilfe zur Selbsthilfe bietet.

Anila hat das Bedürfnis nach einer Rückmeldung von Seiten Nadjas, möglicherweise um sich selbst reflektieren zu können. Diese Rückfrage kann als positives, reflexives Element in der Auseinandersetzung mit der Tätigkeit als Erziehungspartnerin angesehen werden. Die positive Rückmeldung von Seiten der Interviewerin stellt allerdings für Anila keine Neuigkeit dar. Anila ist sich der Zufriedenheit Nadjas mit der Erziehungspartnerschaft durchaus bewusst. Sie äußert, dass Nadja ihr diese Rückmeldung bereits persönlich gegeben hat („Sie hat immer Komplimente gemacht").

Die Darstellung der Beziehung zu Nadja spiegelt einen herzlichen, offenen, wertschätzenden, vertrauensvollen Umgang miteinander wieder, bei dem die Möglichkeit besteht, sich gegenseitig Rückmeldung zu geben. „Komplimente" sind als sehr hoher Grad an Wertschätzung anzusehen. Diese große Wertschätzung von Seiten Nadjas wirkt sich positiv auf die Erziehungspartnerschaft und auch auf Anilas Motivation in ihrer Rolle als Erziehungspartnerin aus. Sie hat das Gefühl, etwas erreichen zu können, etwas „Gutes" zu tun. Diese positiven Rückmeldungen sind gerade im Bereich der ehrenamtlichen Tätigkeit von großer Bedeutung, da diese meist die einzigen „Entlohnungen" für die ehrenamtlich tätigen MitarbeiterInnen darstellen.

Zieht man einen direkten Vergleich zur Erziehungspartnerschaft zwischen Diana und Annemarie, lässt sich konstatieren, dass es Anila und Nadja gelang, ein stabiles Vertrauensverhältnis aufzubauen, was die Entwicklung einer Beziehung auf der persönlichen Ebene möglich machte. In der Erziehungspartnerschaft zwischen Diana und Annemarie gelang es nicht, ein Vertrauensverhältnis aufzubauen, das eine Begegnung auf einer persönlichen Beziehungsebene zuließ.

Weiter berichtet Anila, dass häufige Telefonkontakte zwischen Nadja und ihr bestehen.

Der Eindruck des engen, persönlichen Verhältnisses wird weiter gestützt. Allerdings könnten sich hier auch Hinweise auf eine zu starke Vereinnahmung von Seiten Nadjas manifestieren. Außerdem wird deutlich, dass Anila viel Verantwortung für Nadja übernommen hat, möglicherweise mehr, als ursprünglich von ihr beabsichtigt war.

Eine weitere Textstelle belegt die starke Verantwortungsübernahme von Seiten Anilas:

Textstelle Anila, Z. 331

331   A: Ja. Sie hat nur eine Problem. Sie kann nicht alleine Zuhause, das
      ist ihre Problem.

Wenn Anila zum Ziel hat, sich selbst überflüssig zu machen, wird es schwierig werden, den Kontakt zu lockern und Nadja dazu zu bringen, selbst wieder mehr Verantwortung zu übernehmen, gerade weil die Erziehungspartnerschaft sich zu einem freundschaftlichen Verhältnis entwickelt hat und dieses freundschaftliche Verhältnis u.a. über Anilas Verantwortungsübernahme für Nadja definiert ist.

Das Hauptproblem des „Nicht-Allein-Sein-Könnens" vertieft Anila anhand einer weiteren Textstelle:

Textstelle Anila, Z. 343-347

343   A: Sie ist normalerweise sehr gut, aber Problem ist dass sie kann nicht alleine essen. Wenn sie

344   isst nicht, sie hatte gesagt, sie hat gestern nur <u>einmal</u> gegessen. Das geht nicht. Ich habe

345   gesagt, du <u>isst</u> fünfmal, sechsmal oder siebenmal. Du macht ganz wenig, OK, dann, aber Du

346   musst essen. Diese Problem schaffe ich nicht, ich brauche noch mehr Zeit. Sie kann nicht

347   alleine essen.

Anila berichtet, Nadja könne nicht essen, wenn sie alleine Zuhause ist. Am Tag zuvor habe sie nur einmal Nahrung zu sich genommen. Das sei nicht gut. Anila habe Nadja dazu angehalten, fünf- bis sieben Mal täglich zu essen. Es könne auch ganz wenig sein, wichtig sei aber, dass sie esse. Anila berichtet weiter, diese Schwierigkeit noch nicht bewältigen zu können. Sie benötige noch mehr Zeit.

Die Aussage „Sie ist normalerweise sehr gut, aber Problem ist..." erinnert an einen schulischen Kontext: „Sie ist eine gute Schülerin, nur in einem Fach hat sie Probleme....". An dieser Stelle dokumentiert sich eine Beziehung, die zwar eng und von Vertrauen geprägt ist, die allerdings nicht, zumindest nicht in allen Bereichen, auf Augenhöhe stattfindet. Anila ist die „Lehrende" und Nadja die „Lernende", wobei beide Protagonistinnen sich gerne in diese Rollen fügen.

Die weiteren Ausführungen lassen sich mit einer „Mutter-Tochter-Beziehung" vergleichen, die durch Nähe und Vertrauen, aber auch durch „mütterliche Bevormundung" geprägt ist. Anila zeigt sich an dieser Stelle sehr direktiv, aber auch sehr konkret in der Art der Hilfestellung („Ich habe gesagt, du isst fünfmal, sechsmal oder siebenmal."). Vergleicht man diese Aussage mit Textstellen aus Nadjas Interview, wird deutlich, dass Nadja gerade diese „mütterliche Bevormundung" benötigt und auch einfordert („sie weckt mich", „sie geht mit mir einkaufen"). Anila schlägt Nadja vor, häufiger am Tag Mahlzeiten zu sich zu nehmen, jedoch kleinere Portionen. Über diesen Umstand berichtet Anila sehr ausführlich, was darauf hinweist, dass dieser Punkt für sie relevant ist. Sie hat sich zum Ziel gesetzt, Nadja zum selbstständigen Essen zu bewegen. Anila übernimmt Verantwortung für dieses Problem und ist fest entschlossen, es zu lösen. Ein Nichterreichen dieses Ziels könnte sie als persönlichen Misserfolg werten.

Auch diese Stelle dokumentiert die Verantwortungsübernahme Anilas für Nadja. Nadjas Mangel an Selbstständigkeit und ein daraus resultierendes Abhängigkeitsverhältnis sind klar ersichtlich. Mittelfristig wird die Notwendigkeit bestehen, den Kontakt zu lockern und Nadja mehr Eigenverantwortlichkeit zuzuschreiben, wenn es ein Ziel für Anila ist, Nadja in Form einer Hilfe zur Selbsthilfe zu unterstützen.

Fazit

Nicht die fachliche, sondern die emotionale und soziale Begleitung stehen für Nadja im Vordergrund der Erziehungspartnerschaft. Im Fall von Nadja und Anila konnte eine zwischenmenschliche, emotionale Passung beider Partnerinnen erreicht werden, die in einer großen Verbundenheit mündet.

Die Erziehungspartnerschaft zwischen Nadja und Anila ist ein gutes Beispiel dafür, wie es gelingen kann, sich freundschaftlich zu begegnen und dennoch beratend und unterstützend tätig zu sein.

Der Gestaltungsspielraum im Rahmen der Erziehungspartnerschaft wird von beiden Akteurinnen zum Aufbau eines zeitweise mütterlichen, zeitweise freundschaftlichen Verhältnisses genutzt, ohne das Konzept der Erziehungspartnerschaft in Frage zu stellen.

Auch wenn der bisherige Verlauf der Erziehungspartnerschaft von beiden Protagonistinnen sehr positiv evaluiert wird, bietet sich auch hier eine von der Projektleiterin moderierte Zwischenreflexion an, um eruieren zu können, ob die Zielsetzungen und deren Umsetzung auf beiden Seiten noch stimmig sind.

12.1.3 Gannet und Daniela: Die Suche nach praktischer Unterstützung und der Wunsch, selbst zu helfen

Die Erziehungspartnerschaft zwischen Gannet und Daniela ist zum Zeitpunkt des Interviews bereits beendet, da Daniela nach zwei Jahren Elternzeit wieder in ihren Beruf eingestiegen ist. Die Treffen zwischen Gannet und Daniela fanden im Zeitraum zwischen Oktober 2007 und August 2008 ein- bis zweimal wöchentlich bei Gannet Zuhause statt.

Daniela ist Gannets zweite Erziehungspartnerin. Zuvor befand sich Gannet für kurze Zeit in einer Erziehungspartnerschaft mit Stefanie. Auch auf diese „erste Erziehungspartnerschaft" wird im Folgenden kurz eingegangen werden.

Die Akteurinnen

Gannet (die begleitete Mutter) ist zum Zeitpunkt des Interviews 27 Jahre alt und stammt aus Äthiopien.

Sie ist bereits seit 7 Jahren in Deutschland und ihr Schulabschluss ist vergleichbar mit einer mittleren Reife in Deutschland, er wird allerdings in Deutschland nicht als solcher anerkannt. Einen Beruf hat Gannet (noch) nicht erlernt. Die Äthiopierin ist geschieden und allein erziehende Mutter. Insgesamt hat Gannet drei Kinder (Konstantin, 8 Jahre alt, Marvin, 5 Jahre alt, Julius, 1,5 Jahre alt). Konstantin, Gannets ältester Sohn, lebt bei seinem Vater, verbringt aber die Wochenenden regelmäßig mit Gannet und seinen Geschwistern Marvin und Julius.

Daniela (die Erziehungspartnerin) ist zum Zeitpunkt des Interviews 38 Jahre alt, verheiratet und hat eine Tochter im Alter von zweieinhalb Jahren. Daniela ist in Deutschland geboren und beruflich im sozialen Bereich tätig. In ihrer Elternzeit wollte Daniela sich gerne ehrenamtlich arbeiten, weshalb sie die Schulung zur

Erziehungspartnerin absolvierte und anschließend eine Erziehungspartnerschaft mit Gannet einging. Zum Zeitpunkt des Interviews ist Danielas Elternzeit allerdings beendet, weshalb auch die Erziehungspartnerschaft bereits abgeschlossen ist. Von Daniela liegt kein Interview vor, die Erziehungspartnerschaft kann aber dennoch über die Rekonstruktion von Textstellen aus dem Interview mit Gannet sowie über den Vergleich mit den Erziehungspartnerschaften zwischen Diana und Annemarie sowie Nadja und Anila dargestellt werden.

Der Weg zum Projekt

Aus Angst vor Überforderung wendet sich Gannet vor der Geburt ihres dritten Sohnes an den Sozialdienst Katholischer Frauen, von wo aus sie an das Projekt „Starke Mütter – Starke Kinder" verwiesen wird. Dort wird sie von der Projektleiterin über die Angebote des Projektes informiert und entschließt sich, eine Erziehungspartnerschaft einzugehen. Des Weiteren äußert sie Interesse am Elternkurs „Starke Eltern – Starke Kinder" sowie am offenen Mutter-Kind-Café, an dessen Organisation sie sich einige Monate später aktiv beteiligen wird.

Es wird vereinbart, sich in ein- bis zwei Monaten mit der Projektleiterin zur „Zwischenreflexion" zusammen zu setzen.

Die erste Erziehungspartnerschaft
„es war nicht so was ich quasi erwartet habe"

Zunächst wird Gannet an die Erziehungspartnerin Stefanie vermittelt, die selbst Mutter von vier Kindern ist. Gannet ist als alleinerziehende Mutter auf der Suche nach jemandem, der sie vor und nach der Geburt ihres dritten Sohnes unterstützen sowie auch zur Geburt begleiten kann.

Wie aus den folgenden Textstellen hervorgeht, konnten die Zielsetzungen nicht erreicht werden, weshalb die Erziehungspartnerschaft sehr schnell wieder aufgelöst wurde:

Textstellen Gannet: Z. 89-93, 101-103

89 G: Der erste Erziehungspartnerschaft lief überhaupt nicht. Und das war
    der Zeit auch wo ich
90 jemanden gebraucht habe, und äh da gabs aber auch die äh die Erzie-
    hungspartnerin hat ihren
91 Bruder kurz danach glaub ich verloren oder es gab halt Probleme halt
    Zufall gerade das alles
92 da war aber auch es lief auch nicht so gerade sehr gut weil mein Kind
    hat sich auch mit ihr gar
93 nicht so gut verstanden, wollte gar nichts mit ihr zu tun haben.
[...]
101 G: Und äh irgendwie hats irgendwie leider nicht funktioniert. Aber äh
    ich habe auch paar
102 andere Probleme gehabt wo ich halt auch äh versucht habe von der
    Erziehungspartnerin also
103 es war nicht so was ich quasi erwartet habe

Gannets Unzufriedenheit mit der ersten Erziehungspartnerschaft wird von ihr ohne Umschweife sehr eindeutig formuliert: „Die erste Erziehungspartnerschaft lief überhaupt nicht." Gannet versucht zunächst, externe Umstände im Leben der Erziehungspartnerin (Tod des Bruders, Probleme) als Gründe für das Scheitern der Partnerschaft heranzuziehen, später zeigt sich allerdings, dass auch auf der zwischenmenschlichen Ebene keine Passung erreicht werden konnte: In der Erziehungspartnerschaft mangelte es an Zuverlässigkeit, Unterstützung sowie Akzeptanz der Erziehungspartnerin durch Gannets (mittleren) Sohn. Es zeigt sich sehr deutlich, dass die Vertrauensgrundlagen für das Bestehen einer Erziehungspartnerschaft in diesem Fall nicht gegeben waren.

Gannet deutet wiederholt auf die Dringlichkeit hin, deretwegen ihr der Austausch mit der Erziehungspartnerin sehr wichtig gewesen wäre („Und das war der Zeit auch wo ich jemanden gebraucht habe", „ich habe auch paar andere Probleme gehabt"). Die Erziehungspartnerschaft funktionierte also auch in Bezug auf zwischenmenschlichen Austausch nicht. Die Erziehungspartnerin konnte Gannet bei Problemen, die sie beschäftigten, nicht unterstützen, weshalb Gannet relativ zeitnah, allerdings erst nach der Geburt ihres dritten Kindes, die zweite Erziehungspartnerin, Daniela, kennen lernte.

Die Erziehungspartnerschaft mit Daniela
„ich bin halt auch eine dreifache Mutter eben"

Die Erziehungspartnerschaft mit Daniela startete im Oktober 2007.

Da Gannets jüngster Sohn Julius mittlerweile geboren war, hatten sich ihre Zielsetzungen für eine Erziehungspartnerschaft etwas geändert. Hauptziel der Erziehungspartnerschaft für Gannet war es nun, Beschäftigungsmöglichkeiten für alle drei Kinder gemeinsam zu finden bzw. Möglichkeiten zu finden, die beiden großen Kinder bei der Beschäftigung mit dem Säugling einzubeziehen. Des Weiteren wünschte sich Gannet praktische Unterstützung bei der Beschäftigung mit den Kindern, um sich intensiver mit einem der Kinder beschäftigen zu können, während die Erziehungspartnerin sich um die beiden anderen kümmerte.

Parallel zur Erziehungspartnerschaft besuchte Gannet den Elternkurs „Starke Eltern – Starke Kinder".

Bereits in der ersten Zwischenreflexion mit der Projektleiterin möchte Gannet über die Bedeutung des Begriffs „Erziehungspartnerschaft" sprechen. Sie berichtet, darunter mehr praktische Erziehungsunterstützung verstanden zu haben. Die Projektleiterin erläutert daraufhin den Begriff wie folgt:

„Mutter und Erziehungspartnerin begegnen sich auf Augenhöhe und tauschen sich über ihre Erfahrungen aus. Die Erziehungspartnerin macht bei Bedarf Vorschläge und gibt Anregungen" (Zitat der Projektleiterin im Rahmen der Zwischenreflexion mit Gannet und Daniela).

Allerdings sind Daniela und Gannet sich darüber einig, dass in Bezug auf die Kindererziehung und Kinderpflege bei Gannet bereits alles sehr gut läuft und dass kein weiterer Informationsbedarf von Seiten Gannets bestehe. Somit stellt sich die Frage, wozu eine Erziehungspartnerschaft außerdem dienen könnte und die Projektleiterin fragt Gannet, was sie selbst sich für die Erziehungspartnerschaft wünsche.

Daraufhin antwortet Gannet, dass sie eine große Belastung als Alleinerziehende darin sehe, niemals „Auszeiten" zu haben, in denen sie sich um sich selbst kümmern könne. Für die Verfolgung eigener Entwicklungsziele benötige sie eine zuverlässige und gute Kinderbetreuung. Da eine derartige Kinderbetreuung im Rahmen der Erziehungspartnerschaft aus rechtlichen Gründen nicht möglich ist, bietet die Projektleiterin Gannet an, Julius zunächst einmal wöchentlich in die qualifizierte Kinderbetreuung des Projektes „Starke Mütter – Starke Kinder" aufzunehmen sowie sie bei der Suche nach einem Krippenplatz zu unterstützen.

Die folgende Textstelle verdeutlicht Gannets Zielsetzungen für die Erziehungsparnterschaft, die weitgehend mit den Dokumentationen des Kennenlerngesprächs übereinstimmen. Außerdem wird in diesem ersten Abschnitt bereits eine Bewertung der Erziehungspartnerschaft von Seiten Gannets vorgenommen.

Textstelle Gannet: Z. 118-124

118 G: Das lief besser, allerdings muss ich sagen in vielen Fällen halt ich bin halt auch eine

119 dreifache Mutter eben dass ich äh halt auch Erfahrungen gemacht habe mit mir selber ähm

120 eben mit der Kindererziehung der Erziehungsweg Bedarf äh es is äh Informationbedarf das

121 war nicht so groß. Bei mir gings eher äh engere Freundschaft vielleicht, oder äh in anderen

122 Fällen Unterstützung zum Beispiel, dass ich so ein bisschen Abwechslung hatte das ich mal

123 mit einem Kind mich mehr beschäftigen kann, dass ich oder dass ich mal mich ganz dem

124 einen Kind widmen kann.

Grundsätzlich bewertet Gannet die zweite Erziehungspartnerschaft besser als die erste. Allerdings räumt Gannet ein, selbst Mutter dreier Kinder zu sein, was zur Folge hat, dass sie bereits selbst über ein breites Wissen hinsichtlich der Kindererziehung verfügt, weshalb es ihr nicht so wichtig war, von Daniela Informationen über Erziehung zu erhalten. Vielmehr wünschte sie sich ein freundschaftliches Verhältnis zu einer Person sowie Unterstützung, um den Alltag vielseitiger gestalten zu können sowie sich stärker auf eines ihrer Kinder einlassen zu können. Der Ausdruck „engere Freundschaft" kann bedeuten, dass Gannet auf der Suche nach einem freundschaftlichen Verhältnis war, das über ihre derzeit bestehenden Freundschaften hinausging. Der Begriff könnte sich aber auch auf die Intensität der vermeintlichen Freundschaft mit Daniela beziehen und erneut darauf hinweisen, dass Gannet auf der Suche nach einer zwischenmenschlichen Beziehung war, die Vermittlung von Informationen hatte für sie nur geringe Relevanz.

In den folgenden Zeilen macht Gannet anhand von Exemplifizierungen deutlich, welche Art der Unterstützung sie im Rahmen der Erziehungspartnerschaft vor allem benötigt hätte.

Textstellen Gannet: Z. 166-172, Z. 183-187

166   Oder ich hab mal damals Führerschein zum Beispiel gemacht, und das war auch sehr
167   kompliziert mit den Kindern das zu machen. Da bräuchte ich eigentlich jemanden eine Stunde
168   während ich dieses Stunde das mal den Kindern oder ich hatte zum Beispiel mal mein Kind
169   wurde beschnitten, weil er Probleme hatte und da bräuchte eigentlich ganz viel Liebe ganz
170   viel Aufmerksamkeit und da bräuchte ich eigentlich jemanden der den anderen Kindern
171   damit ich ihn das geben kann. Und äh und da wenn ich halt niemanden habe es geht halt nicht
172   anders, und es und es
[…]
183   Und das war da war ich äh sehr enttäuscht vor allem weil die Frau eigentlich äh
184   bereit war, das zu machen, äh aber allerdings nicht das Programm an sich weil dann keine
185   Garantie da wäre, quasi dass sie alleine mit den Kindern äh da sein kann und damit ich dann
186   eine Stunde äh nicht da bin, weil sie das weil dieses diese wie heißt das Versicherung für
187   mich dann ausfällt.

Gannet musste als alleinerziehende Mutter in der Vergangenheit diverse Situationen bewältigen, in denen sie sich eine Entlastung gewünscht hätte. Diese Entlastung bedeutet eine praktische Art der Hilfestellung, nämlich die Betreuung einzelner oder mehrerer Kinder, während Gannet sich intensiver um eines der Kinder oder um sich selbst kümmert.

Die geäußerte Enttäuschung der betreuten Mutter bezieht sich vor allem auf die Projektkonzeption. Aufgrund eines mangelnden Versicherungsschutzes war es Daniela nicht möglich, die zeitweise Beaufsichtigung der Kinder zu übernehmen.

Textstelle Gannet: Z. 192-202

192 Und dann wäre dann wäre der Möglichkeit da gewesen, während wir also

193 sagen wir die kommt in eine andere Zeitpunkt oder die nimmt das als Freundschaftsangebot

194 also eine normale Freundin von mir könnte das ja machen, da wird ich jetzt sie nich verklagen

195 wenn da was passiert oder so, aber so befreundet war leider auch nicht, dass sie sagen könnte

196 ja ich mach dir trotzdem das. Ich hab ja so zugesagt ich kanns ja machen und die

197 Versicherung äh also ich hab ja sie nicht vor zu verklagen. Aber so gute Freundschaft war

198 doch nicht, dass sie diesen Angebot äh weitersetzten konnte oder machen könnte. Und da war

199 ich äh andererseits dass es die Freundschaft nicht so gut funktioniert hat war ich sehr

200 enttäuscht, und andererseits äh es war auch nie so wirklich so und andererseits dass diese

201 diese Regeln gab, dass ihr quasi nicht erlaubte das zu machen und da hab ich mich aber

202 (lacht) ganz viel mit Frau Biesemann unterhalten und äh ja, das war halt so der Regel und ja.

Die Betreuung der Kinder wäre zwar nicht im Rahmen der Erziehungspartnerschaft, sehr wohl aber als Freundschaftsdienst zwischen Daniela und Gannet möglich gewesen. Gannet äußert sich sehr enttäuscht darüber, dass die Freundschaft nicht eng genug war, diese Unterstützung zu leisten. „...es war auch nie wirklich so" deutet darauf hin, dass Gannet, wenn sie sich selbst gegenüber ehrlich ist, nie wirklich das Gefühl hatte, dass es sich zwischen ihr und Daniela um eine wirklich enge Freundschaft handelte. Eine stärkere Verbundenheit im Sinne eines freundschaftlichen Beziehungsaufbaus konnte in dieser Erziehungspartnerschaft nicht erreicht werden.

Aus diesen Ausführungen resultiert bei Gannet eine dreifache Enttäuschung: Es kam nicht zu einer Freundschaft der Intensität, wie Gannet sie sich gewünscht hätte, die praktische Unterstützung, die Gannet benötigt hätte, konnte nicht geleistet werden und das Rahmenkonzept des Projektes ließ keine individuellen Ausnahmen zu.

Während Diana in ihrer Erziehungspartnerschaft mit Annemarie Professionalität („Expertenmodell") einklagt, fehlt es Gannet an einer freundschaftlichen Beziehung („Partnermodell"). Das Konzept der Erziehungspartnerschaft enthält sowohl freundschaftliche als auch professionelle Komponenten. Inwieweit diese zum Tragen kommen, hängt weitgehend von den Akteurinnen selbst ab. Auch an dieser Stelle wird das Spannungsfeld zwischen professionellem und freundschaftlichem Angebot bzw. die Unsicherheit in der Beziehungsdefinition der Protagonistinnen deutlich.

Im Gegensatz dazu stimmten in der Erziehungspartnerschaft zwischen Nadja und Anila die Erwartungen an die Erziehungspartnerschaft mit dem anschließenden Verlauf weitgehend überein, weshalb beide Protagonistinnen sich zufrieden über den Verlauf der Erziehungspartnerschaft äußern. Nadja erfuhr im Rahmen der Erziehungspartnerschaft mit Anila sowohl „professionelle" als auch „freundschaftliche" Unterstützung, in einem Umfang, der für Anila leistbar und für Nadja offenbar ausreichend war.

Die angeführten Textstellen untermauern Ergebnisse, die bereits in Teil 1 dieser Arbeit ausformuliert wurden: Das Konzept der Erziehungspartnerschaft ist nicht für alle Mütter gleichermaßen hilfreich und erfordert, ebenso wie die offenen Projektangebote, eine Anpassung an die individuellen Bedürfnisse der betreuten und begleiteten Mütter, die bereits im ersten Vermittlungsgespräch erfragt werden müssen. Dabei sind selbstverständlich immer die Rahmenbedingungen der Projektkonzeption zu beachten.

Im Gegensatz zur erlebten Hilfestellung durch die Erziehungspartnerin erlebt Gannet die Gespräche mit der Projektleiterin als sehr hilfreich und entlastend:

Textstelle Gannet: Z. 206-209

206 G: Die Gespräche, ja, halt dass is halt das es halt so is es überhaupt los
 zu werden (lacht), dass
207 man damit nicht einverstanden ist oder dass ich traurig war überhaupt
 sagen zu können, ne
208 das is ja, wenn man eine Enttäuschung in sich behält ist das immer
 negativ beeinflusst, ne.
209 Aber wenn man das losgeworden ist (lacht) ist es ist es glaub ich anders,
 also

Die Option, Rückmeldungen geben und Enttäuschungen äußern zu dürfen, hat Gannets Bewertung des Gesamtprojekts positiv beeinflusst. Kritik anbringen zu dürfen und mit seinem Anliegen ernst genommen zu werden bedeutet für Gannet eine ernsthafte Entlastung. Es wird deutlich, dass eine professionelle Begleitung der Erziehungspartnerschaften in Form von

- Reflexionsgesprächen mit beiden Erziehungspartnerinnen,

- Supervision für die Erziehungspartnerin und Austausch der Erziehungspartnerinnen untereinander sowie

- Einzelgesprächen mit den betreuten Müttern

für die Konzeption des Projektes unerlässlich sind, wie insbesondere die Erziehungspartnerschaften zwischen Diana und Annemarie sowie zwischen Gannet und Daniela zeigen.

Der Wunsch, selbst zu helfen
„ich wollte das unbedingt"

Gannet spricht im Rahmen des Interviews einen weiteren Aspekt an: Den Wunsch, die eigene Erfahrung an andere weiter zu geben:

Textstelle Gannet: Z. 66-69

66 G: Also die Interesse war eigentlich selber Erziehungspartnerin zu
 werden, die große
67 Interesse eben als ich da rüber gelesen habe dieses ähm das eben die
 andere ihre Erfahrung

68	quasi weiter geben können und sich auch äh auch zusätzlich noch bilden können und das hat
69	mich sehr interessiert und ich wollte das unbedingt […]

Gannet wäre selbst gerne als Erziehungspartnerin tätig gewesen. Sie macht das Interesse deutlich, die eigene Lebenserfahrung weitergeben sowie sich selbst weiterbilden zu können. Dieses Motiv wird von Gannet sehr aktiv und leidenschaftlich geschildert („das hat mich sehr interessiert und ich wollte das unbedingt"). Die Bereitschaft und der Wunsch, Hilfe und Erfahrung weiter zu geben, erscheinen bei Gannet stärker als die Bereitschaft, Hilfe und Erfahrung von anderen Personen anzunehmen.

Dieses Ziel verhält sich fast diametral zur Zielsetzung Dianas, die von Annemarie Hilfe und Unterstützung im Sinne einer „Dienstleistung" erwartete, selbst aber nicht den Wunsch äußerte, eigene Erfahrungen an andere weiter geben oder sich im Rahmen einer Erziehungspartnerinnen-Schulung weiterbilden zu können.

Gannets Wunsch nach Wissenserwerb sowie der Wunsch nach Weitergabe von Erfahrung zeugt von einer hohen Anspruchshaltung sich selbst gegenüber sowie von einer hohen Reflexionsfähigkeit.

Fazit

Das Gesamtkonzept des Projektes „Starke Mütter – Starke Kinder" wird auch von Gannet als sinnvoll und hilfreich beurteilt, allerdings zeigt sich auch in Gannets Fall, dass sich die Konzeption der Erziehungspartnerschaft nicht für jede Mutter als passend erweist.

Auch in Gannets Fall dokumentiert sich die Schwierigkeit der begrifflichen Definition und Interpretation des Begriffes „Erziehungspartnerschaft" für die beteiligten Protagonistinnen.

Aufgrund ihrer großen Reflexionsfähigkeit kann Gannet direkt äußern, dass ihr die Definition des Begriffs „Erziehungspartnerschaft" unklar ist und dass ihre Vorstellungen einer Erziehungspartnerschaft sich eher auf eine praktische

Unterstützung, beispielsweise in Form einer stundenweisen Beaufsichtigung ihrer Kinder, beziehen. Gannet äußert klar ihre Enttäuschung über die Konzeption des Modells, aufgrund der es nicht möglich war, dass Daniela in ihrer Funktion als Erziehungspartnerin die Kinder alleine beaufsichtigen konnte, um Gannet zu entlasten.

Dennoch konnte auch Gannet von der Teilnahme am Gesamtprojekt profitieren. Sowohl den Erziehungskurs „Starke Eltern – Starke Kinder" als auch den regelmäßigen Austausch mit der Projektleiterin beurteilt sie als sehr hilfreich.

Letztendlich fand Gannet auch praktische Unterstützung in Form der Kindergruppe, an der Julius regelmäßig teilnehmen konnte, wenn Gannet Zeit für sich selbst oder für ihre anderen Kinder benötigte.

12.2 Relevante Themen, die sich aus den Rekonstruktionen ableiten lassen

Aus den Reflexionen der drei vorgestellten Erziehungspartnerschaften haben sich unterschiedliche Themen herauskristallisiert, die für die Konzeption der Erziehungspartnerschaft von Bedeutung sind. Diese Themen sollen im Folgenden näher beleuchtet werden.

12.2.1 Das soziale Ehrenamt: Die Rolle der Erziehungspartnerin

„Wohltätig, d.i. anderen Menschen in Nöten zu ihrer Glückseligkeit, ohne dafür etwas zu hoffen, nach seinem Vermögen beförderlich zu sein, ist jedes Menschen Pflicht."

So setzte sich bereits Immanuel Kant in seiner Metaphysik der Sitten, Tugendlehre § 30 im Jahre 1797 mit Aspekten des sozialen Ehrenamts auseinander (zitiert aus Kant, 1990, S. 342), wobei er die (moralische) Verpflichtung von Menschen zur Wohltätigkeit hervorhebt.

Der Deutsche Verein für öffentliche und private Fürsorge (1993) definiert die ehrenamtliche Tätigkeit wie folgt:

„Ehrenamtlich Tätige sind BürgerInnen, die sich, ohne durch verwandt-
schaftliche Beziehungen oder ein Amt dazu verpflichtet zu sein, unentgelt-
lich oder gegen eine geringfügige Entschädigung, die weit unterhalb der
tariflichen Vergütung liegt, für Aufgaben in der sozialen Arbeit zur Verfü-
gung stellen."

(Deutscher Verein für öffentliche und private Fürsorge, 1993, S. 253)

Dem Ehrenamt liegt der Gedanke der Selbsthilfe zugrunde, wobei hierbei immer
die Frage gestellt werden muss, wer wem hilft und wieweit diese Hilfsbereitschaft gehen soll oder darf (Nitschke, 2005, S. 11).

Wie gestaltet sich nun aber das soziale Ehrenamt im Rahmen einer Erziehungspartnerschaft? Welche Erwartungen haben die einzelnen Akteurinnen an eine
Erziehungspartnerschaft und welche Rollen schreiben sie sich selbst und anderen zu? Diese Fragen wurden bereits in den Fallportraits bearbeitet, sollen an
dieser Stelle aber nochmals explizit und zusammenfassend in Gegenüberstellung
aller drei Erziehungspartnerschaften, betrachtet werden.

Der Begriff „Erziehungspartnerschaft", wie er im Modellprojekt „Starke Mütter
– Starke Kinder" gewählt wurde, beinhaltet die Worte „Erziehung" und „Partnerschaft".

Schlägt man diese Begriffe im Lexikon nach, finden sich die folgenden Definitionen:

Erziehung:

Ein Grundbegriff der Pädagogik neben Bildung, Sozialisation, Unterricht
und Lernen; dennoch fehlt eine unstrittig geteilte Auffassung von ihr. Ei-
nerseits anthropologischer Grundsachverhalt, ist sie andererseits regelmä-
ßig neu und mit Blick auf   aktuelle gesellschaftliche und kulturelle Ent-
wicklungen zu bestimmen. [...] Immer wirkt Erziehung zerrissen zwischen
Unsicherheit und Ungewissheit einerseits, Intuitionen über eine richtige
Erziehung andererseits oder gar der Vorstellung von einem Eingriff, den
eine Behörde als Erziehungsmaßnahme anordnet. In   dieser   Spannung
zeigt sie sich als ein hochkomplexer Sachverhalt, dem auf unterschiedli-

chen Ebenen begegnet und der analysiert werden muss, wobei man immer auf eine philosophische Vergewisserung angewiesen ist.

zitiert aus Brockhaus Enzyklopädie Nr. 8, 2006, S. 372

Partnerschaft:

Soziologie: Prinzip des vertrauensvollen Zusammenwirkens zwischen Personen, Organisationen oder auch Staaten, die ihre Ziele nur gemeinsam und unter gegenseitiger Kompromissbereitschaft, auch unter Einsatz entsprechender institutionalisierter Konflikt- und Kompromissregelung erreichen können.

zitiert aus Brockhaus Enzyklopädie Nr. 21, 2006, S. 67

Bereits die Definition des Begriffs „Erziehung" beinhaltet die Aspekte der Unsicherheit und Ungewissheit, die dazu führen können, Unterstützung in Form von Beratung hinzuzuziehen. Dieser Aspekt der Erziehung assoziiert einen professionellen oder semi-professionellen Kontext, so auch der Teilbegriff „Erziehung" im Wort „Erziehungspartnerschaft", der sich auf eine Beratung im Rahmen der Erziehung bezieht.

Anders der Teilbegriff der „Partnerschaft", der durch Erläuterungen wie „vertrauensvolles Zusammenwirken zwischen Personen", „gemeinsam" und „gegenseitige Kompromissbereitschaft" an zwischenmenschliche Aspekte denken lässt und eine gleichberechtigte Beziehung beider Partner sowie eine Begegnung auf Augenhöhe assoziiert.

Wie bereits der Begriff der „Erziehungspartnerschaft" eine Ambivalenz zwischen professioneller und partnerschaftlicher Begegnung aufzeigt, zeigten sich auch in den Rekonstruktionen der Erziehungspartnerschaften sowohl von Seiten der Mütter als auch von Seiten der Erziehungspartnerinnen Ambivalenzen bzw. Unsicherheiten bezüglich der Rolle einer Erziehungspartnerin. Dabei ließen sich zwei Modelle, das „Expertenmodell" (die Erziehungspartnerin als Expertin) und das „Partnermodell" (die Erziehungspartnerin als soziale Patin) herausarbeiten. Auf die beiden Modelle soll im Folgenden näher eingegangen werden.

Die Erziehungspartnerin als Expertin

In der Erziehungspartnerschaft zwischen Diana und Annemarie zeigte sich deutlich, dass Annemarie die Rolle der „Expertin" innehatte, während Diana sich selbst die Rolle der „Ratsuchenden" zuschrieb. Textstellen aus den Interviews von Diana und Annemarie zeigen, dass das Rollenbild einer Erziehungspartnerin bei beiden Protagonistinnen übereinstimmte.

Textstellen Diana, Z. 91-92, Z. 110

91   […] weil ich war ja die Ratsuchende und sie war ja
92   die Expertin praktisch.
[…]
110   […] professioneller oder also sie war die Expertin Fachfrau […]

Beide Textstellen belegen, dass von Diana eine professionelle Begleitung eingefordert wurde.

Aber auch Annemarie schreibt sich selbst die Rolle der Expertin zu, wie folgende Textstellen, die bereits an anderer Stelle ausführlich reflektiert wurden, belegen:

Textstellen Annemarie, Z. 197-198, Z. 264-265

197   A: Ähm. Also ich betreue eher die Mutter als das Kind. Wobei ich denk, dass die Kinder es
198   eigentlich auch nötig hätten, ja.
[…]
264   Und das is, weil ich denke, sie braucht schon noch Unterstützung. Also grad so in dem
265   Umgang mit den Kindern. Also ihr Ding kriegt sie jetzt langsam ganz […]

Annemarie formuliert ihr Rollenbild nicht so deutlich und explizit wie Diana, die ausdrücklich angibt, Annemarie sei die „Expertin", dennoch konstruiert Annemarie ihre Rolle als die der „Expertin", indem sie angibt zu erkennen, was für Diana das Richtige ist. Wie bereits an anderer Stelle diskutiert, wird aus dem

Rollenselbstverständnis Annemaries erkennbar, dass zwischen Diana und Annemarie keine Begegnung auf Augenhöhe stattfindet.

Obwohl beide Partnerinnen sich in der Definition der Erziehungspartnerschaft einig sind (beide konstruieren die Erziehungspartnerin als „Expertin"), bestehen bei den Akteurinnen Unstimmigkeiten hinsichtlich der Ausgestaltung dieser Rolle.

Diana wünscht sich professionelle Beratung dahingehend, praktische Anleitung zur Kinderpflege von einer geschulten Expertin zu erhalten, allerdings in den Grenzen, die sie selbst vorgibt.

Annemarie fühlt sich als Mitarbeiterin des Projektes „Starke Mütter – Starke Kinder" verantwortlich für das Wohl der Kinder. Sie definiert die Rolle der Expertin dahingehend, dass kritische Erziehungsthemen der Mutter zurückgemeldet werden müssen und gegebenenfalls auch nach außen kommuniziert werden dürfen, wenn dies zum Wohl der Kinder geschieht. Aufgrund dieser, in den Augen Annemaries „professionellen" Verhaltensweise fühlt sich Diana bloßgestellt und hintergangen, was zu Brüchen im Vertrauensverhältnis mit der Erziehungspartnerin führt. Insofern gelingt es im Verlauf der Erziehungspartnerschaft nicht, eine Vertrauensbasis zu schaffen, die eine Unterstützung auf emotionaler Ebene und somit den Aufbau einer persönlichen Beziehung zulässt. Aufgrund wiederholter Vertrauensbrüche „versteckt" sich Diana hinter dem Wunsch nach „formalen, alltagspraktischen Anregungen".

Die Ambivalenz, die bei Diana hinsichtlich der Erziehungspartnerschaft hervorgerufen wird, könnte in der allgemeinen Struktur der Hilfestellung durch Ehrenamtliche begründet liegen. Einerseits soll die Erziehungspartnerschaft in Form einer nachbarschaftlichen Begegnung auf Augenhöhe erfolgen, andererseits wird aufgrund der Tatsache, dass die Erziehungspartnerinnen eine Schulung absolvieren, bei einigen der besuchten Mütter wie auch bei einigen Erziehungspartnerinnen der Anspruch der Professionalität hervorgerufen und schlussfolgernd auch eine Hierarchie zwischen Erziehungspartnerin und besuchter Mutter eingeführt. Auch bei den Erziehungspartnerinnen konnte eine Ambivalenz bezüglich des eigenen Rollenverständnisses beobachtet werden.

Wie könnte sich nun aber eine Erziehungspartnerschaft darstellen, die auf Augenhöhe erfolgt, aber dennoch „helfende" und „unterstützende" Komponenten beinhaltet?

Kann eine Erziehungspartnerschaft überhaupt als „Begegnung auf Augenhöhe" erfolgen?

Auf der Suche nach Antworten zu diesen Fragen bietet es sich an, das Gegenmodell zu Diana und Annemarie, nämlich die Erziehungspartnerschaft zwischen Nadja und Anila unter Einbeziehung des jeweiligen Rollenverständnisses stärker in den Fokus zu nehmen. In diesem Modell entwickelte sich die Erziehungspartnerschaft zu einer Art „sozialen Patenschaft" (Partnermodell), wie im Folgenden näher erläutert werden soll.

Die Erziehungspartnerin als soziale Patin

Anhand von Belegstellen aus den Interviews mit Nadja und Anila konnte herausgearbeitet werden, dass sich zwischen Nadja und Anila ein partnerschaftlicher, freundschaftlicher Umgang entwickelte, der jedoch auch Aspekte der Bevormundung beinhaltete. Erste Anzeichen eines Abhängigkeitsverhältnisses waren ebenso erkennbar wie eine Begegnung, die in manchen Bereichen, aber nicht immer auf Augenhöhe stattfand. In diesem Beziehungsgeflecht war die Erziehungspartnerin (Anila) die „Belehrende" und die betreute Mutter (Nadja) die „Lernende".

Dennoch sind der Darstellung der Erziehungspartnerschaft Hinweise zu entnehmen, die auf das Einfordern bzw. das Bestehen einer sozialen Beziehung hinweisen:

Textstellen Nadja: Z. 110-111, 120-121

110   N: Ja ja ja . Manchmal nur einfach nur reden über mich auch. Wenn mir
        nich mal nicht so gut
111   geht oder krank.
[...]
120   N: Ja, ist ganz super. Sie ist jetzt meine beste Freundin. Wir reden über
        alles. Das tut mir sehr

121   gut. Ja, die hilft mich einfach egal was ich frage

Textstelle Anila: Z. 327

327   A: Sie hat immer Komplimente gemacht. Neun Uhr, zehn Uhr sie ruft
      mich, ich rufe auch an

Der Aufbau einer sozialen Beziehung, die von Vertrauen geprägt ist, ist aus-
schlaggebend für den erfolgreichen Verlauf einer Erziehungspartnerschaft, da er
die Grundlage für die begleiteten Mütter darstellt, sich gegenüber der Erziehungspartnerin öffnen und Hilfe von ihr entgegen nehmen zu können.

Auch Gannet war auf der Suche nach einem freundschaftlichen Verhältnis. Sie
definierte die Rolle der Erziehungspartnerin als eine Person, die soziale und
praktische Unterstützung bietet. An einer Vermittlung von Information war
Gannet nicht interessiert.

Textstelle Gannet, Z. 120-124

120   […] Informationbedarf das
121   war nicht so groß. Bei mir gings eher äh engere Freundschaft vielleicht,
      oder äh in anderen
122   Fällen Unterstützung zum Beispiel, dass ich so ein bisschen Abwechs-
      lung hatte das ich mal
123   mit einem Kind mich mehr beschäftigen kann, dass ich oder dass ich
      mal mich ganz dem
124   einen Kind widmen kann.

Leider gelang es im Rahmen der Erziehungspartnerschaft zwischen Gannet und
Daniela nicht, ein derartig freundschaftliches Verhältnis, das automatisch gegenseitige soziale und praktische Unterstützung mit sich bringt, aufzubauen, weshalb Gannet die Erziehungspartnerschaft als für sich wenig hilfreich bewertet.

Betrachtet man die beiden extremen Ausprägungen „Erziehungspartnerin als
Expertin" und „Erziehungspartnerin als soziale Patin", lässt sich konstatieren,
dass dort, wo in der ehrenamtlichen Arbeit die soziale Beziehung im Vordergrund steht (soziale Patenschaft steht vor professionellem Anspruch, vgl. Nadja

und Anila) die Erziehungspartnerschaft positiver beurteilt wird als in der Erziehungspartnerschaft, in der der professionelle Anspruch im Vordergrund steht (vgl. Diana und Annemarie).

Im Folgenden soll das Thema „Vertrauen", das bei der Rekonstruktion der Erziehungspartnerschaftsverläufe häufig Thema war, näher beleuchtet werden.

12.2.2 Vertrauen

Wie die intensive Auseinandersetzung mit dem Konzept der „Erziehungspartnerschaft" zeigte, stellt der Aufbau eines Vertrauensverhältnisses die Grundlage einer jeden funktionierenden Erziehungspartnerschaft dar.

Wagenblass (2001) nimmt eine Unterscheidung zwischen *Systemvertrauen*, *spezifischem* und *persönlichem Vertrauen* vor.

Systemvertrauen beschreibt ein allgemeines, generalisiertes Vertrauen, das auf die generelle Funktionsfähigkeit von Systemen abzielt.

Daneben existiert ein *spezifisches Vertrauen*, welches den Vertreterinnen von Expertensystemen entgegengebracht wird. Diese Art des Vertrauens ist zwar an bestimmte Personen gebunden, nämlich an Rollenträgerinnen des Systems, bezieht sich aber nicht auf persönliche Eigenschaften der Expertinnen, sondern ausschließlich auf ihre fachlichen Kompetenzen und Handlungsmuster und beruht auf konkreten Interaktionserfahrungen mit ihnen.

Persönliches Vertrauen schließlich bezieht sich ausschließlich auf persönliche Eigenschaften und individuelle Verhaltensweisen von Personen und beruht auf gemeinsamer Anwesenheit, Intimität, Gegenseitigkeit und dem Glauben, sich auf den Anderen verlassen zu können und ist somit an grundlegende positive Erfahrungen mit den beteiligten Personen gebunden (Wagenblass, 2001, S. 1935f.).

Anhand dieser Vertrauensebenen lassen sich die Erziehungspartnerschaften zwischen Diana und Annemarie und Nadja und Anila sehr eindeutig unterscheiden. Während die Erziehungspartnerschaft zwischen Nadja und Anila zwar auch von spezifischem Vertrauen, jedoch sehr stark und offensichtlich von *persönlichem Vertrauen* geprägt ist, ist die Erziehungspartnerschaft zwischen Diana und Annemarie ausschließlich von *spezifischem Vertrauen* geprägt. Diana betrachtet

Annemarie als Vertreterin eines Expertensystems. Ihr Vertrauen ist zwar an eine konkrete Person, nämlich an Annemarie, gebunden, bezieht sich aber ausschließlich auf ihre fachlichen Kompetenzen und damit auf ihre Funktion als Rollenträgerin und Vertreterin des Projektes. Hierin könnte die Begründung zu finden sein, weshalb Diana so stark auf Annemarie als „Expertin" fokussiert. Annemarie ist es gelungen, ein spezifisches Vertrauen und somit ein Vertrauen in ihre Rolle als beratende „Expertin" herzustellen, allerdings konnte keine persönliche Vertrauensbasis erreicht werden.

Betrachtet man Vertrauen unter der Perspektive von Luhmann (2001, S. 148), demnach Vertrauen eine Risikosituation voraussetzt, in der ein möglicher Schaden größer wäre als der erstrebte Vorteil, lässt sich konstatieren, dass Diana nicht bereit war, dieses „Risiko" im Rahmen der Erziehungspartnerschaft einzugehen. Sie beschränkte ihre Anforderungen an die Erziehungspartnerschaft an lebenspraktische Unterstützung wie z.B. Hinweise zur Babypflege, um sich nicht tiefer in ein Vertrauensverhältnis begeben zu müssen. Dies mag zum einen der Tatsache geschuldet sein, dass Dianas Vertrauen in der Vergangenheit mehrfach missbraucht oder enttäuscht wurde, zum einen durch ständige Vertrauensbrüche und Grenzüberschreitungen von Seiten ihrer Mutter, zum anderen von Seiten ihres heroinabhängigen Freundes und Vaters ihrer Kinder. Annemarie, der gegenüber Diana aufgrund ihrer Historie von Anfang an misstrauisch begegnete, schaffte es nicht, sich Dianas Vertrauen zu erarbeiten. Dianas Misstrauen gegenüber Annemarie wurde über die Zeit hinweg eher verstärkt, nachdem sie sich in unterschiedlichen Situationen von Annemarie nicht ausreichend unterstützt oder vertreten, im Gegenteil sogar eher „überwacht" fühlte (vgl. „Berichte", „Helferkonferenz").

Wie aus einer unveröffentlichten Schrift von Franz Hamburger (2008) hervor geht, ist es beim freiwilligen Hausbesuch (im Gegensatz zum obligatorischen Hausbesuch durch das Jugendamt im Sinne einer Gefährdungsprüfung) von großer Wichtigkeit, deutlich zu machen, dass kein „Kontrollauftrag" von Seiten der Hausbesucherin besteht. Des Weiteren ist es unabdingbar, den besuchten Familien und deren Lebensgestaltung eine angemessene Wertschätzung entgegen zu bringen. Nur so kann eine dauerhafte Vertrauensbasis zu der besuchten Familie geschaffen werden. Auch in einem Bericht des Deutschen Jugendinstituts (Helming, Sandmeir, Sann & Walter, 2006, S. 74) wird bemerkt, dass der Aufbau einer Vertrauensbeziehung für eine kontinuierliche, aktive Teilnahme der Familien unabdingbar ist.

Folgt man Luhmanns Ausführungen zum Thema „Vertrauen" weiter, wird die Vertrauensgrundlage durch Informationen und Voraussetzungen, die das Risiko verkleinern, geschaffen (Luhmann, 2000, S. 40). Diese Informationen und Voraussetzungen konnte Annemarie nicht, zumindest nicht in für Diana ausreichender Form, zur Verfügung stellen. Aussagen von Seiten Dianas wie:

127 Nein, die Berichte, die ich über mich gelesen hab. Da hab ich gesagt Annemarie, änder die
128 bitte mal. Das gefällt mir nicht, wie du über mich schreibst.

142 Ich hab mich am Schluss nicht mehr unterstützt gefühlt irgendwie

200 da irgendwie nicht so wohl irgendwie. Ich war nicht da dabei, aber was die mir da erzählt hat
201 das da hab ich geweint am Telefon, das hat mich mehr runter gezogen. Also ich brauch die

deuten eher darauf hin, dass sich Informationen, die Diana im Verlauf der Erziehungspartnerschaft von oder über Annemarie erhielt, negativ auf das Vertrauensverhältnis zwischen Diana und Annemarie auswirkten.

Ganz im Gegensatz dazu schafft es Nadja, sich voll und ganz auf Anila einzulassen. Nadja traut sich, Anila alles zu fragen und im Gegenzug dazu vermittelt Anila Nadja das Gefühl, für alle Fragen und Anliegen offen zu sein und Nadja für keine ihrer Fragen oder Anliegen abzuurteilen.

Sicherlich hängt der Aufbau persönlichen Vertrauens sehr stark von der zwischenmenschlichen Passung ab, die bei Nadja und Anila offensichtlich stärker gegeben war als bei Diana und Annemarie. Derartige zwischenmenschliche Passungen sind im Vorhinein schlecht zu prognostizieren und müssen zu einem gewissen Grad dem Zufall überlassen werden. Vorab- oder Kennenlerngespräche der Erziehungspartnerinnen unter Moderation der Projektleiterin oder anderer Projektmitarbeiterinnen können sicherlich dazu beitragen, den beiden

Partnerinnen Raum für ein erstes Gefühl der Sympathie oder Antipathie zu schaffen. Ob sich aus dem Kontakt später allerdings ein persönliches Vertrauensverhältnis entwickeln kann, wird sich erst im Verlauf der Erziehungspartnerschaft zeigen und hängt u.a. wie oben beschrieben davon ab, ob Informationen und Voraussetzungen, die von Seiten der Erziehungspartnerin gegeben werden, ausreichen, um im Sinne Luhmanns (2000) eine Vertrauensgrundlage zu schaffen.

Auf alle Fälle erscheint es sinnvoll, im Verlauf der Erziehungspartnerschaft Zwischengespräche mit beiden Partnerinnen zu führen um zu eruieren, ob eine zwischenmenschliche Passung in ausreichender Form erreicht und eine Vertrauensgrundlage, die eine Voraussetzung für eine produktive Zusammenarbeit darstellt, erreicht werden konnte.

12.3 Ergebnisse aus Nachuntersuchungen

Im Dezember 2010, zwei Jahre nach dem offiziellen Abschluss des Modellprojektes „Starke Mütter – Starke Kinder" sowie zwei Jahre nach der Gründung des Eltern-Kind-Kompetenzzentrums „El KiKo – international" wurde durch die ehemalige Projektleiterin und spätere Leiterin des „El KiKo – international" ein Komitee gegründet mit dem Ziel, aufgrund der bisher gewonnen Erfahrungen und Ergebnisse das Konzept der Erziehungspartnerschaft zu überdenken und zu überarbeiten.

Das Komitee setzte sich aus folgenden Personen zusammen:

- Projektleiterin
- wissenschaftliche Begleitung
- betreute Mutter „Nadja"
- betreute Mutter „Gannet"
- Erziehungspartnerin „Annemarie"
- Erziehungspartnerin „Anila"

Insgesamt fanden vier Treffen im Zeitraum von Dezember 2010 bis Februar 2011 statt. Das erste Treffen diente der Planung des Vorgehens. Ein erster

Austauschprozess wurde in Gang gesetzt, die Fragen wurden den Erziehungspartnerinnen und betreuten Müttern bereits vorgestellt.

Ziel der folgenden Treffen war es, unten aufgeführte, von Projektleitung und
wissenschaftlicher Begleitung entwickelte Fragen zu beantworten. Die betreuten
Mütter und die Erziehungspartnerinnen beantworteten z.T. ähnliche, z.T. unterschiedliche Fragen, wobei die Antworten immer im gesamten Gremium diskutiert und ergänzt wurden. In diese Diskussion brachte auch die Projektleiterin
Beobachtungen aus dem Praxisalltag ein, die wissenschaftliche Begleitung
meldete den Erziehungspartnerinnen und Müttern Ergebnisse zurück, die sie im
Rahmen der formativen Evaluation ermittelt hatte. Hierbei handelte es sich
sowohl um Ergebnisse der Fragebogen-Befragungen (vgl. Kap. 7) als auch um
Ergebnisse, die sich aus den Interpretationen der leitfadengestützten Interviews
ergaben (vgl. Kap. 12).

Im Verlauf der Treffen wurden die im Folgenden aufgeführten Ergebnisse
ermittelt und von Projektleitung und wissenschaftlicher Begleitung in Form
eines Protokolls in Stichpunkten festgehalten.

Die Ergebnisse werden hier in der Form dargestellt, dass zunächst die einzelnen
Fragen aufgelistet werden sowie die Antworten, wie sie im Gremium erarbeitet
wurden. Im Anschluss an jeden Fragen-Antwort-Block erfolgt eine kurze Erläuterung. Die Schlussfolgerungen aus den Ergebnissen dieser Nachuntersuchungen
fließen mit in die in Kapitel 12.4 formulierten „Chancen für die Qualität des
Angebots" ein.

12.3.1 Erziehungspartnerinnen-Feedback

**1.) Welche Ziele können aus meiner Erfahrung in einer Erziehungspart-
nerschaft erreicht werden?**

➔ In Überlastungssituationen der Mütter im Kontakt mit dem Kind/den Kindern kann punktuell ein Ausgleich für das Kind/die Kinder geschaffen werden.

➔ Unterstützung bei der Schaffung von Sozialkontakten für die Mütter.

➔ Praktische Hilfen bei der Alltagsbewältigung.

➔ Konkrete Hinweise zum Umgang mit dem Kind.

➔ Anregungen aufgrund eigener Erfahrungen weitergeben.

➔ Auf Fragen der Mütter reagieren.

➔ Bestärkung darin, Unterstützung anzunehmen.

➔ Herstellen einer Vertrauensbeziehung.

➔ Anbindung an die Angebotspalette von El Ki*Ko* – international.

➔ Stärkere Aufmerksamkeit für das Kind erreichen.

➔ Zuhören.

➔ Austausch.

Bei der Frage nach der Möglichkeit der Zielerreichung für die Erziehungspartnerinnen zeigt sich, dass in den Augen der Erziehungspartnerinnen durch diese eine Reihe an Zielsetzungen umgesetzt werden kann. Diese Zielerreichung bezieht sich sowohl auf praktische Hilfestellungen bei der Alltagsbewältigung wie z.b. Telefonate mit Behörden durchführen oder Hilfe beim Einkauf als auch auf Zielsetzungen, die sich direkt auf den Umgang mit dem Kind beziehen wie z.b. Hinweise zum Umgang mit dem Kind oder Stärkung der Aufmerksamkeit für das Kind. Auch war es in einzelnen Fällen möglich, in Überlastungssituationen der Mutter punktuell einen Ausgleich für das Kind oder die Kinder zu schaffen, indem die Erziehungspartnerin sich intensiv dem Kind oder den Kindern widmete. Auf diese Weise erhielt das Kind punktuell eine starke Aufmerksamkeit durch die Erziehungspartnerin, gleichzeitig hatte die Mutter die Möglichkeit, sich kurzfristig ihrer Rolle als (mehrfache) Mutter zu entziehen, um sich mit anderen Themen zu beschäftigen oder sich ausschließlich einem ihrer Kinder zu widmen. Im Umgang mit dem Kind dienen die Erziehungspartnerinnen gleichzeitig als Modelle, anhand derer die Mütter einen geschulteren Umgang mit dem Kind erreichen können. Hier wurden durch die Erziehungspartnerinnen sowohl Anregungen weitergegeben, die auf eigenen Erfahrungen basierten sowie konkrete Anregungen, die Teil der Erziehungspartnerinnen-Schulung waren.

Weiterhin war es möglich, die Mütter in ihrem Sozialkontakt zu stärken. Dieser Sozialkontakt bezieht sich zum einen auf den Austausch mit der Erziehungspartnerin bzw. das Zuhören durch die Erziehungspartnerin, aber auch auf die Anbindung an Angebote des El KiKo oder auch auf eine Unterstützung bei der Suche nach sonstigen Sozialkontakten wie z.b. der Teilnahme an einer Mütteroder Krabbelgruppe.

Auch wurde von den Erziehungspartnerinnen das Herstellen einer Vertrauensbeziehung genannt, wobei sich aufgrund der Reflexionen der Erziehungspartnerschaften (vgl. Kap. 12.1) zeigte, dass diese grundlegende Zielsetzung sich in ihrer Umsetzung als sehr schwierig gestaltet und nicht für alle Erziehungspartnerschaften erreicht werden konnte.

Die Bestärkung darin, Hilfe von „außen" anzunehmen, wurde von den Erziehungspartnerinnen außerdem als umsetzbare Zielsetzung genannt.

Abbildung 26 zeigt eine Einschätzung der Erreichbarkeit der Zielsetzungen im Rahmen einer Erziehungspartnerschaft, die von den Erziehungspartnerinnen selbst vorgenommen wurde, wobei der Wert 1 eine sehr niedrige und der Wert 10 eine sehr hohe Ausprägung bedeutet.

Klammern, die von den Zahlen ausgehen und bei den Zielen zusammenlaufen zeigen, dass die unterschiedlichen Erziehungspartnerinnen die Möglichkeiten der Zielerreichung unterschiedlich bewerteten. Klammern die von mehreren Zielsetzungen auf eine Zahl zuführen bedeuten, dass mehreren Zielsetzungen die gleiche Wertigkeit zugeordnet wurde.

Betrachtet man die Grafik, so zeigt sich, dass die Möglichkeit der Anbindung an El KiKo von den Erziehungspartnerinnen sehr unterschiedlich eingeschätzt wird. Während eine Erziehungspartnerin die Möglichkeit der Anbindung auf eine Ausprägung von 8 einschätzt, schätzt die andere Erziehungspartnerin diese Möglichkeit um vier Punkte geringer ein. Die Möglichkeit der Anbindung hängt sicherlich sehr stark von der individuellen Betreuungssituation sowie von den Zielsetzungen und Motivationen der betreuten Mutter ab. Auch die Möglichkeit zur Bestärkung der Mutter darin, Unterstützung anzunehmen, variiert von 6 bis zu 8 Punkten, was jedoch insgesamt ein sehr positives Ergebnis ist und zeigt, dass die Erziehungspartnerschaft nicht nur dazu dienen kann, die Mütter selbst zu entlasten, sondern auch den Zugang zu anderen Hilfesystemen erleichtern kann. Die Erreichung dieses Zieles ist sicherlich u.a. stark davon abhängig, inwieweit es der Erziehungspartnerin gelingt, im Verlauf der Erziehungspartnerschaft ein vertrauensvolles Verhältnis zur betreuten Mutter aufzubauen.

Am höchsten wird von den Erziehungspartnerinnen die Möglichkeit eingeschätzt, einen punktuellen Ausgleich für das Kind zu schaffen, wenn die Mutter überlastet ist sowie die Möglichkeit, Mutter und Kind zuzuhören. Auch dieses Ergebnis muss sehr positiv bewertet werden, da eine Entlastung von Mutter und Kind in Krisensituationen einen entscheidenden Beitrag zur Prävention einer Handlungsunfähigkeit der Mutter aufgrund zu starker Belastung bis hin zur Kindeswohlgefährdung leisten kann.

Auch die Möglichkeiten, für die Mütter ein sozialer Kontakt zu sein, ihnen Entlastung durch Gespräche zu bieten, alltagspraktische Hilfen zu geben und auf Fragen und Probleme der Mütter reagieren zu können, werden als sehr gut umsetzbar eingestuft. All diese Faktoren können einen wesentlichen Beitrag zur Entlastung von Mutter und Kind und somit zur Prävention vor starken Überlastungssituationen liefern.

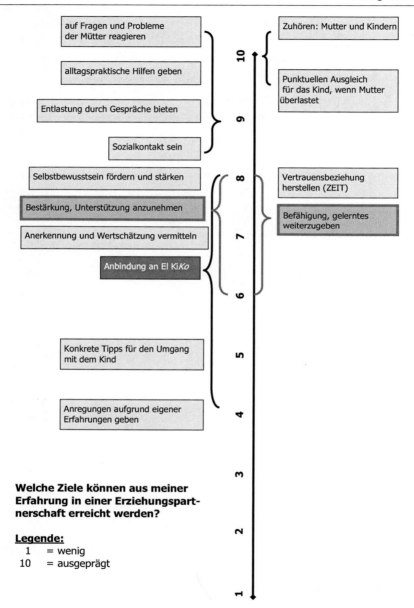

auf Fragen und Probleme der Mütter reagieren

Zuhören: Mutter und Kindern

10

alltagspraktische Hilfen geben

Punktuellen Ausgleich für das Kind, wenn Mutter überlastet

Entlastung durch Gespräche bieten

9

Sozialkontakt sein

Selbstbewusstsein fördern und stärken

8

Vertrauensbeziehung herstellen (ZEIT)

Bestärkung, Unterstützung anzunehmen

Befähigung, gelerntes weiterzugeben

Anerkennung und Wertschätzung vermitteln

7

Anbindung an El KiKo

6

Konkrete Tipps für den Umgang mit dem Kind

5

Anregungen aufgrund eigener Erfahrungen geben

4

3

Welche Ziele können aus meiner Erfahrung in einer Erziehungspartnerschaft erreicht werden?

2

Legende:
  1   = wenig
 10   = ausgeprägt

1

Abb. 26: Einschätzung der Zielerreichbarkeit (mit freundlicher Genehmigung der Projektleiterin M. Biesemann)

2.) Welche Voraussetzungen sollten potenzielle Erziehungspartnerinnen mitbringen?

➔ Geduld

➔ positives Denken

➔ Verschwiegenheit

➔ Unvoreingenommenheit

➔ Offenheit gegenüber der Mutter/dem Kind

➔ Verlässlichkeit

➔ Einlassen auf die Bedürfnisse und Fragen der Mutter

➔ zeitliche Flexibilität

➔ gewisse Nähe zur Altersgruppe der Kinder

➔ Bereitschaft, Supervision wahrzunehmen

Auf die Frage, welche Voraussetzungen potenzielle Erziehungspartnerinnen mitbringen sollten, wurden von den Erziehungspartnerinnen sehr unterschiedliche Eigenschaften aufgezählt. Betrachtet man die Antworten unter der Prämisse des Aufbaus einer von Vertrauen geprägten Erziehungspartnerschaft (vgl. auch Kap. 12.2.2), lassen sich als wichtige Eigenschaften, die zum Aufbau einer vertrauensvollen Erziehungspartnerschaft beitragen können sicherlich „Unvoreingenommenheit", „Offenheit gegenüber Mutter und Kind", das „Einlassen auf die Bedürfnisse und Fragen der Mutter" sowie „Verlässlichkeit" und „Verschwiegenheit" nennen.

3.) Welche Schulungsinhalte waren im Rückblick während der Partnerschaft besonders hilfreich?

➔ Entwicklungsanregungen

➔ Notfallnummern

➔ Grundinformationen zum Stillen (Literaturhinweise und Stillberatung)

➔ <u>PEKIP- und GRIFFBEREIT</u>–Unterlagen für Kinder ab 1,5

➔ Starke Eltern-Kurs (evtl. früher ansetzen (?))

➔ Erste Hilfe am Kind

Auf die Frage, welche Schulungsinhalte sich in der Partnerschaft als besonders hilfreich erwiesen haben, zeigte sich, das die Vermittlung von Informationen, die an die betreuten Mütter weiter gegeben werden konnten, für die Erziehungspartnerinnen sehr wichtig war. Diese Informationen erstreckten sich von Entwicklungsanregungen und Informationen zu bestimmten Programmen wie z.B. PEKIP über Grundinformationen zum Stillen hin zu Notfallnummern. Neben diesen Informationen, die über die Erziehungspartnerinnen an die betreuten Mütter übermittelt wurden, gab es auch die Möglichkeit der gemeinsamen Teilnahme an elternbildenden Kursen wie z.B. der Elternkurs „Starke Eltern – Starke Kinder" wie auch der Kurs „Erste Hilfe am Kind". Diese Kurse konnte sowohl von Erziehungspartnerinnen als auch von betreuten Müttern und interessierten Eltern besucht werden.

4.) Welche Schulungsinhalte habe ich überhaupt nicht gebraucht?

➔ Babypflege

Der einzige Aspekt, den die befragten Erziehungspartnerinnen in der Schulung nicht benötigt hätten, ist das Thema „Babypflege", was sicherlich damit zusammenhängt, dass nur Frauen, die selbst auch Mütter waren, zur Erziehungspartnerin geschult werden konnten. Somit hatten sie vermutlich im Rahmen ihres eigenen Mutterdaseins bereits genug Wissen und Information zum Thema Babypflege gesammelt.

5.) Welche Schulungsinhalte habe ich vermisst?

➔ Kinderkrankheiten

➔ Adressensammlung

➔ Café-Gestaltung

➔ Zukunftsplanung (Zeitschema)

➔ Zufüttern und Umstellung

➔ Wie kann ich die Ressourcen der Mütter stärker nutzen?

➔ Inwiefern kann die Mutter durch die Unterstützung der Erziehungspartnerin Ressourcen entwickeln?

➔ Resilienzfaktoren (= Faktoren, die die Eltern stärken, mit bestimmten Faktoren besser fertig zu werden).

Schulungsinhalte, die von den Erziehungspartnerinnen vermisst wurden, wie die hier aufgeführten, wurden zum Anlass genommen, die Konzeption der Erziehungspartnerinnen-Schulung zu verändern, um die Erziehungspartnerinnen optimal auf ihre spätere Tätigkeit vorbereiten zu können.

6.) Welche Wünsche der Mütter habe ich nicht erfüllt und was hat mich daran gehindert?

➔ Aufgaben komplett übernehmen (Bsp. Bett aufbauen, Fenstergriffe auswechseln, einkaufen gehen) Hinderungsgrund: Ziel = Hilfe zur Selbsthilfe keine Lust, sich als Haushaltshilfe gebrauchen zu lassen.

➔ Anleitung der Mütter, sich mit ihrem Kind zu beschäftigen war schwierig → Mütter sehr bedürftig, haben sich zurückgezogen, wenn Kind beschäftigt wurde.

Auf die Frage, welche Wünsche der begleiteten Mutter die Erziehungspartnerinnen nicht erfüllen konnten oder wollten, antworteten diese, dass sie keine Lust hatten, praktische Aufgaben wie z.B. Fenstergriffe auszuwechseln oder einkaufen zu gehen, komplett für die Mütter zu erledigen, da sie mit ihrem Angebot eine Hilfe zur Selbsthilfe bereitstellen und sich nicht als Haushaltshilfe gebrauchen lassen wollten. Sie seien aber bereit gewesen, die Mütter bei derartigen Tätigkeiten zu unterstützen oder ihnen eine Anleitung zu bieten. Dieser Punkt wurde im Gremium lange diskutiert, da es in manchen Fällen auch als vertrauensbildende Maßnahme dienen kann, den Müttern einfach einmal eine Tätigkeit, die sie dringend erledigt haben möchten, derzeit aber nicht selbst erledigen können, abzunehmen. Die Hilfsbereitschaft sollte aber natürlich nicht dahingehend ausarten, dass die Erziehungspartnerin ständig zur Durchführung praktischer Tätigkeiten herangezogen wird. Übergeordnetes Ziel sollte auf jeden Fall die Hilfe zur Selbsthilfe sein. An dieser Stelle erläuterte die Projektleiterin, dass die Sozialpädagogische Familienhilfe (SPFH) Familien eine professionelle Hilfe zur Selbsthilfe anbietet, während die Erziehungspartnerschaft dazu dienen sollte, Mütter sehr früh zu unterstützen und (zukünftig im Rahmen der neuen Konzeption) auch praktisch zu entlasten. Von Seiten der wissenschaftlichen Begleitung konnte aus den Analysen der Erziehungspartnerschaften (vgl. Kap. 12.1) resümiert werden, dass es für die Mütter häufig von größerer Bedeutung ist, einen „sozialen Paten" an der Seite zu haben als „professionell" beraten zu werden.

Weiter berichteten die Erziehungspartnerinnen, dass es schwierig gewesen sei, den Müttern im Umgang mit den Kindern als Modellfunktion zu dienen, da bei den Müttern das Bedürfnis nach Ruhe oder einer anderen Tätigkeit wie z.B. zu duschen, überwog, so dass die Mütter die Gelegenheit nutzten, sich kurzzeitig zurückzuziehen, während die Erziehungspartnerin sich mit dem Kind beschäftigte. Die Bedürftigkeit nach Ruhe, Entlastung oder kurzer Auszeit vom Kind ist im Rahmen der hier analysierten Erziehungspartnerschaften ein Punkt der oft diskutiert wurde. Einerseits ist das Konzept der Erziehungspartnerschaft nicht darauf ausgerichtet, Müttern praktische Entlastung zu bieten, andererseits stellt sich die Frage, ob das Konzept nicht genau dahingehend zu überdenken ist, denn auch das Schaffen von kurzen Auszeiten vom Kind stellt, gerade für allein erziehende Mütter, einen wichtigen Beitrag zur allgemeinen Entlastung der Mütter dar. Wie in Kapitel 5.1.1 erläutert wurde, wirkt sich das Wohlbefinden der Mutter wiederum auf den Umgang mit und somit auch auf die gesunde Entwicklung des Kindes aus.

7.) Wie sieht aufgrund meiner Erfahrung das optimale Angebotsspektrum einer Erziehungspartnerschaft aus?

➜ Kinderbetreuung zur Entlastung anbieten können.

Auf die Frage nach dem optimalen Angebotsspektrum einer Erziehungspartnerschaft haben die Erziehungspartnerinnen das bestehende Angebotsspektrum um den Wunsch nach einem Kinderbetreuungsangebot im Rahmen der Erziehungspartnerschaft zur Entlastung der Mütter ergänzt, da dies, wie bereits mehrfach erwähnt, häufig als Wunsch von den Müttern geäußert wurde (vgl. auch Kap. 12.1.3: Die Erziehungspartnerschaft zwischen Gannet und Daniela).

8.) Welche Voraussetzungen müssten für eine Erziehungspartnerschaft erfüllt sein, damit ein optimales Angebot möglich wird?

➜ Trennung der Zeit mit Kind und Mutter sowie ohne Kind.

➜ Problem ist der Umgang mit Reizthemen der jeweiligen Erziehungspartnerschaft, deshalb: eigene Sicht darstellen, sich damit aber zurücknehmen können und andere Lösungsansätze respektieren.

➜ Supervision.

Als nötige Voraussetzung, um ein optimales Angebot schaffen zu können, nannten die Erziehungspartnerinnen eine offizielle Trennung der Zeiten, in denen sie sich mit Mutter und Kind beschäftigen, in denen sie sich nur mit dem Kind und in denen sie sich, bei Bedarf, nur mit der betreuten Mutter beschäftigen. Diese Zeiten müssten vorab gemeinsam mit den Müttern erarbeitet werden und auf die Bedürfnisse der Mütter ausgerichtet sein, d.h. den Konstellationen, die für die betreuten Mütter am wichtigsten sind und diese am stärksten entlasten, müsste die meiste Zeit eingeräumt werden. So werden die Abläufe sowohl für die betreuten Mütter als auch für die Erziehungspartnerinnen transparent und planbar.

Des Weiteren sei es für die Erziehungspartnerinnen wichtig zu wissen, wie mit erziehungspartnerschaftspezifischen Reizthemen konstruktiv umgegangen werden könne. In der Diskussion mit den beteiligten Müttern sowie der Projektleiterin und der wissenschaftlichen Begleitung wurde der folgende Grundsatz erarbeitet:

Es ist in Ordnung, seine eigene Sicht darzustellen, es sollte den Erziehungspartnerinnen aber auch möglich sein, sich damit zurück zu nehmen und andere Lösungsansätze zu respektieren, auch wenn sie nicht den eigenen entsprechen. Zur Unterstützung ist es sicherlich sinnvoll, regelmäßig angebotene Supervisionen durch die Projektleitung zu nutzen, um Unsicherheiten im Umgang mit betreuten Müttern und deren Lebensrealitäten diskutieren zu können und um sich gegebenenfalls Anregungen oder Hilfestellungen einzuholen. Des Weiteren bleibt zu beachten, dass die Beziehung zur Mutter im Vordergrund der Erziehungspartnerschaft steht. Um eine Beziehung zur Mutter aufbauen zu können, darf die Mutter nicht durch Anforderungen von Seiten der Erziehungspartnerin unter Druck gesetzt werden. Der Beziehungsaufbau stellt die Basis eines realistischen Aushandlungsprozesses von Einstellungen und Lebenswelten dar.

9.) Welche Fragen sollten unbedingt vor Beginn einer Partnerschaft zwischen den Beteiligten geklärt werden?

➜ Was können wir leisten, was nicht (inhaltlich, zeitlich,…)?

Sehr wichtig ist es, vor Beginn einer Erziehungspartnerschaft die Frage zu klären, was die Erziehungspartnerin leisten kann und was nicht. Dieser Punkt betrifft sowohl inhaltliche Vorstellungen und Wünsche als auch zeitliche Kapazitäten. Regelmäßige Zwischenreflexionen mit der Projektleitung bieten die Möglichkeit, Ziele für die Erziehungspartnerschaft neu abzustecken und zu eruieren, ob diesen Zielen von Seiten der Erziehungspartnerin nachgegangen werden kann.

12.3.2 Mütter-Feedback

1.) Welche Ziele können aus meiner Sicht im Rahmen einer Erziehungspartnerschaft erreicht werden?

➜ Kontakt.

➜ Austausch.

➜ Information darüber, wo man außerdem Austausch und Kontakt finden kann.

➜ Konkrete Unterstützung bei alltagspraktischen Problemen.

➜ Information darüber, wohin man sich mit bestimmten Anliegen/ Problemen wenden kann.

➜ Kurzzeitige Entlastung.

➜ Vermittlung von Wissen über baby- und kinderspezifische Themen (allerdings nur für unerfahrene Mütter).

Auch die Mütter wurden befragt, welche Ziele aus ihrer Sicht und Erfahrung heraus im Rahmen einer Erziehungspartnerschaft erreicht werden können. Für die Mütter standen bei der Beantwortung dieser Frage Vernetzungsaspekte im Vordergrund. Sie gaben an, durch die Erziehungspartnerinnen Austausch und Kontakt erhalten zu haben sowie Informationen darüber, wo man Austausch und Kontakt finden kann.

Weiter gaben die Mütter an, auch alltagspraktische Unterstützung von den Erziehungspartnerinnen erhalten zu haben, sowie Informationen darüber, wohin man sich mit bestimmten Anliegen oder Problemen wenden kann, bei denen die Erziehungspartnerin selbst keine direkte Unterstützung leisten kann.

Auch eine kurzzeitige praktische Entlastung sei möglich gewesen, während die Erziehungspartnerinnen sich mit den Kindern beschäftigt haben. Die Vermittlung von baby- und kinderspezifischem Wissen sei nur für Erstlingsmütter interessant.

2.) Welche Verhaltensweisen und Unterstützungsleistungen der Erziehungspartnerin waren besonders hilfreich?

➜ Respekt der Erziehungspartnerin vor eigener Lebensweise und eigenen Lösungen.

➜ Alltagspraktische Unterstützung besorgen oder selbst geben.

➜ Ggf. an die Hand nehmen und zu Terminen/ an Orte mitnehmen.

➜ Ressourcen erfragen und ermuntern, sie zu nutzen!

➜ Defizitorientierung vermeiden.

➜ Ich-Botschaften über eigene Gefühle direkt senden.

➜ Änderungsanspruch vermeiden – Beziehung steht im Vordergrund.

Als wesentliche Verhaltensweise, die eine Erziehungspartnerin mitbringen muss, wurde von den Müttern die unabdingbare Eigenschaft genannt, den Müttern Respekt vor der eigenen Lebensweise sowie vor eigenen Lösungsideen entgegen zu bringen. Die Entwicklung dieser Handlungsstrategie mit den Erziehungspartnerinnen wurde in Kapitel 12.3.1 unter Punkt 8 bereits beschrieben. Für die Erziehungspartnerinnen war es jedoch sehr aufschlussreich, den elementaren Wunsch nach dieser Eigenschaft von den Müttern direkt zurückgemeldet zu bekommen. Hierzu gehört es auch, einen Änderungsanspruch zu vermeiden. Im Rahmen eines partnerschaftlichen Umgangs zwischen Erziehungspartnerin und Mutter sollte der Beziehungsaufbau im Vordergrund stehen Im Rahmen dieser Handlungsstrategie gilt es, eine Defizitorientierung zu vermeiden. Viel sinnvoller ist es, Ressourcen der Mütter zu erfragen und diese zu ermuntern, ihre eigenen Ressourcen zu nutzen. Sollten bestimmte Lösungsansätze der Mutter absolut unvereinbar sein mit den eigenen, ist es wichtig, die eigenen Gefühle in Form von Ich-Botschaften zu senden. Dabei sollte deutlich werden, dass es sich hierbei um die eigene Meinung handelt, die niemandem „übergestülpt" werden kann. Auch ist es von absoluter Wichtigkeit, jederzeit den Respekt vor der betreuten Mutter und ihren Ideen und Verhaltensweisen zu wahren. Unbedingt sollte auch der Eindruck vermieden werden, die Mutter in ihrem Erziehungsverhalten „kontrollieren" zu wollen. Bei der Erziehungspartnerschaft sollte es sich um eine „absichtsfreie Sozialbeziehung" handeln.

Auch wurde von den Müttern an dieser Stelle selbst der Wunsch nach alltagspraktischer Unterstützung angesprochen. Sei es durch die Erziehungspartnerinnen selbst oder durch sonstige Hilfen, die über die Erziehungspartnerin vermittelt werden können.

3.) Welche Unterstützungsleistungen hätte ich mir außerdem gewünscht?

➔ Betreuung der Kinder in Situationen, die für mich als allein erziehende Mutter schwierig oder unlösbar waren.

➔ Freundschaftlichen Kontakt, um sich stärker öffnen zu können.

➔ Unterstützung, die stärker auf die individuellen Probleme ausgerichtet ist. (Beispiele: Betreuung der Kinder, Tipps im Umgang mit den älteren Kindern).

➔ Hilfe es selbst zu tun und gelegentliche Übernahme von Tätigkeiten, wenn sich die Mutter in besonderen Belastungssituationen befindet, sollten sich nicht ausschließen.

➔ Ein Erziehungspartnerschaften übergreifender Austausch aller Beteiligten, weil dann das Spektrum möglicher Unterstützung noch größer ist und sich alle mit ihren unterschiedlichen Kompetenzen gegenseitig ergänzen können.

Auf die Frage nach zusätzlichen Unterstützungsleistungen, die sich die Mütter außerdem gewünscht hätten, wurde der Wunsch geäußert, die Betreuung der Kinder durch die Erziehungspartnerin in schwierigen oder unlösbaren Situationen zu übernehmen. Gerade für allein erziehende Mütter stellt eine derartige praktische Entlastung eine sehr große Erleichterung dar in Situationen, in denen sie sich alleine nicht zu helfen wissen. Diese Art der Hilfestellung sollte auf pragmatischem und unbürokratischem Weg im Rahmen der Erziehungspartnerschaft ermöglicht werden, da es ein häufig geäußertes Bedürfnis der Mütter ist.

Ebenso sollten praktische Hilfestellungen (wie z.B. einkaufen oder Montage eines Fenstergriffs, s.o.) von Seiten der Erziehungspartnerinnen möglich sein, ohne die Angst zu verspüren, keine Hilfe zur Selbsthilfe leisten zu können. Da das partnerschaftliche Verhältnis im Vordergrund stehen sollte, müssen Handlungen nicht immer einen professionellen Hintergrund haben.

Weiterhin wünschten sich manche Mütter einen Kontakt zur Erziehungspartnerin, der stärker durch freundschaftliche Komponenten geprägt ist. Ein freundschaftliches Verhältnis trägt dazu bei, sich stärker öffnen zu können, was ebenso zu einer Entlastung der Mutter führen kann. Auch an dieser Stelle zeigt sich, dass der Beziehungsaufbau zur Mutter in der Erziehungspartnerschaft an erster Stelle stehen sollte.

Auch wurde von den Müttern angeregt, die Erziehungspartnerschaften noch stärker auf die individuellen Bedürfnisse und Probleme der begleiteten Mutter auszurichten, um eine optimale Unterstützung gewährleisten zu können.

Durch die Mütter wurde außerdem angeregt, sich untereinander, mit allen an Erziehungspartnerschaften beteiligten Akteurinnen zu vernetzen. So könnte das

Spektrum möglicher Unterstützung vergrößert werden, da auch Ressourcen anderer Erziehungspartnerinnen und Mütter genutzt werden könnten.

4.) Welche Voraussetzungen sollte eine geeignete EP mitbringen?

➜ Sollte über Selbstreflexionsvermögen verfügen (ihre Stärken und Schwächen kennen).

➜ Verständnis für die Anliegen der Mutter.

➜ Menschlichkeit: z.b. Verzicht auf formale Begründungen (z.b. ist nicht meine Aufgabe), wenn bestimmte Unterstützungsformen von ihr abgelehnt werden, weil persönliche Begründungen (z.b. „ich möchte das nicht machen, weil ich Hausarbeit hasse und das schon bei mir selbst nur sehr ungern mache") direkter, klarer und damit beziehungsfördernder sind.

➜ Flexibilität bei der Hilfe in der Aufgabenbewältigung.

➜ Sie sollte sich darüber im Klaren darüber sein, dass sie selbst auch im Kontakt von der Mutter lernen kann und das auch ausstrahlen.

➜ Sie sollte damit umgehen können, wenn die Mutter anders ist, andere Werte, Erziehungsvorstellungen und Alltagsstrategien verfolgt als sie selbst.

➜ Sie sollte in der Lage sein, auch bei Schwierigkeiten gelassen zu bleiben und sich ruhig für eine Klärung oder Lösung einsetzen.

➜ Sie sollte sich in einer Lebenssituation befinden, die ihr zeitliche Flexibilität, Verlässlichkeit und Erreichbarkeit ermöglichen.

➜ Sie sollte die folgende Haltung verkörpern: „Ich mache Angebote und die Mutter entscheidet, ob bzw. welche sie annimmt".

➜ Sie hat keinen Anspruch auf messbare Veränderung im Verhalten der Mutter.

➜ Sie sollte die Freiwilligkeit der Erziehungspartnerschaft ernst nehmen. Wenn sie den Eindruck hat, dass die Unterstützung eine verbindlichere Zusammenarbeit mit der Mutter erfordert, sollte sie Rücksprache mit der Projektleiterin halten und sich dort Beratung holen. Dann kann ggf. mit der Mutter über geeignete weitere Unterstützungsmöglichkeiten gesprochen werden (z.b. SPFH etc.).

➜ Sie soll in der Lage sein, die Mutter nicht abzuwerten z.b. durch…

 o Druck, etwas zu tun,

 o Missbilligung, weil sie sich anders entscheidet oder anders verhält, als die Erziehungspartnerin es selbst tun würde

➜ Sie sollte ihr bei unterschiedlichen Einschätzungen signalisieren können, dass sie ihr zutraut, dass sie die richtige Entscheidung trifft. **Ausnahme**: akute Kindeswohlgefährdung.

➜ Die Fähigkeit, Kritik wertschätzend auszudrücken und Störungen so anzusprechen, dass deutlich wird, dass es um konkretes Verhalten und nicht um die Person an sich geht.

➜ Die Fähigkeit, offen auszusprechen, was sie im Kontakt positiv und auch negativ innerlich bewegt, um so Vertrauen zu schaffen.

➜ Die Fähigkeit zuzuhören:

 o Was ist das Problem?

 o Welche Lösungsversuche haben bisher stattgefunden?

 o Welche neuen Lösungsideen hat die Mutter jetzt noch?

 o Dann erst aktiv werden:

  ▪ Welche weiteren Lösungsansätze kann ich anbieten?

  ▪ Die Mutter beim Sortieren und Abwägen der Möglichkeiten unterstützen.

  ▪ Abwarten und zuhören: Die Mutter wählt aus!

  ▪ Welche Unterstützung wünscht sich die Mutter bei der Umsetzung?

  ▪ Wieder aktiv werden?

• Welche Unterstützung kann ich anbieten?

• Wer könnte sonst noch helfen?

Die erwünschten und notwendigen Anforderungen an eine Erziehungspartnerin sind sehr vielseitig und bedeuten eine große Herausforderung für die Erziehungspartnerin. Da sich an dieser Stelle in Stichpunkten viele Punkte wiederholen, die bereits an anderer Stelle ausführlich diskutiert wurden, soll nicht auf alle Stichpunkte ausführlich eingegangen werden.

Allgemein zeigt sich auch hier, dass Respekt vor der Mutter und deren Lebensweise ein sehr großes und relevantes Thema für die Mütter ist. Auch wurden eine Gegenseitigkeit in der Partnerschaft sowie ein partnerschaftlicher Umgang miteinander angesprochen. Das bedeutet, dass auch die Erziehungspartnerin durch den Kontakt zur Mutter profitieren kann. Dies sollte der Erziehungspartnerin klar sein und sie sollte dies im Umgang mit der Mutter auch signalisieren.

Die Erziehungspartnerin sollte darüber hinaus grundlegende Regeln einer konstruktiven und würdigenden Gesprächsführung kennen und umsetzen können.

5.) Aus welchen Gründen sollte eine Mutter die ihr vorgeschlagene Erziehungspartnerschaft ablehnen bzw. wann sollte sie eine Partnerschaft beenden?

→ Wenn sie sich nicht auf das Treffen freut.

→ Wenn sie sich mit der anderen Person nicht wohl fühlt.

→ Wenn die Erziehungspartnerin Druck ausübt.

→ Wenn die Erziehungspartnerin nicht den aktuellen Bedürfnissen der Mutter nachkommt.

Auch auf die Frage nach Gründen zur Beendigung einer Erziehungspartnerschaft werden von Seiten der Mütter vor allem zwischenmenschliche Faktoren genannt. Wenn die Partnerschaft auf der zwischenmenschlichen Ebene nicht funktioniert, ist es sinnvoll, die Erziehungspartnerschaft zu überdenken und gegebenenfalls aufzulösen. Eine Möglichkeit der regelmäßigen Überprüfung des Verhältnisses stellt eine Reflexion am Ende eines jeden Treffens dar. Hierbei lässt sich überprüfen, welche Maßnahmen oder Informationen bisher für die Mutter hilfreich waren und welche weniger. Ebenso lässt sich besprechen, welche Themen oder Tätigkeiten für die kommende Sitzung relevant sind.

Dieses Vorgehen macht die Treffen für Mütter und Erziehungspartnerinnen planbar und trägt zum Aufbau eines Vertrauensverhältnisses bei, da die Mutter erkennt, dass die Erziehungspartnerin bemüht ist, auf ihre individuellen Wünsche einzugehen.

6.) Welche Fragen sollten unbedingt vor Beginn einer Partnerschaft zwischen den Beteiligten geklärt werden?

➔ Mehr Zeit für die Entscheidung.

➔ Visuelle Kennzeichnung.

➔ In der Gruppe kennen lernen oder Einzeln?

Auf die Frage, was unbedingt vor Beginn einer Partnerschaft geklärt werden sollte, gaben die Mütter an, gerne mehr Zeit für die Entscheidung zu haben, ob sie die Erziehungspartnerschaft mit einer bestimmten Person eingehen möchten oder nicht. Im Rahmen des Gremiums wurde intensiv über die Umsetzbarkeit dieses Wunsches reflektiert. Möglicherweise könnte es sinnvoll sein, sich bei Gruppentreffen kennen zu lernen, so dass Mütter eine „Auswahl" an Erziehungspartnerinnen vorfinden, unter denen sie eine Person auswählen können, die sie als zu sich passend erachten. Allerdings hat diese Methode des Kennenlernens zur Folge, dass die betreuten Mütter sich begegneten und somit nicht mehr anonym blieben. Dies könnte aber wiederum den unter Punkt 3 erwähnten Vorteil der Vernetzung untereinander mit sich bringen.

Im Folgenden sollen die in diesem Kapitel vorgestellten Ergebnisse sowie die Ergebnisse aus den Rekonstruktionen der Erziehungspartnerschaften (vgl. Kap. 12.1) erneut herangezogen werden, um daraus Chancen für die Qualität des Anngebots der Erziehungspartnerschaft formulieren zu können.

12.4 Fazit: Chancen für die Qualität des Angebots

Wie die intensive Auseinandersetzung mit den Erziehungspartnerschaften ergab, bietet dieses Modell in seiner ursprünglichen Form die Möglichkeit, Müttern und Kindern in den ersten Lebensjahren Unterstützung und Entlastung zukommen zu lassen. Wie die Ergebnisse aus den Nachuntersuchungen bestätigen, konnten sowohl Mütter mit ihren Kindern als auch Erziehungspartnerinnen im Rahmen der Erziehungspartnerschaft diverse Ziele erreichen.

Ziele konnten in den Augen der Erziehungspartnerinnen vor allem dahingehend erreicht werden, die Mütter beim Knüpfen von Sozialkontakten zu unterstützen, zum einen durch die Erziehungspartnerschaft selbst, zum anderen aber auch durch eine Vermittlung sonstiger Sozialkontakte. Weiterhin konnten die Erziehungspartnerinnen den Müttern praktische Unterstützung bei der Alltagsbewältigung sowie eine Entlastung durch Gespräche bieten. Auch fand die Schaffung eines punktuellen Ausgleichs für das Kind statt, in Situationen, in denen die Mutter überlastet war. Darüber hinaus konnten die Erziehungspartnerinnen den Müttern konkrete Informationen zum Umgang mit dem Kind vermitteln.

Bei den befragten Müttern standen als erreichte Ziele die Schaffung von Austausch und Kontakt im Vordergrund. Auch gaben sie an, konkrete Unterstützung bei alltagspraktischen Problemen sowie kurzzeitige Entlastung durch die Erziehungspartnerinnen erhalten zu haben.

Als Gesamtergebnis der umfangreichen Untersuchungen zeigte sich jedoch auch, dass dem Modell der Erziehungspartnerschaft Grenzen gesetzt sind, die in einzelnen Fällen stärker oder schwächer ausgeprägte Unzufriedenheiten bei den Akteurinnen hervorriefen. Einige dieser Grenzen lassen sich im Zuge einer Konzeptüberarbeitung aufweichen, was beteiligten Müttern und Erziehungspartnerinnen eine größere Zufriedenheit mit dem Angebot der Erziehungspartnerschaft verspricht. Im Folgenden sollen derartige Grenzen und mögliche Lösungsvorschläge aufgezeigt und diskutiert werden.

Reflektiert man die Berichte der Akteurinnen über die Verläufe der Erziehungspartnerschaften, erscheint es wichtig, flexibel und auch noch flexibler als bisher auf die Bedürfnisse der betreuten Mütter eingehen zu können. Diese Flexibilität kann sich auf die häufig geforderte und benötigte praktische Unterstützung in Form von Kinderbetreuung, Hilfe bei Einkäufen oder anderen alltagspraktischen Tätigkeiten beziehen. Vor allem kurzzeitige Entlastungen von den Kindern scheinen für die Mütter sehr relevant und waren im Rahmen der Reflexionen häufig Thema. Die Möglichkeit, die Mütter kurzfristig zu entlasten, indem die Erziehungspartnerin sich alleine um das Kind oder die Kinder kümmert, sollte im zukünftigen Modell der Erziehungspartnerschaft auf alle Fälle berücksichtigt werden. Wenn die Erziehungspartnerin selbst diese Unterstützung nicht leisten kann, kann auf eine externe Unterstützung zurückgegriffen werden. Bei der Organisation und Suche nach dieser Unterstützung dient die Erziehungspartnerin mit ihrem Informationshintergrund als wichtige Stütze. Sie verfügt in der Regel über Informationen zu parallel laufenden Projekten sowie über Listen von Tagesmüttern und Kindertagesstätten.

Des Weiteren müssen individuelle Wünsche von betreuten Müttern stärker berücksichtigt und respektiert werden. Der Respekt vor den Wünschen und Bedürfnissen der betreuten Mütter sowie vor deren individueller Lebensweise stellt die wichtigste Grundlage für den Aufbau eines Vertrauensverhältnisses zwischen Erziehungspartnerin und Mutter dar. Auch sollten die individuellen Lösungsstrategien der Mutter in einer Erziehungspartnerschaft berücksichtigt werden und als Ressourcen bei der gemeinsamen Weiterentwicklung dieser genutzt werden.

Da die Begleitung einer Mutter im Rahmen einer Erziehungspartnerschaft als ehrenamtliche Tätigkeit durch geschulte Laien, und nicht als professionelles Handeln im Sinne sozialarbeiterischen Handelns zu verstehen ist, sollte von Seiten der Erziehungspartnerinnen immer ein Bemühen stattfinden, der betreuten Mutter auf Augenhöhe zu begegnen und keine Kontroll- oder Überwachungsfunktion zu übernehmen. Auch sollte die betreute Mutter im Vorfeld darüber informiert werden, dass es sich bei der Erziehungspartnerin nicht um eine professionelle Fachkraft handelt, sondern um eine Mutter, die eine Schulung absolviert hat und versucht, Fähigkeiten und Fertigkeiten, die vorwiegend auf ihrer eigenen Erfahrung als Mutter, aber auch auf in der Schulung erworbenen Zusatzinformationen und Denkweisen basieren, weiterzugeben.

Als begleitendes Element der Erziehungspartnerschaften erwies es sich als sinnvoll, regelmäßige Zwischenreflexionen mit beiden „Partnerinnen" durchzuführen, um evaluieren zu können, ob die Ziele, die für die Erziehungspartnerschaft gesetzt wurden, erreicht werden können und ob die ursprünglich gesetzten Ziele noch die gleichen sind. Sollten sich die Ziele im Laufe der Zeit verändert haben, kann gemeinsam überlegt werden, wie die neu gesetzten Ziele gemeinsam erreicht werden können.

Wie in Kap. 12.2.1 dargestellt, ruft der Begriff „Erziehungspartnerschaft" aufgrund der Zusammensetzung aus den Begriffen „Erziehung" und „Partnerschaft" Ambivalenzen beim Versuch einer Definition hervor. Diese Ambivalenzen zeigten sich auch sehr deutlich bei der Rekonstruktion der Erziehungspartnerschaften (vgl. Kap. 12.1.1 und 12.1.3). Auf die Rückmeldung dieser Ergebnisse reagierte die Projektleiterin unmittelbar, indem sie den Begriff „Erziehungspartnerschaft" in den Begriff „Familienpartnerschaft" änderte. Dieser Begriff soll bei den beteiligten Akteurinnen stärker ein „Partnermodell" denn ein „Expertenmodell" assoziieren. Mit dem Begriff der Familienpartnerschaft wird versucht, die Aufmerksamkeit stärker auf die „Partnerschaftlichkeit" im Rahmen der Begleitung durch ehrenamtliche Mitarbeiterinnen zu legen als auf Aspekte der Professionalität, die durch den Begriff der „Erziehung" stärker assoziiert werden können.

13 Zusammenfassung und Forschungsdesiderate

Die ersten Lebensjahre eines Kindes sind von großen Chancen, aber auch von hoher Vulnerabilität gekennzeichnet. In dieser Zeit intensiver Lernprozesse kann der Zugang zum Bildungssystem grundlegend geöffnet werden. Gleichzeitig sind Kinder in den ersten Lebensjahren in starker Form von den Lebensverhältnissen ihrer Eltern bzw. ihrer Bezugspersonen abhängig – und Eltern fühlen sich gerade in dieser Zeit häufig überfordert, da sich ihre Lebensumstände durch die Geburt eines Kindes stark verändern.

Um für Kinder im Alter von 0 bis 3 Jahren eine bestmögliche Entwicklung zu gewährleisten, hat sich bundesweit eine Vielzahl von Projekten im Bereich „Frühe Hilfen" entwickelt, die das Ziel verfolgen, Familien in den ersten Lebensjahren ihres Kindes bzw. ihrer Kinder auf unterschiedliche Weise zu unterstützen.

Eines dieser Projekte ist das Mainzer Modellprojekt „Starke Mütter – Starke Kinder", dessen wissenschaftliche Begleitung Grundlage der vorliegenden Arbeit ist. Das auf drei Jahre angelegte Modellprojekt (Oktober 2005 bis Oktober 2008) wurde vom Deutschen Kinderschutzbund Mainz e.V. durchgeführt und durch das Ministerium für Bildung, Wissenschaft, Jugend und Kultur des Landes Rheinland-Pfalz unterstützt. Aus dem erfolgreichen Modellprojekt ging das Eltern-Kind-Kompetenzzentrum „El KiKo – international" hervor, welches in Trägerschaft das Kinderschutzbundes Mainz e.V. durch die Stadt Mainz und das Land Rheinland-Pfalz unterstützt wird.

Das Modellprojekt „Starke Mütter – Starke Kinder" richtete sich primär an Familien aus der Mainzer Neustadt, einem Stadtteil, in dem viele Familien leben. Wegen der vergleichsweise günstigen Mieten leben dort auch viele Familien mit Migrationserfahrung sowie Alleinerziehende und Studierende.

„Starke Mütter – Starke Kinder" hatte zum Ziel, Kinder im Alter von 0-3 Jahren zu einem sehr frühen Zeitpunkt zu fördern um sie somit optimal auf die Eingewöhnung in den Kindergarten oder die erste soziale Einrichtung vorzubereiten. Das Projekt hatte nicht zum Ziel, Familien in schwierigen Lebenslagen herauszufiltern oder Fälle von Kindeswohlgefährdung aufzudecken. Vielmehr sollte allen Eltern und Kindern aus dem Stadtteil die Möglichkeit geboten werden, ihren Kindern früh Entwicklungsanregungen zukommen zu lassen und selbst von Familienbildungs- sowie sozialen Angeboten zu profitieren.

Das Projekt wurde als niedrigschwelliges Angebot konzipiert und verfolgte das Ziel, Müttern mit ihren Säuglingen Hilfe und Anregungen zur frühen Förderung des Babys zu vermitteln. Die Niedrigschwelligkeit ist dabei von zentraler Bedeutung für die Zielerreichung. Dies hat den Hintergrund, dass Maßnahmen auf regionaler und bundesweiter Ebene, die das Ziel verfolgen, eine Misshandlung, Vernachlässigung oder sogar Tötung von Kindern zu verhindern, sich im Spannungsfeld von Hilfe und Kontrolle befinden. Hilfsangebote, die sich explizit an Familien in Problemsituationen oder in schwierigen Lebenslagen wenden, bergen die Gefahr, die TeilnehmerInnen zu stigmatisieren. Um derartige Stigmatisierungsfolgen zu vermeiden, bietet es sich an, Hilfsangebote für alle Familien zu öffnen und diese auf die ermittelten Bedarfe der Familien auszurichten.

Ein weiteres zentrales Element des Modellprojekts war die methodische Umsetzung des „zirkulären Projektmanagements" in Form einer formativen Evaluation durch die wissenschaftliche Begleitung. Diese Form der „begleitenden" Evaluationsforschung setzt bereits in der Planungsphase eines Projektes ein. Aufgrund regelmäßiger Befragungen und Rückmeldungen der ermittelten Ergebnisse an die Projektverantwortlichen trägt die formative Evaluation zur Projektgestaltung und Projektentwicklung bei. Dieser Prozess der formativen Evaluation lieferte somit nicht nur Ergebnisse im Sinne der Zielerreichung, sondern war aktives Gestaltungselement des Modellprojekts.

Die Forschungsfragen der wissenschaftlichen Begleitung erstreckten sich von der Beobachtung der Zugangsmöglichkeiten zu den Zielgruppen über den Nutzen aus dem Projekt für Mütter und Erziehungspartnerinnen bis hin zu einer Bewertung der offenen Projektangebote durch die Teilnehmerinnen sowie einer Bedarfserfassung der Mütter und Familien für die Schaffung weiterer Angebote. Im zweiten Teil der Arbeit wurde das Konzept der „Erziehungspartnerschaft" näher beleuchtet, um Grenzen und Chancen dieses Ansatzes eruieren zu können.

Im Rahmen des Modellprojekts wurden 18 Mütter zu Erziehungspartnerinnen ausgebildet, insgesamt konnten sechs in über einen längeren Zeitraum andau-

ernde Erziehungspartnerschaften vermittelt werden. Im Rahmen der wissenschaftlichen Begleitforschung wurden sowohl die begleiteten Mütter als auch
die Erziehungspartnerinnen und Teilnehmerinnen der offenen Angebote zur
Einschätzung des Modellprojekts befragt. Begleitete Mütter und Erziehungspartnerinnen wurden außerdem dazu befragt, inwieweit ihre Ziele im Projekt
erreicht wurden.

Zur Beantwortung der Forschungsfragen wurden sowohl Fragebögen (standardi-
sierte Items, ergänzt durch offene Fragen) als auch qualitative Interviews eingesetzt, um die Entwicklungsprozesse, die während der Projektlaufzeit bei den
Beteiligten erfolgten, dokumentieren und verstehen zu können.

Als wichtiges Ergebnis der formativen Evaluation zeigte sich, dass das Konzept
der Erziehungspartnerschaft, auf dem das Modellprojekt „Starke Mütter – Starke
Kinder" ursprünglich basierte, nicht für jede Familie als gleichermaßen hilfreich
erachtet wurde und dass die Zugangsform der individuellen, aufsuchenden
Begleitung (Geh-Struktur) nicht von allen Familien erwünscht ist. Aus diesem
Grund erfolgte ein kontinuierlicher Ausbau der Komm-Struktur mit Angeboten
in den Projekträumen, die für alle Familien im Stadtteil geöffnet waren und die
Bedarfe möglichst vieler Familien abdeckten. Diese Kombination aus Komm-
und Gehstruktur mit der Option der passgenauen Entwicklung und Bereitstellung von Angeboten, deren Bedarfserfassung über die Interaktion mit den Teilnehmerinnen erfolgte, erwies sich als so erfolgreich, dass das Projekt nach
Ablauf der drei Jahre Projektlaufzeit im Stadtteil institutionalisiert werden
konnte. Aus dem Modellprojekt „Starke Mütter – Starke Kinder" entwickelte
sich das Eltern-Kind-Kompetenzzentrum „El Kiko – international".

Des Weiteren zeigte sich, dass die Teilnahme der Kinder an der Kindergruppe
des Projektes eine ausgezeichnete Vorbereitung auf den Kindergarten bzw. auf
Kindertagesstätte oder Krippe bot. Neben dem Erlernen der deutschen Sprache
für alle Kinder lernten die Kinder das Gruppenleben mit anderen Kindern kennen und konnten gemeinsam mit ihren Eltern eine erste Eingewöhnungssituation
positiv bewältigen.

Im Hinblick auf das Konzept der „Erziehungspartnerschaft", das anhand der
Anwendung qualitativer Verfahren tiefgehender reflektiert werden konnte,

wurde eine Ambivalenz in Bezug auf die Rollendefinition der Erziehungspartnerin offensichtlich, sowohl aus Sicht der betreuten Mütter als auch aus Sicht der Erziehungspartnerinnen.

Diese Ambivalenz bewegte sich im Spannungsfeld zwischen der Rolle der Erziehungspartnerin als „Expertin" („Expertenmodell": Die Erziehungspartnerin agiert professionell als Expertin auf dem Gebiet der Kindererziehung) und der Rolle der Erziehungspartnerin als „soziale Patin" („Partnermodell": Die Erziehungspartnerin agiert als „Freundin", die Unterstützung erfolgt dementsprechend unbürokratisch und paritätisch). In den reflektierten Fällen zeigte sich eine Unvereinbarkeit dieser beiden Modelle, wenn auch z.T. beide Rollen von den betreuten Müttern eingefordert wurden und die Erziehungspartnerinnen ebenso bemüht waren, beiden Rollen gerecht zu werden.

Ergebnisse der Studie zeigen, dass die Rolle der „Expertin" bei betreuten Müttern leicht mit Aspekten der Kontrolle und der Überwachung assoziiert wird, weshalb es von großer Bedeutung ist, den Fokus der Erziehungspartnerschaft stärker auf die „Partnerschaftlichkeit" als auf die „Professionalität" zu legen. Professionelle Unterstützung kann, wenn nötig, durch andere Hilfen wie beispielsweise die sozialpädagogische Familienhilfe (SPFH), die durch den Allgemeinen Sozialen Dienst (ASD) bereitgestellt wird, geleistet werden. Im Rahmen der Erziehungspartnerschaft geht es vor allem darum, ein Vertrauensverhältnis zu den betreuten Müttern und Familien aufzubauen, um eine optimale Unterstützung anbieten zu können. Dabei ist es wichtig, flexibel auf die geäußerten Bedürfnisse der betreuten Mütter einzugehen. Diese Flexibilität kann sich durchaus auch, wenn gefordert, auf eine praktische Unterstützung der Mutter in Form von zeitweiliger Kinderbetreuung oder Hilfe bei alltagspraktischen Tätigkeiten beziehen.

Der Respekt vor den Wünschen und Bedürfnissen der betreuten Mütter sowie vor deren individueller Lebensweise stellt die wichtigste Grundlage für den Aufbau eines Vertrauensverhältnisses zwischen Erziehungspartnerin und Mutter dar. Auch sollten die individuellen Lösungsstrategien der Mütter in der Erziehungspartnerschaft berücksichtigt werden und als Ressourcen bei der gemeinsamen Weiterentwicklung dieser Lösungsstrategien genutzt werden. Der systemische Grundansatz, der auch eine Grundlage des Modellprojekts darstellte, ist besonders gut geeignet, diesen Anforderungen Rechnung zu tragen, da er einerseits die „Wirklichkeitskonstruktion" jedes Menschen berücksichtigt und gleichermaßen die Wichtigkeit der Wechselwirkungen zwischen Personen und Systemen herausstellt. Bezogen auf die Erziehungspartnerschaft heißt dies, dass es zunächst darum geht, die Mutter in *ihrer* Wirklichkeit kennen zu lernen und – ohne Wertung – zu akzeptieren. Auf dieser Grundlage ist dann eine Erziehungspartnerschaft möglich, in der die Interaktion zwischen der Erziehungspartnerin und der begleiteten Mutter Anstöße und Anregungen geben kann, die für die Mutter und ihr Kind hilfreich sein können. In diesem wechselseitigen Prozess erhält auch die Erziehungspartnerin wichtige Rückmeldungen über die Wirkung ihrer Begleitung. Niedrigschwelligkeit und Neutralität im Sinne des Respekts vor den Lebensentwürfen der begleiteten Mütter haben sich als wichtige Eckpfeiler eines erfolgreichen Projekts herauskristallisiert. Erfolg bedeutet in diesem Falle, dass das Angebot Akzeptanz vonseiten der Zielgruppe erfährt.

Eine der wichtigsten Schlussfolgerungen aus dem Modellprojekt ist die, dass die häufig als „altmodische Form" der Gemeinwesenarbeit angesehene, kombinierte offene und aufsuchende Arbeit und die Verbindung von Sozial-, Bildungs- und Freizeitarbeit sich im beschriebenen Projekt als erfolgreichste Variante der Unterstützung erwiesen hat. Offene, niedrigschwellige Angebote für alle Interessierten sind in der Summe zielführender als individuelle Kontrollmaßnahmen.

Betrachtet man diese Ergebnisse, lässt sich weiterer Forschungsbedarf vor allem dahingehend ableiten, den Bedürfnissen junger Mütter und Familien weiter auf den Grund zu gehen. Auf der Suche nach einem bedarfsorientierten Angebot für Familien erscheint es von großer Bedeutung, zunächst die subjektiven Bedürfnisse von Familien und allein erziehenden Elternteilen zu eruieren. Mögen diese auf den ersten Blick individuell sehr unterschiedlich sein, so existieren ebenso Bedürfnisse und Wünsche, die über sehr viele Familien hinweg ähnlich sind. Im Rahmen einer noch unveröffentlichten Diplomarbeit am Institut für Erziehungswissenschaft der Johannes Gutenberg-Universität Mainz werden derzeit die Wünsche und Bedürfnisse junger Mainzer Familien erforscht.

Nach wie vor erweist es sich als große Hürde, Zugänge zu einem breiten Spektrum unterschiedlicher Familien zu schaffen. Wie Zugänge zu allen Familien und auch zu Familien in benachteiligten Lebenslagen geschaffen werden können, gilt es weiter zu erforschen. Konkret heißt dies, zu erforschen, welche Kriterien es genau sind, die – aus Sicht der Zielgruppe – ein niedrigschwelliges Angebot ausmachen, und so den Zugang ermöglichen. Daran anknüpfend muss weiter erforscht werden, unter welchen Bedingungen sich Eltern langfristig an solche Angebote binden lassen. Gelingt dies, stehen die Chancen gut, Familien tatsächliche Unterstützung anbieten zu können.

14 Literatur

Angelmeyer, M.C., Kilian, R., Matschinger, H. (2000). WHOQOL-100 und WHOQOL-BREF: Handbuch für die deutschsprachige Version der WHO-Instrumente zur Erfassung von Lebensqualität. Göttingen: Hogrefe.

Badura, B. (1981). Soziale Unterstützung und chronische Krankheit: zum Stand sozialepidemiologischer Forschung. Frankfurt am Main: Suhrkamp.

Bastian, P., Böttcher, W., Lenzmann, V., Lohmann, A. & Ziegler, H. (2008). Frühe Hilfen und die Verbesserung elterlicher Erziehungskompetenzen. Ein Konzept zur wirkungsorientierten Programmevaluation. In: P. Bastian, A. Diepholz & E. Lindner (Hrsg.). Frühe Hilfen für Familien und soziale Früh-warnsysteme (S. 83-101). Münster: Waxmann.

Beck-Gernsheim, E. (1989). Mutterwerden: Der Sprung in ein anderes Leben. Frankfurt/Main: Fischer.

Beelmann, A. (2006). Wirksamkeit von Präventionsmaßnahmen bei Kindern und Jugendlichen. Zeitschrift für klinische Psychologie und Psychotherapie, 35 (2), 151- 162.

Beller, E.K. (1987). Intervention in der frühen Kindheit. In: R. Oerter & L. Montada (Hrsg.). Entwicklungspsychologie. Ein Lehrbuch (S. 789–814). Wein-heim: PVU.

Biesemann, M. (1997). Entwicklung eines Curriculums zur Fortbildung von Erzieherinnen für die pädagogische Arbeit mit Kindern unter drei Jahren. Un-veröffentlichte Diplomarbeit, Universität/Gesamthochschule Essen.

Bohnsack, R. (2003a). Rekonstruktive Sozialforschung. Einführung in die Methodologie und Praxis qualitativer Forschung. Opladen: Verlag Barbara Budrich (utb).

Bohnsack, R. (2003b). Dokumentarische Methode. In: R. Bohnsack, W. Marotzki, M. Meuser (Hrsg.). Hauptbegriffe Qualitativer Sozialforschung (S. 40-44). Opladen: Verlag Barbara Budrich (utb).

Bohnsack, R., Nentwig-Gesemann, I. & Nohl, A.-M. (2007). Einleitung: Die dokumentarische Methode und ihre Forschungspraxis. In: R. Bohnsack, I. Nentwig-Gesemann, A.-M. Nohl (Hrsg). Die dokumentarische Methode und ihre Forschungspraxis. Grundlagen qualitativer Sozialforschung. 2., erweiterte und aktualisierte Auflage (S. 9-27). Wiesbaden: VS Verlag für Sozialwissenschaften.

Bohnsack, R. & Nohl, A.-M. (2007). Exemplarische Textinterpretation: Die Sequenzanalyse der dokumentarischen Methode. In: R. Bohnsack, I. Nentwig-Gesemann, A.-M. Nohl (Hrsg). Die dokumentarische Methode und ihre Forschungspraxis. Grundlagen qualitativer Sozialforschung. 2., erweiterte und aktualisierte Auflage (S. 303-307). Wiesbaden: VS Verlag für Sozialwissenschaften.

Borchert, H. & Collatz, J. (1994). Zu Belastungssituation und Bewältigungsstrategien von Frauen mit Kindern. Zeitschrift für Medizinische Psychologie, 3/3, 109–118.

Borkowski, J.G., Ramsey, S.L. & Bristol-Power, M. (Hrsg.) (2002). Parenting and the Child's World. Mahwah, New Jersey: Erlbaum.

Bortz, J. & Döring, N. (1995). Forschungsmethoden und Evaluation für Sozialwissenschaftler. Heidelberg: Springer.

Bourdieu, P. (1983). Ökonomisches Kapital, kulturelles Kapital, soziales Kapital. In: R. Kreckel (Hrsg.). Soziale Ungleichheiten. Soziale Welt, Sonderband 2 (S. 183-198): Göttingen.

Brockhaus (2006). Enzyklopädie in 30 Bänden. Band 3 AUSW-BHAR. Leipzig: F.A. Brockhaus GmbH, Mannheim: F.A. Brockhaus AG.

Brockhaus (2006). Enzyklopädie in 30 Bänden. Band 8 EMAS-FASY. Leipzig: F.A. Brockhaus GmbH, Mannheim: F.A. Brockhaus AG.

Brockhaus (2006). Enzyklopädie in 30 Bänden. Band 21 PARAL-POS. Leipzig: F.A. Brockhaus GmbH, Mannheim: F.A. Brockhaus AG.

Bundesministerium für Familie, Senioren, Frauen und Jugend (BMFSFJ) (2005). Stärkung familialer Beziehungs- und Erziehungskompetenzen. Kurzfassung eines Gutachtens des Wissenschaftlichen Beirats für Familienfragen beim Bundesministerium für Familie, Senioren, Frauen und Jugend.

Bundesministerium für Familie, Senioren, Frauen und Jugend (BMFSFJ) (2007). Frühe Hilfen für Eltern und Kinder und soziale Frühwarnsysteme. Bekanntmachung zur Förderung von Modellprojekten sowie deren wissenschaftlicher Begleitung und Wirkungsevaluation.

Cierpka, M., Stasch, M., Groß, S. (2007). Expertise zum Stand der Prävention/Frühintervention in der frühen Kindheit in Deutschland. Köln: Bundeszentrale für gesundheitliche Aufklärung.

Cronbach, L.J. (1963). Evaluation for Course Improvement. Teachers College Record 64, 672-683.

Deutscher Verein für öffentliche und private Fürsorge (1993) (Hrsg.). Fachlexikon der Sozialen Arbeit. Frankfurt am Main: Nomos.

Dreier, A. (1993). Was tut der Wind, wenn er nicht weht? Begegnung mit der Kleinkindpädagogik in Reggio Emilia. Berlin: FIPP-Verlag.

Eigler, G., Jechle, T., Kolb, M. & Winter, A. (1997). Berufliche Weiterbildung. In: E. Weinert & H. Mandl (Hrsg.). Psychologie der Erwachsenenbildung. Enzyklopädie der Psychologie, Themenbereich D, Praxisgebiete: Ser. 1, Pädagogische Psychologie, Bd. 4 (S. 237-293). Göttingen: Hogrefe.

Engelbert, A. (2006). Was erwarten wir von Eltern? Bedingungen und Risiken der Leistungserbringung. Forum Erziehungshilfe, Heft 01/06.

Esser, G. & Weinel, H. (1990). Vernachlässigende und ablehnende Mütter in Interaktion mit ihren Kindern. In: J. Martinius & R. Frank (Hrsg.). Vernachlässigung, Missbrauch und Misshandlung von Kindern. Erkennen, Bewusstmachen, Helfen (S. 22-30). Bern: Huber.

Flick, U. (2007). Triangulation in der qualitativen Forschung. In: U. Flick, E. von Kardorff & I.Steinke (Hrsg.). Qualitative Forschung. Ein Handbuch (S. 309-318). Reinbek bei Hamburg: Rowohlt Taschenbuch Verlag GmbH.

Flick, U., von Kardorff, E. & Steinke, I. (Hrsg.) (2007). Qualitative Forschung. Ein Handbuch. Reinbek bei Hamburg: Rowohlt Taschenbuch Verlag GmbH.

Forgas, J.P. (1992). Soziale Interaktion und Kommunikation. Eine Einführung in die Sozialpsychologie. Weinheim: Psychologie Verlags Union.

Friedrich, H. F. & Mandl, H. (1997). Analyse und Förderung selbstgesteuerten Lernens. In: E. Weinert & H. Mandl (Hrsg.). Psychologie der Erwachsenenbildung. Enzyklopädie der Psychologie, Themenbereich D, Praxisgebiete: Ser. 1, Pädagogische Psychologie, Bd. 4 (S. 237-293). Göttingen: Hogrefe.

Friedrichsen, G. (2008). „Ich habe als Vater versagt". Spiegel online vom 15. April 2008 (Onlinedokument: http://www.spiegel.de/panorama/justiz/0,1518, druck-547496,00.html)

Garfinkel, H. (1967). Studies in Ethnomethodology. Englewood Cliffs, New Jersey: Prentice-Hall.

Gildermeister, R. (1983). Als Helfer überleben. Beruf und Identität in der Sozialarbeit/Sozialpädagogik. Neuwied, Darmstadt: Luchterhand.

Haarhoff, H. (2007). Prozess wegen Kindesmisshandlung. Angelos ungeklärter Tod. taz.de vom 20.12.2007 (Onlinedokument: http://www.taz.de/1/leben/ alltag/artikel/1/angelos-ungeklaerter-tod/)

Hamburger, F. (2008). Anmerkungen zum Kinderschutz und zur Frage der bundesrechtlichen Weiterentwicklung. Unveröffentlichte Schrift, Johannes Gutenberg-Universität Mainz.

Helming, E., Sandmeier, G., Sann, A. & Walter, M. (2006). Kurzevaluation von Programmen zu Frühen Hilfen für Eltern und Kinder und sozialen Frühwarnsystemen in den Bundesländern. Abschlussbericht. München: DJI

Helsper, W., Kramer, R.-T., Brademann, S., Ziems, C., Klobe, U., Schulze, F. & Wirringa, M. (2006). Erfolg und Versagen in der Schulkarriere. Eine qualitative Längsschnittstudie zur biographischen Verarbeitung schulischer Selektionsereignisse. Zwischenbericht. Halle. (Onlinedokument: http://www.zsb.uni-halle. de/205758_206970/projekte/236670_1008732/ index.de.php)

Kant, I. (1990). Die Metaphysik der Sitten. Mit einer Einleitung herausgegeben von Hans Ebeling. Stuttgart: Philipp Reclam jun. GmbH & Co.

Kardorff, E. v. (2007). Qualitative Evaluationsforschung. In: U. Flick, E. von Kardorff & I. Steinke (Hrsg.). Qualitative Forschung. Ein Handbuch (S. 238-250). Reinbek bei Hamburg: Rowohlt Taschenbuch Verlag GmbH.

Kelle, U. & Erzberger, C. (2007). Qualitative und quantitative Methoden: kein Gegensatz. In: U. Flick, E. von Kardorff & I. Steinke (Hrsg.). Qualitative Forschung. Ein Handbuch (S. 299- 309). Reinbek bei Hamburg: Rowohlt Taschenbuch Verlag GmbH.

Kindler, H. (2005). Verfahren zur Einschätzung der Gefahr zukünftiger Misshandlung bzw. Vernachlässigung: Ein Forschungsüberblick. In: G. Deegener & W. Körner (Hrsg.). Kindesmisshandlung und Vernachlässigung. Ein Handbuch (S. 385 – 404). Göttingen: Hogrefe.

Kindler, H. (2007). Kinderschutz in Deutschland stärken. Eine Analyse des nationalen und internationalen Forschungsstandes zu Kindeswohlgefährdung und die Notwendigkeit eines nationalen Forschungsplanes zur Unterstützung der Praxis. Eine Expertise im Auftrag des Informationszentrums Kindesmisshandlung / Kindesvernachlässigung. Wissenschaftliche Texte. München: DJI.

Kindler, H. & Lillig, S. (2006). Die Bedeutung von Risikofaktoren für die Gestaltung von Erziehungshilfen. Forum Erziehungshilfe, Heft 01/06.

Kramer, R.-T., Helsper, W., Thiersch, S. & Ziems, C. (2009). Selektion und Schulkarriere. Kindliche Orientierungsrahmen beim Übergang in die Sekundarstufe I. Wiesbaden: VS Verlag für Sozialwissenschaften.

Levenstein, P. (1970). Cognitive Growth in Preschoolers through verbal interaction with mothers. American Journal of Orthopsychiatrie, 40(3), 426-432.

Liegle, L. (2003). Sollte es einen „Elternführerschein" geben, um mehr „Sicherheit" im Familien„verkehr" zu gewährleisten? Neue Sammlung, 43/2.

Lösel, F. (2006). Bestandsaufnahme und Evaluation von Angeboten im Elternbildungsbereich. Herausgegeben vom Bundesministerium für Familie, Senioren, Frauen und Jugend. Abschlussbericht. Berlin: BMFSFJ (Onlinedokument: http://www.bmfsfj.de/doku/elternbildungsbereich)

Luhmann, N. (2000). Vertrauen. Ein Mechanismus der Reduktion sozialer Komplexität. 4. Auflage. Stuttgart: Lucius & Lucius.

Luhmann, N. (2001). Vertrautheit, Zuversicht, Vertrauen: Probleme und Alternativen. In: M. Hartmann, C. Offe (Hrsg.). Vertrauen. Die Grundlage des sozialen Zusammenhalts (S. 143-160). Frankfurt am Main: Campus Verlag.

Magura, S. & Moses, B. S. (1986). Outcome measures for child welfare services: Theory and applications. Washington, DC: Child Welfare League of America.

Mannheim, K. (1964). Das Problem der Generationen. In: K. Mannheim (Hrsg.). Wissenssoziologie. Auswahl aus dem Werk eingeleitet und herausgegeben von Kurt H. Wolff (S: 509-565). Neuwied und Berlin: Hermann Luchterhand Verlag GmbH.

Mannheim, K. (2009). Schriften zur Wirtschafts- und Kultursoziologie. Herausgegeben von Amalia Barboza und Klaus Lichtblau. Wiesbaden: VS Verlag für Sozialwissenschaften.

Mayring, P. (2002). Einführung in die qualitative Sozialforschung. Weinheim und Basel: Belz-Verlag.

McDonald, T., Marks, J. (1991). A Review of Risk Factors Assessed in Child Protective Services. Social Service Review, 65, 112–132.

Mücke, K. (2001). Probleme sind Lösungen. Systemische Beratung und Psychotherapie. Ökosysteme Verlag: Potsdam.

Nationales Zentrum Frühe Hilfen (NZFH) c/o Bundeszentrale für gesundheitliche Aufklärung (2008). Frühe Hilfen. Modellprojekte in den Ländern. Herausgeber: Nationales Zentrum Frühe Hilfen (NZFH), Köln.

Nationales Zentrum Frühe Hilfen (NZFH) (2009). Onlinedokument: http://www.fruehehilfen.de/nationales-zentrum-fruehe-hilfen-nzfh/

Nestmann, F. (1997). Familie als soziales Netzwerk und Familie im sozialen Netzwerk. In: L. Böhnisch & K. Lenz (Hrsg.). Familien: eine interdisziplinäre Einführung (S. 213-234). Weinheim: Juventa,

Nestmann, F. & Stiehler, S. (1998). Wie allein sind Alleinerziehende? Soziale Beziehungen alleinerziehender Frauen und Männer in Ost und West. Opladen: Leske + Budrich.

Niedermann, A. (1977). Formative Evaluation: Entwicklung und Erprobung einer Evaluationskonzeption für eine Modellschule. Weinheim: Beltz Verlag.

Nitschke, P. (2005). Zivilgesellschaft und Ehrenamt in Deutschland: Eine Einleitung. In: P. Nitschke (Hrsg.). Die freiwillige Gesellschaft. Über das Ehrenamt in Deutschland. Frankfurt am Main: Peter Lang.

Nohl, A.-M. (2009). Interview und die dokumentarische Methode. Anleitungen für die Forschungspraxis. 3. Auflage. Wiesbaden: VS Verlag für Sozialwissenschaften.

Nohl, A.-M. (2005). Dokumentarische Interpretation narrativer Interviews. Bildungsforschung, Jahrgang 2, Ausgabe 2.

Oevermann, U. (1996). Theoretische Skizze einer revidierten Theorie professionalisierten Handelns. In: A. Combe & W. Helsper (Hrsg.). Pädagogische Professionalität. Untersuchungen zum Typus pädagogischen Handelns (S. 70-182). Frankfurt am Main: Suhrkamp.

Oevermann, U., Allert, T., Konau, E. & Krambeck, J. (1979). Die Methodologie einer „objektiven Hermeneutik" und ihre allgemeine forschungslogische Bedeutung in den Sozialwissenschaften. In: H.-G. Soeffner (Hrsg.). Interpretative Verfahren in den Sozial- und Textwissenschaften (S. 352-434).. Stuttgart: Metzler,

Peveling, U. (2008). Neue Formen aufsuchender Elternarbeit. In: ISA-Jahrbuch zur Sozialen Arbeit 2008, herausgegeben vom Institut für Soziale Arbeit e.V., Münster, S. 61-79.

Przyborski, A. (2004). Gesprächsanalyse und dokumentarische Methode. Wiesbaden: VS Verlag für Sozialwissenschaften.

Raithel, J. (2008). Quantitative Forschung. Ein Praxiskurs. 2., durchgesehene Auflage. Wiesbaden: VS Verlag für Sozialwissenschaften.

Roth, G. (1995): Die Konstruktivität des Gehirns: Der Kenntnisstand der Hirnforschung. In: H. R. Fischer (Hrsg.), Fischer, H. R. (Hrsg.), Die Wirklichkeit des Konstruktivsmus. Zur Auseinandersetzung um ein neues Paradigma (S. 47-61). Heidelberg: Carl Auer Systeme.

Rudolph, M., Rosanowski, F., Eysholdt, U. & Kummer, P. (2003). Lebensqualität bei Müttern sprachentwicklungsauffälliger Kinder. Poster zur 20. Wissenschaftlichen Jahrestagung der DGPP, Deutsche Gesellschaft für Phoniatrie und Pädaudiologie.

Sann, A. (2007). Frühe Hilfen. Eine Kurzevaluation von Programmen in Deutschland. Frühe Kindheit 3/07 (Onlinedokument: http://www.liga-kind.de/ fruehe/307_sann.php).

Sann, A. & Schäfer, R. (2008). Das Nationale Zentrum Frühe Hilfen – eine Plattform zur Unterstützung der Praxis. In: P. Bastian, A. Diepholz & E. Lindner (Hrsg.). Frühe Hilfen für Familien und soziale Frühwarnsysteme (S. 103-121). Münster: Waxmann.

Sann, A. & Thrum, K. (2007). Opstapje – Schritt für Schritt. Zusammenfassung der Ergebnisse der Programmevaluation, Konsequenzen und Forschungsperspektiven. Abschlussbericht. (Onlinedokument: http://www.dji.de/opstapje).

Schittenhelm, K. (2005). Soziale Lagen im Übergang. Junge Migrantinnen und Einheimische zwischen Schule und Berufsausbildung. Wiesbaden: VS Verlag für Sozialwissenschaften.

Schlippe, A. v. & Schweitzer, J. (2007). Lehrbuch der systemischen Therapie und Beratung (10. Aufl.). Göttingen: Vandenhoeck & Ruprecht.

Schmucker, M. (2008): Familienbezogene Prävention durch Familien- und Elternbildung: Angebotsstruktur und Wirkungsprüfung. In: Bundesarbeitsgemeinschaft der Kinderschutz-Zentren (Hrsg.): Entmutigte Familien bewegen (sich). Konzepte für den Alltag der Jugendhilfe bei Kindeswohlgefährdung. 2. Aufl. Köln, S. 142–154.

Schneewind, K.A. (2002). Freiheit in Grenzen – Wege zu einer wachstumsorientierten Erziehung. In: H.-G. Krüselberg & H. Reichmann (Hrsg.). Zukunftsperspektive Familie und Wirtschaft (S. 213-262). Grafschaft: Vektor.

Schütze, F. (1987). Das narrative Interview in Interaktionsfeldstudien. Studienbrief der Universität Hagen, Teil 1.

Schütze, F. (1993). Die Fallanalyse. Zur wissenschaftlichen Fundierung einer klassischen Methode der sozialen Arbeit. In: T. Rauschenbach, F. Ortmann, M.-E. Karsten (Hrsg.). Der sozialpädagogische Blick. Lebensweltorientierte Methoden in der Sozialen Arbeit (S. 191-218). Weinheim und München: Juventa-Verlag,.

Scriven, M. (1967). The Methodology of Evaluation. Aera Monograph Series on Curriculum evaluation. 1/1967, 39-83.

Scriven, M. (1991). Evaluation Thesaurus. Newbury Park: Sage Publications.

Senatsverwaltung für Jugend und Familie (Hrsg.) (1992). Hundert Sprachen hat das Kind: Wie Kinder wahrnehmen, denken und gestalten lernen. Dokumentation der Veranstaltung zur Ausstellung aus Krippen und Kindergärten in Reggio Emilia.

Stern, D.N. (2000). Geburt einer Mutter: Die Erfahrung, die das Leben einer Frau für immer verändert. München: Piper.

Straß, U. (2007). Hilfreiches Fragen. Praxishandbuch für hilfreiche Gespräche in Lern- und Veränderungsprozessen. Norderstedt: Books on Demand GmbH.

Sturzenhecker, B.& Richter, E. (2009). Wie gelingt Elternbildung mit sozial benachteiligten Familien? Ergebnisse einer Evaluation von Eltern-Kind-Zentren in Hamburg. np 4/2009.

Suess, G. J., Scheuer-Englisch, H., Pfeifer, W. K.-P. (2001). Bindungstheorie und Familiendynamik. Gießen: Edition psychosozial.

Urban, U. (2004). Professionelles Handeln zwischen Hilfe und Kontrolle. Sozialpädagogische Entscheidungsfindung in der Hilfeplanung. Weinheim, München: Juventa Verlag.

Wagenblass, S. (2001). Vertrauen. In: H.-U. Otto, H. Thiersch (Hrsg.). Handbuch Sozialarbeit, Sozialpädagogik. 2. Auflage (S. 1934-1942). Neuwied: Luchterhand.

WHOQOL Group (1994). Development of the WHOQOL: Rationale and current status. International Journal of Mental Health 23, 24–56.

Will, H., Winteler, A. & Krapp, A. (1987). Von der Erfolgskontrolle zur Evaluation. In: H. Will, H., A. Winteler & A. Krapp (Hrsg.). Evaluation in der beruflichen Aus- und Weiterbildung (S. 11-25). Heidelberg: Sauer-Verlag.

Wissenschaftlicher Beirat für Familienfragen (2005). Stärkung familialer Beziehungs- und Erziehungskompetenzen. Kurzfassung. Berlin: Bundesministerium für Familie, Senioren, Frauen und Jugend (BMFSFJ).

Wolff, S. & Scheffer, T. (2003). Begleitende Evaluation in sozialen Einrichtungen. In: C. Schweppe (Hrsg.). Qualitative Forschung in der Sozialpädagogik (S. 331-350). Opladen: Leske + Budrich.

Wottawa, H. & Thierau, H. (1990). Evaluation. Bern: Verlag Hans Huber.

Zimmermann, P. (2007). Opstapje – Schritt für Schritt. Teilbericht 6 der wissenschaftlichen Begleitung. (Onlinedokument: http://www.dji.de/opstapje/ evaluation)

Zimmermann, P. & Moritz, M. (2006). Ergebnisse der wissenschaftlichen Evaluation des Interventionsprojektes „OPSTAPJE". Mütterliche Anleitungsqualität und Verhalten des Kindes in einer Spielsituation. (Onlinedokument: http://www.dji.de/bibs/321_4173Vortrag_Zimmermann_Moritz_Abschlusstagun g.pdf)

Verzeichnis der Tabellen

Verzeichnis der Abbildungen

Anhang

Anhang A: Transkriptionsregeln

.	nach Zeichensetzungsregeln
,	nach Zeichensetzungsregeln
!	nach Zeichensetzungsregeln
..	kurze Pause, stocken
…	Pause von etwa drei Sekunden
-	Wortabbruch
(4sek)	Länge der Pause in Sekunden
(lacht)	Kommentar
(unverständlich)	Aufnahme unverständlich
(leise)	auffällige Veränderung der Redelautstärke
[Vorort]	Beschreibung eines Ortes oder einer Person
nein	stark betont
@Schlüssel@	lachend

Anmerkung:

Bei der Transkription wurde die gesprochene Sprache beibehalten, es erfolgten keine Veränderungen nach den Regeln der Rechtschreibung oder der Grammatik.

Anhang B: *Übersichtsartige Darstellung von Frühförderprojekten in der Bundesrepublik Deutschland*

Tabelle 6: Übersichtsartige Darstellung von Frühförderprojekten in der Bundesrepublik Deutschland (Stand: Mai 2010)

Name des Projekts	Wer bietet an?	Land/ Region/ Ort	Zielgruppe	Zielsetzung	Methodik	Maßnahmen der Qualitätssicherung	URL
1.) Guter Start ins Kinderleben	Klinik für Kinder- und Jugendpsychiatrie/ Psychotherapie des Universitätsklinikums Ulm. Kooperationspartner: Deutsches Institut für Jugendhilfe und Familienrecht Heidelberg	Baden-Württemberg, Rheinland-Pfalz, Bayern, Thüringen	belastete Eltern wie etwa sehr junge oder alleinerziehende Mütter	Sehr frühe Unterstützung der Eltern und Kinder. Frühe Förderung elterlicher Erziehungs- und Beziehungskompetenzen in schwierigen Lebenslagen.	Es werden interdisziplinäre Kooperationsformen und Vernetzungsstrukturen entwickelt. Diese sollen auf bestehenden Regelstrukturen aufbauen und in bestehende Regelstrukturen eingebunden werden.	wissenschaftliche Begleitung durch das Universitätsklinikum Ulm (Prof. Dr. Jörg M. Fegert und PD Dr. Ute Ziegenhain)	http://www. uniklinik ulm.de/ struktur/ kliniken/ kinder-und-jugendpsychiatrie-psychotherapie/ home/ forschung/ guter-start-ins-kinder leben.html

Name des Projekts	Wer bietet an?	Land/ Region/ Ort	Zielgruppe	Zielsetzung	Methodik	Maßnahmen der Quali- tätssicherung	URL
2.) *Wie Elternschaft gelingt (WIEGE – STEEPTM)*	IFFE (Institut für Forschung, Fortbildung und Ent- wicklung) an der Fach- hochschule Potsdam	Branden- burg, Hamburg	Mütter und Paare mit Kindern im Alter von 0-2 Jahren, deren Lebensbe- dingungen durch eine Kumula- tion ver- schiedener Risikofak- toren gekenn- zeichnet sind	Ein gelungenes, einfühl- sames Verhalten soll schrittweise vermittelt und gefestigt werden. Strate- gien der Früherkennung, Frühprävention und Frühintervention innerhalb vernetzter Strukturen im Schnittstellenbereich von Jugendhilfe und Gesund- heitswesen sollen opti- miert werden.	Alle zwei Wochen wird die Familie zu Hause von einer Beraterin aufgesucht. Die Eltern- bzw. Mutter-Kind- Interaktion wird auf Video aufgezeichnet und gemeinsam mit der Beraterin analysiert. Positive Aspekte werden herausgearbeitet und negative Aspekte sollen erkannt werden, um daraus zu lernen.	wissenschaft- liche Beglei- tung durch die Hochschule für Ange- wandte Wissenschaf- ten Hamburg (HAW), Fakultät Wirtschaft und Soziales (Prof. Dr. Gerhard Suess)	http://www. fruehehilfen. de/3448.0. html

Name des Projekts	Wer bietet an?	Land/ Region/ Ort	Zielgruppe	Zielsetzung	Methodik	Maßnahmen der Quali- tätssicherung	URL
3.) *Soziale Frühwarn- systeme in NRW*	diverse Projektan- bieter, gefördert durch das Familienmi- nisterium des Landes Nordrhein- Westfalen	Nordrhein- Westfalen	vor allem sozial benachtei- ligte Kinder und deren Familie	Kinder und deren Familien sollen frühzeitig durch eine wirksame und verbindliche Vernetzung von Hilfssystemen des Gesundheitswesens und der Kinder- und Jugend- hilfe passende und flexible Hilfen angeboten bekom- men, um Gefährdungen vorzubeugen.	Früherkennung von riskanten Entwicklungen bei Kindern und deren Eltern durch Schaffung verschiedener Projekte	wissenschaft- liche Beglei- tung und Beratung durch das Institut für soziale Arbeit e.V. (ISA)	http://www. soziales- fruehwarn system.de/
4.) *Schutz- engel für Schleswig- Holstein*	Schutzengel e.V.	Schleswig Holstein	sozial benachtei- ligte Familien mit Kin- dern im Alter von 0-3 Jahren	Kinder und deren Familien sollen frühzeitig durch eine wirksame und verbindliche Vernetzung von Hilfssystemen des Gesundheitswesens und der Kinder- und Jugend- hilfe passende und flexible Hilfen angeboten bekom- men, um Gefährdungen vorzubeugen.	situationsorientierte Beratung, Betreuung, medizinische Versorgung und Wissensver- mittlung	wissenschaft- liche Beglei- tung	http://www. schutzengel- flensburg.de/

Name des Projekts	Wer bietet an?	Land/Region/Ort	Zielgruppe	Zielsetzung	Methodik	Maßnahmen der Qualitätssicherung	URL
5.) Familienhebammen im Land Sachsen-Anhalt	Landesbündnis für Familien Sachsen-Anhalt	Sachsen-Anhalt	stark belastete Familien	Förderung der gesundheitsbezogenen Chancengleichheit von stark belasteten Familien, Mobilisierung und Stärkung von individuellen und sozialen Ressourcen.	Aufsuchende Familienhilfe durch qualifizierte Hebammen mit erweitertem Tätigkeitsfeld. Etablierung eines niedrigschwelligen Hilfsangebots, einer verbesserten Betreuungskontinuität und einer regionalen, interdisziplinären Netzwerkbildung zur nachhaltigen Unterstützung der Familien.	wissenschaftliche Begleitung durch das Institut für Gesundheits- und Pflegewissenschaft, Martin-Luther-Universität Halle-Wittenberg (Prof. Dr. Johann Behrens)	http://www.familienhebamme.de/Projekt%20Sachsen_Anhalt.html

Name des Projekts	Wer bietet an?	Land/ Region/ Ort	Zielgruppe	Zielsetzung	Methodik	Maßnahmen der Quali- tätssicherung	URL
6.) *Familien- hebammen im Landkreis Osnabrück*	Deutscher Kinder- schutzbund Osnabrück	Nieder- sachsen	belastete Mütter oder Eltern mit Kin- dern im ersten Lebensjahr	Positive Impulse mit nachhaltigen Wirkungen stabilisieren und weiter- entwickeln, Minimierung des Risikos für Säuglinge und Kleinkinder, durch die eigenen Eltern geschädigt zu werden, Aufbrechen des Kreislaufs der „vererb- ten Armut".	Einsatz von Familienhebam- men, da erwartet wird, dass die Familienhebammen einer stark ausgeprägten Bereit- schaft begegnen, Hilfe anzu- nehmen, da sie von Familien häufig als Vertrauensperson angesehen werden.	wissenschaft- liches Beglei- forschungs- projekt des Forschungs- schwerpunkts Maternal Health an der Universität Osnabrück (Prof. Dr. med. Beate A. Schücking)	http://www. fruehehilfen. de/3445.0. html

Name des Projekts	Wer bietet an?	Land/ Region/ Ort	Zielgruppe	Zielsetzung	Methodik	Maßnahmen der Quali- tätssicherung	URL
7.) VIVA FAMILIA	Initiative des Ministeriums für Arbeit, Soziales, Familie und Gesundheit des Landes Rheinland-Pfalz	Rheinland-Pfalz	vorwiegend belastete Familien	Verbesserung der Rahmenbedingungen für die Förderung der Kinder in Familien, v.a. in den Bereichen Familienkompetenzen, Gesundheit für Kinder und Familie, Arbeit und Ausbildung für junge Menschen, familienbewusste Arbeitswelt, Hilfen für Familien in Notlagen.	Im Bereich „Frühe Hilfen": Teilprojekt „Hebammen beraten Familien", bei dem Hebammen gezielt geschult werden, um als Familienhebamme zum Einsatz zu kommen. Die Schulung soll den sozialpädagogischen Blick der Hebammen stärken. Elternkursprogramm „Auf den Anfang kommt es an", das vor allem auf die Erziehungs- und Beziehungskompetenzen in der Phase der Familiengründung und der frühen Elternschaft zielt.	wissenschaftliche Begleitung durch das Institut für Sozialpädagogische Forschung Mainz e.V. (ism)	http://www.vivafamilia.de/

Name des Projekts	Wer bietet an?	Land/ Region/ Ort	Zielgruppe	Zielsetzung	Methodik	Maßnahmen der Qualitätssicherung	URL
8.) *Keiner fällt durchs Netz (KFDN)*	Kooperation Hessenstiftung, Kreis Bergstraße, Kreis Offenbach, Bundesland Saarland, Institut für psychosomatische Kooperationsforschung und Familientherapie des Universitätsklinikums Heidelberg	Hessen, Saarland	werdende Mütter und Väter sowie Eltern von Neugeborenen	Ein früher Zugang zu Familien soll gefunden und ausgebaut werden, um eine ganzheitliche Unterstützung für Familien zu ermöglichen. Etablierung von Koordinationsstellen und einem „Netzwerk für Eltern", in dem die Vertreter/innen der Frühen Hilfesysteme zusammenarbeiten.	Familienhebamme als zentrale Bezugs- und Unterstützungsperson. Drei Schritte: 1. Auf Geburtsstationen werden Hebammen an Familien vermittelt, die sich nicht eigenständig um die Betreuung durch eine Hebamme gekümmert haben. 2. Elternschule „Das Baby verstehen" als Angebot an alle Eltern, Hebammen machen in besonders belasteten Familien ein Jahr lang Hausbesuche. 3. Wenn eine Familie als Risikofamilie erkannt wird, wird diese an Hilfeeinrichtungen vermittelt. Neben den Hebammen steht an jedem Projektstandort ein/e Berater/in zur Verfügung, die die Familie bei besonderen Belastungen berät, aber auch allen Beteiligten als Kontaktperson zur Verfügung steht. Der/die Berater/in berät auch die Hebamme in Form einer Supervision.	wissenschaftliche Begleitung durch das Institut für psychosomatische Kooperationsforschung und Familientherapie, Universitätsklinikum Heidelberg	http://www.keinerfaellt durchsnetz. de/

Name des Projekts	Wer bietet an?	Land/ Region/ Ort	Zielgruppe	Zielsetzung	Methodik	Maßnahmen der Quali- tätssicherung	URL
9.) Netzwerk Kinder- schutz als Soziales Frühwarn- system in Berlin-Mitte	Berliner Senat	Berlin	Familien in schwieri- gen Lebensla- gen	Schutz von Kindern vor Verwahrlosung, Miss- handlung und Gewalt.	Integriertes Konzept zur Prävention, Beratung, Früher- kennung, Krisenintervention und rechtzeitiger Hilfegewäh- rung, u.a. durch das Netzwerk „Soziales Frühwarnsystem". Verbindliche Vernetzung aller regional helfenden und unterstützenden Bereiche (Gesundheit und Kinder- und Jugendhilfe, aber auch Bil- dung und Justiz)	Begleitfor- schung durch die Katholi- sche Hoch- schule für Sozialwesen Berlin (Prof. Dr. Jürgen Gries)	http://www. fruehehilfen. de/ 3441.0.html

Name des Projekts	Wer bietet an?	Land/ Region/ Ort	Zielgruppe	Zielsetzung	Methodik	Maßnahmen der Quali-tätssicherung	URL
10.) Chancen für Kinder psychisch kranker und/oder suchtbelasteter Eltern	Universitätsklinikum Greifswald, Ernst-Moritz-Arndt-Universität Greifswald, AWO – Soziale Dienste GmbH Westmecklenburg, Schwerin	Mecklenburg-Vorpommern	Säuglinge und Kleinkinder psychisch kranker und/oder suchtgefährdeter Eltern	Etablierung eines möglichst niedrigschwelligen Angebots zum Schutz von Kindern vor Vernachlässigung und Kindeswohlgefährdung	Frühe Förderung elterlicher Erziehungs- und Beziehungskompetenzen und Prävention von Vernachlässigung und Gefährdung des Kindes	Wirkungsevaluation durch die Medizinische Fakultät der Moritz Arndt Universität Greifswald (Prof. Dr. med. Harald J. Freyberger)	http://www.fruehehilfen.de/projekte/modellprojekte-fruehehilfen/praxis projekte/chancen-fuer-kinder-psychisch-kranker-undoder-suchtbelasteter-eltern mecklenburg-vor pommern/

Name des Projekts	Wer bietet an?	Land/ Region/ Ort	Zielgruppe	Zielsetzung	Methodik	Maßnahmen der Qualitätssicherung	URL
11.) *Pro Kind*	Stiftung Pro Kind, basiert auf der Konzeption des in den USA durchgeführten Hausbesuchsprojekt „Nurse Family Partnership"	Niedersachsen, Bremen, Sachsen	Erstgebärende schwangere Frauen und deren Familien in schwierigen sozialen Lebenslagen	Förderung von schwangeren Frauen aus schwierigen sozialen Lebenslagen und ihren Familien zur Unterstützung der gesunden Entwicklung des Kindes.	TeilnehmerInnen werden im Rahmen eines Hausbesuchsprogramms von Familienbegleiterinnen (Hebammen und Sozialpädagogen) von der Schwangerschaft bis zum zweiten Geburtstag des Kindes begleitet. Sie erhalten diverse Angebote, wie z.B. Beratungen.	Dreiteilige Begleitforschung, bestehend aus einer Implementationsforschung (formative Evaluation) sowie einer biopsychosozialen Evaluation (summative Evaluation) und einer Kosten-Nutzen-Analye. Leibniz Universität Hannover (Prof. Dr. Tanja Jungmann)	http://www.stiftung-pro-kind.de/

Name des Projekts	Wer bietet an?	Land/ Region/ Ort	Zielgruppe	Zielsetzung	Methodik	Maßnahmen der Quali-tätssicherung	URL
12.) „Frühe Hilfen" des Landkreises Karlsruhe	Projektgrup-pe bestehend aus Mitar-beiterInnen des Land-ratsamts Karlsruhe, Fachbereich III (Jugend-amt), der Jugendhilfe und der Gesund-heitshilfe	Baden-Württem-berg	junge Eltern mit Babys und Kleinkin-dern bis zum Alter von zwei Jahren	zeitliche Überbrückung der Lücke zwischen Hebammen- und Kinder-gartenzeit, Unterstützung der Eltern beim Aufbau einer positiven Beziehung zum Baby, Entgegenwir-ken von Verunsicherun-gen, Hilfe zur Stressbe-wältigung	Möglichkeit der individuellen Beratung und Begleitung zu Hause (auch unter Einsatz von Video-Feedback) und Angebot der Teilnahme an Projektver-anstaltungen in den Projekt-räumen (z.B. Säuglings- und Kleinkindersprechstunden, Mutter/Vater-Kind Gruppen), Vermittlung zu anderen Fachstellen.	nicht bekannt	http://www.landkreis-karlsruhe.de/media/custom/1636_88_1.PDF?load Document& ObjSvrID= 1636&ObjID =88&ObjLa= 1&Ext=PDF

Name des Projekts	Wer bietet an?	Land/ Region/ Ort	Zielgruppe	Zielsetzung	Methodik	Maßnahmen der Qualitätssicherung	URL
13.) „Frühe Hilfen" der Stadt Karlsruhe	Projektgruppe bestehend aus MitarbeiterInnen der Psychologischen Beratungsstelle und des psychosozialen Dienstes der Stadt Karlsruhe, mehrere Kooperationspartner (Karlsruher KinderärztInnen, Hebammen, Soziale Dienste)	Baden-Württemberg	junge Eltern mit Babys und Kleinkindern bis zum Alter von zwei Jahren	Eltern sollen befähigt werden, Probleme mit ihren Kindern besser bewältigen und lösen zu können, um mögliche Eskalationen entgegenzuwirken.	Beratung in einer Beratungsstelle oder bei der Familie zu Hause. Die Beratungsarbeit setzt an konkreten Situationen der Eltern mit dem Baby an, um gemeinsam nach Handlungsmöglichkeiten zu suchen. Zum Teil kommen hierbei Videoaufzeichnungen zum Einsatz.	Auswertung der Dokumentationen der Fachstelle durch eine Controlling-Stelle	http://www. karlsruhe.de/ fb4/ einrichtungen/ fruehehilfen/ projekt

Name des Projekts	Wer bietet an?	Land/ Region/ Ort	Zielgruppe	Zielsetzung	Methodik	Maßnahmen der Qualitätssicherung	URL
14.) „PräSta" – Präventive Starthilfen für Kinder	Projekt des Landkreises Dillingen und des Erziehungs- und Jugendhilfeverbunds Dillingen, angegliedert an den sozialpädagogischen Fachdienst, Koordinatorin: Karin Breumair	Bayern	Familien mit Kindern von 0-3 Jahren, deren Entwicklung gefährdet erscheint (z.B. junge Eltern, Eltern in schwierigen Lebenssituationen, Eltern mit psychischen Erkrankungen)	Früherkennung riskanter Lebenslagen, Minderung von Risiken durch Beratung und Unterstützung, Anleitung der Eltern bei der Förderung ihrer Kinder, Sicherung der Grundversorgung für Kinder	Kostenlose Beratung und Begleitung der Eltern, Hilfe wird aufsuchend angeboten. Es besteht eine Kooperation zum Gesundheitswesen (z.B. Geburtskliniken) und zu sozialen Fachstellen (z.B. Beratungsstellen). Durch Fachkräfte soll eine fachlich fundierte Einschätzung des Gefährdungsrisikos der Säuglinge und Kleinkinder erfolgen, die Unterstützung der Familie erfolgt über ehrenamtliche Helfer, die wiederum von Fachkräften begleitet und geschult werden.	nicht bekannt	http://www. eb-dillingen.de/ index-Dateien/ Zwischen bericht% 2011-2007.doc

Name des Projekts	Wer bietet an?	Land/ Region/ Ort	Zielgruppe	Zielsetzung	Methodik	Maßnahmen der Quali- tätssicherung	URL
15.) „Mobi- le" – Frühe Hilfen für junge Mütter und Väter in schwierigen Lebenslagen	Kreisju- gendamt Bodensee- kreis in Kooperation mit der Stadt Fried- richshafen	Baden- Württem- berg	junge schwange- re Frauen und Eltern mit Kleinstkin- dern, deren Lebenssi- tuation so prekär ist, dass eine engma- schige Begleitung und Beratung notwendig ist, um eine Kindes- wohl- gefährdung zu verhin- dern	Schaffung eines Netzwer- kes im gesamten Boden- seekreis zum präventiven Kinderschutz.	Im Zusammenschluss mit unterschiedlichen Trägern, Hebammen, GynäkologInnen und KinderärztInnen soll eine Gefährdung der Kinder so frühzeitig wie möglich erkannt und verhindert werden.	nicht bekannt	http:// brc.bodensee kreis.de/ 606.html?&no_ cache=1&L=& tx_ttnews%5 Barc%5D=1& tx_ttnews%5 BpL%5D=2678 399&tx_ttnews %5BpS%5D= 1196463600& tx_ttnews%5Btt _news%5D=10 53&tx_ttnews% 5BbackPid%5D =18&cHash= 3f1b8ec027

Name des Projekts	Wer bietet an?	Land/ Region/ Ort	Zielgruppe	Zielsetzung	Methodik	Maßnahmen der Qualitätssicherung	URL
16.) „Opstapje"	Opstapje Deutschland e.V., Konzept stammt aus den Niederlanden	bundesweit	Kleinkinder ab 18 Monate sowie deren Eltern, in erster Linie sozial schwache Familien sowie Familien mit Migrationshintergrund	Vorhandene Ressourcen sollen aufgezeigt und gestärkt werden („Empowerment"), es sollen Familien erreicht werden, die andere Angebote der Familienbildung und Erziehungshilfe nicht in Anspruch nehmen.	Teilnahme dauert 18 Monate und findet überwiegend zu Hause statt. Stärkung der Eigenverantwortung und Selbstständigkeit.	Verein Opstapje e.V. Qualitätssicherung.	http://www. opstapje.de/

Name des Projekts	Wer bietet an?	Land/ Region/ Ort	Zielgruppe	Zielsetzung	Methodik	Maßnahmen der Qualitätssicherung	URL
17.) „Mama-Baby-Hilfe"	Monika Wagner und Claudia Nolan (Sozialpädagoginnen des Frère-Roger-Kinderzentrums) in Kooperation mit Hebammen, Ärzten und Pflegepersonal der Geburtskliniken im Josefinum und Zentralklinikum Augsburg	Bayern	Mütter und Familien, die sich durch die Geburt eines Kindes in einer schwierigen Lebenssituation befinden	Vermittlung von Hilfe zur Erziehung, Stärkung der Eltern, um sie nachhaltig auf das Elternsein vorzubereiten	Familien können sich unmittelbar nach der Geburt an das Projekt wenden, woraufhin direkt Kontakt zur Mutter aufgenommen wird. Die Betreuung der Eltern umfasst Beratung, alltägliche Unterstützung, die Vermittlung einer Betreuung für Kleinkinder, Beschaffung von Kleidung, Unterstützung bei Behördengängen und Anleitung bei der Versorgung des Babys. Die Alltagsunterstützung findet durch ehrenamtliche Familienpaten statt.	nicht bekannt	nicht bekannt

Name des Projekts	Wer bietet an?	Land/ Region/ Ort	Zielgruppe	Zielsetzung	Methodik	Maßnahmen der Qualitätssicherung	URL
18.) „Familien mit muslimischem Hintergrund wirksam erreichen"	Durchführung: Deutsches Jugendinstitut (DJI) Förderung: Bundesministerium für Familie, Senioren, Frauen und Jugend (BMFSFJ)	Bayern	Familien mit muslimischem Hintergrund, häufig sozial ausgegrenzt	Familienunterstützende Angebote sollen auch für Familien mit muslimischem Hintergrund besser und nachhaltiger zugänglich gemacht werden.	Durchführung von Workshops mit Familienbildungs- und Familienberatungsträgern, bei denen die momentane Praxis beispielhaft analysiert wird und das Wissen der Verbände in diesem Bereich gesammelt und als „Leuchtturmprojekte" dargestellt wird. Dadurch können förderliche und hinderliche Faktoren der Nutzung familienunterstützender Angebote identifiziert werden, aufgrund derer eine Handreichung erstellt wird, die als Praxisinstrument dienen soll.	wissenschaftliche Begleitung durch das Deutsche Jugendinstitut (DJI) (Dr. Barbara Thiessen)	http://www. dji.de/ cgi-bin/ projekte/ output.php? projekt=810

Name des Projekts	Wer bietet an?	Land/Region/Ort	Zielgruppe	Zielsetzung	Methodik	Maßnahmen der Qualitätssicherung	URL
19.) Kinderschutz bei hochstrittiger Elternschaft – Kinder und Jugendliche stärken und schützen	Deutsches Jugendinstitut (DJI) in Kooperation mit dem Institut für angewandte Familien-, Jugend- und Kindheitsforschung der Universität Potsdam (IFK) und der Bundeskonferenz für Familienbildung	Bayern und Brandenburg	Kinder und Jugendliche, die eine „hochstrittige Elternschaft" erleben	Entwicklung von zielgruppenorientierten Diagnosetools und Unterstützungsprogrammen, die die Schäden für Kinder in Fällen hochstrittiger Elternschaft minimieren und die Arbeit der beteiligten Institutionen erleichtern sollen.	Rekonstruktion und Analyse der Entstehungshintergründe von hochstrittigen familialen Konfliktsituationen, um darauf bezogene Interventionen zu entwickeln und zu erproben, Eingreifen bei eskalierenden Elternkonflikten (z.B. Trennung, Scheidung), Prävention von Kindeswohlgefährdung.	wissenschaftliche Begleitung durch das Institut für angewandte Familien-, Jugend- und Kindheitsforschung der Universität Potsdam (IFK) und die Bundeskonferenz für Familienbildung	http://www.dji.de/cgi-bin/projekte/output.php?projekt=458

Name des Projekts	Wer bietet an?	Land/ Region/ Ort	Zielgruppe	Zielsetzung	Methodik	Maßnahmen der Quali- tätssicherung	URL
20.) „Zu- kunft für Kinder in Düsseldorf"	Präventions- projekt der Landes- hauptstadt Düsseldorf	Nordrhein- Westpha- len	Familien nach der Geburt eines Kindes	Fachlich und organisato- risch optimierte Vernet- zung der in Düsseldorf bereits zur Verfügung stehenden Hilfen und Angebote (Kliniken, Hebammen, Sozialdienste, Kinderärzte, Kindertages- einrichtungen, Beratungs- stellen, Angebote des Gesundheitsamtes Förder- angebote), um tatsächlich betroffene Kinder zu erreichen.	Identifizierung von „hoch- Risiko-belasteten" Müttern schon in der Schwangerschaft oder während des Aufenthalts auf den geburtshilflichen Stationen . Schaffung von frühen Zugangswegen zur frühen Hilfestellung (z.B. durch Hebammen). Nach der Geburt Anmeldung des Kindes im Projekt.	wissenschaft- liche Beglei- tung und Evaluation durch das Universitäts- klinikum Ulm (Dr. Ute Ziegenhain, Prof. Dr. med. Jörg Fegert)	http://www. duesseldorf. de/ gesundheit/ zukunft_ fuer_kinder/ index.shtml

Name des Projekts	Wer bietet an?	Land/ Region/ Ort	Zielgruppe	Zielsetzung	Methodik	Maßnahmen der Quali- tätssicherung	URL
21.) Haus der Familien	Institut für Sozialpäda- gogische Forschung Mainz e.V. im Auftrag des Ministe- riums für Arbeit, Soziales, Familie und Gesundheit Rheinland- Pfalz	Rhein- land-Pfalz	Unter- schiedliche Zielgrup- pen	Schaffung von Mehrgene- rationenhäusern in Rhein- land-Pfalz	Niedrigschwelliges Angebot, das auf einer räumlichen Zusammenführung verschie- dener Angebote (z.B. Drogen- beratung, Schwangerschafts- beratung) basiert. Begeg- nungsmöglichkeiten für Alt und Jung sollen geschaffen werden. Angebote ja nach regionalem Bedarf.	wissenschaft- liche Bera- tung und Begleitung der Entwick- lung der Mehrgenera- tionenhäuser durch das Institut für Sozialpäda- gogische Forschung Mainz e.V.	http://www. vivafamilia. de/fileadmin/ downloads/ Konzept_ MGH_Haus_ der_Familie. pdf

Name des Projekts	Wer bietet an?	Land/ Region/ Ort	Zielgruppe	Zielsetzung	Methodik	Maßnahmen der Quali-tätssicherung	URL
22.) *Eltern-Kind-Zentren*	Bundesmi-nisterium für Familie, Senioren, Frauen und Jugend	Hamburg	Fokus auf sozial benachtei-ligte Eltern und deren Fragen zur Lebensbe-wältigung	Förderung und Beratung von Eltern mit Kindern unter drei Jahren durch Förder-, Bildungs- und Beratungsangebote	Errichtung von Eltern-Kind-Zentren (EKiZ), die an Kindertagesstätten angebun-den sind, Schaffung von Elternbildungs-, Informations- und Beratungsangeboten, Eltern-Kind-Clubs und Spiel- und Lernstunden für Kinder. Konzept folgt dem englischen Vorbild der „Early Excellence Centres"	wissenschaft-liche Beglei-tung durch die Fakultät für Erziehungs-wissenschaf-ten, Psycho-logie und Bewegungs-wissenschaf-ten (Prof. Dr. Benedikt Sturzenhecker , Dr. Elisabeth Richter)	http://www. hamburg.de/ eltern-kind-zentren/ 118674/ eltern-kind-zentren.html
23.) *Willkom men im Leben*	Familienmi-nisterium des Landes Nordrhein-Westfalen	Stadt Dorma-gen (NRW)	alle Familien mit Kin-dern bis zu drei Jahren	Verbesserung der Inan-spruchnahme der beste-henden Beratungs- und Hilfsangebote, Vermei-dung von Kindeswohlge-fährdung durch frühzeitige Hilfsangebote und Inter-vention, Wandlung des Jugendamtsimage	Hausbesuche aller Familien mit Säuglingen von Sozialar-beitern des Jugendamtes, Anschreiben der Eltern, die ihre Kinder nicht zum Kinder-garten angemeldet haben, Baby-Begrüßungspaket.	wissenschaft-liche Beglei-tung durch das Institut für soziale Arbeit e.V.	http://www. soziale-fruehwarm systeme.de/ orte/ Dormagen. html

Name des Projekts	Wer bietet an?	Land/ Region/ Ort	Zielgruppe	Zielsetzung	Methodik	Maßnahmen der Quali- tätssicherung	URL
24.) Will-kommen in Mainz	Deutscher Kinder-schutzbund Mainz e.V.	Stadt Mainz (Rhein-land-Pfalz)	alle Familien mit Neuge-borenen in Mainz	Eltern mit neu geborenen Kindern soll die neue Situation erleichtert werden. Verbesserung der Inan-spruchnahme der beste-henden Hilfsangebote, Vorbeugung von Überfor-derungssituationen.	Familien mit neu geborenen Kindern in Mainz können durch geschulte ehrenamtliche Mitarbeiter-Innen besucht werden, um umfangreiche Informationen rund um das Thema Baby, Erziehung und Organisation zu erhalten. Dadurch soll den Eltern der Start ins Familien-leben erleichtert werden.	wissenschaft-liche Beglei-tung durch das Institut für Erzie-hungswissens chaft der Johannes Gutenberg-Universität Mainz (Prof. Dr. Franz Hamburger)	http://www. kinderschutz bund-mainz. de/?q= einrichtungen-willkommen-in-mainz

Name des Projekts	Wer bietet an?	Land/ Region/ Ort	Zielgruppe	Zielsetzung	Methodik	Maßnahmen der Quali-tätssicherung	URL
25.) „Bil-dung und Entwick-lungsförderu ng für Kinder im Alter von 0 bis 4 Jah-ren" (BilKi)	Gemein-schaftsproje kt der Stadt Mannheim, Fachbereich Kinder, Jugend und Familie und des Zent-rums für Klinische Psychologie und Rehabi-litation der Universität Bremen	Stadt Mann-heim (Baden-Württem-berg)	Kinder im Alter von 0-4 Jahren	Genaue Diagnose des realisierten Entwicklungs-standes des Kindes zur gezielten, intensiven und möglichst frühen Förde-rung. Erarbeitung eines Entwicklungsdokumenta-tionssystems, das den pädagogischen Fachkräf-ten ermöglicht, günstige und ungünstige Entwick-lungsverläufe bei Kindern zu erkennen.	Systematische Erfassung, Dokumentation und Auswer-tung der Entwicklung der Kinder, ihrer Betreuung und Pflege und ihrer Interaktionen und Bildungsaktivitäten, um danach ein individuelles Förderungsprogramm zu erstellen.	wissenschaft-liche Beglei-tung durch die Universität Bremen	http://www. mannheim.de/ io2/browse/ Webseiten/ gesundheit/ familie/ mannheimer _ buendnis fuer_familie/ familienfreund liches_ma/ ausgezeichnet_ de.xdoc#Bilki

Name des Projekts	Wer bietet an?	Land/ Region/ Ort	Zielgruppe	Zielsetzung	Methodik	Maßnahmen der Qualitätssicherung	URL
26.) Wellcome	Gründerin: Rose Volz-Schmidt, Alleiniger Gesellschafter: Evangelisch-Lutherischer Kirchenkreis Niendorf, verschiedene Förderer und Kooperationspartner	Hamburg, Schleswig-Holstein, Niedersachsen, Berlin, Dresden, Sachsen-Anhalt, Hessen, Baden-Württemberg, Mecklenburg-Vorpommern, NRW, Sachsen, Thüringen, Rheinland-Pfalz	Mütter mit ihren Babys, die keine Hilfe durch Familie oder Freunde erhalten	Unterstützung und Entlastung von Müttern, die sonst keine Hilfe durch Familie oder Freunde haben, Vorbeugung von Krisen und Unterstützung einer positiv emotionalen Bindung zum Neugeborenen.	Ehrenamtliche MitarbeiterInnen betreuen jeweils für einige Wochen eine Mutter, um diese zu entlasten; Hilfe bei alltäglichen Arbeiten, Begleitung der Mutter zum Kinderarzt.	Qualitätskontrolle in Planung	http://www.wellcome-online.de/cgi-bin/adframe/index.html

Name des Projekts	Wer bietet an?	Land/ Region/ Ort	Zielgruppe	Zielsetzung	Methodik	Maßnahmen der Quali- tätssicherung	URL
27.) Familienzentrum in NRW	Institut für soziale Arbeit e.V. (ISA)	Nordrhein-Westphalen	Familien mit Kindern	Stärkung der Erziehungskompetenz der Eltern, Verbesserung der Vereinbarkeit von Familie und Beruf durch Bildung eines Netzwerks verschiedener familien- und kinderunterstützender Angebote in einem Zentrum	Betreuung und Bildung sowie Beratung und Unterstützung in dafür eingerichteten Familienzentren mit Tageseinrichtungen für Kinder; Gewährleistung von Information und Hilfe in allen Lebenslagen.	Gütesiegel „Familienzentrum NRW"	http://www. familien zentrum. nrw.de/
28.) Netzwerk für Frühprävention, Sozialisation und Familie – KiNET	Eigenbetrieb Kindertageseinrichtungen Landeshauptstadt Dresden, Trägerverbund: Omse e.V., Lebenshilfe e.V., apfe e.V.	Sachsen	Familien sowie ErzieherInnen und LeiterInnen von Kindertagesstätten	Entwicklung eines sozialraumorientierten Konzeptes für Frühprävention	Analyse und Beschreibung von Stadtteilen, um besonderen Unterstützungsbedarf zu erkennen. Datenerhebung durch Interviews mit Familien, Erziehern/innen und Leitern/innen von Kindertagesstätten.	wissenschaftliche Begleitung durch die Evangelische Hochschule Dresden (Prof. Günther Robert)	http://www. apfe-institut. de/index. php?article_ id=63

Name des Projekts	Wer bietet an?	Land/ Region/ Ort	Zielgruppe	Zielsetzung	Methodik	Maßnahmen der Quali- tätssicherung	URL
29.) *Kleine Hilfen - große Wirkung*	Sozialdienst katholischer Frauen (SkF), Sozialdienst katholischer Männer (SkM) Aachen	NRW	belastete Familien, vor allem Alleiner- ziehende, Familien mit vielen Kindern	alltagsentlastende Unter- stützung für belastete Familien.	Entlastung durch ehrenamtli- che Familienpatenschaften. Paten sollen den Alltag der Familie mehrere Stunden pro Woche stabilisieren und begleiten sollen. Vermittlung durch stufenweises Kennen- lernen. Fachliche Begleitung und Fortbildung der Paten.	nicht bekannt	http://www. caritas.de/ 40582.html# kleine_hilfen
30.) *Fami- lienstart*	Zusammen- arbeit Centrum für Bürger- schaftliches Engagement (CBE) und Caritas Sozialdiens- te Mülheim an der Ruhr	Mülheim an der Ruhr (NRW)	junge Familien und Alleiner- ziehende mit Kin- dern im Alter von 0-3 Jahren	Vermeidung von Überfor- derung der Familien durch die neue Lebenssituation, Begleitung der Familien in alltäglichen Angelegenhei- ten wie Behördengängen, Wohnungseinrichtung oder Versorgung des Kindes.	Unterstützung der Familien durch ehrenamtliche/n Patln- nen, die regelmäßig geschult und fachlich begleitet werden und sich untereinander austau- schen können.	nicht bekannt	http://www. caritas- muelheim.de/ kinder- jugend-a- familien/ familienstart. html

Name des Projekts	Wer bietet an?	Land/ Region/ Ort	Zielgruppe	Zielsetzung	Methodik	Maßnahmen der Quali- tätssicherung	URL
31.) Eltern-führerschein – für einen guten Start ins Leben	Katholische Schwanger-schaftsberat ung Caritas-Zentrum Heilbronn/ Haus der Familie Heilbronn	Heilbronn (Baden-Württem-berg)	Erstgebä-rende Frauen, Eltern mit Neugebo-renen, die psychoso-zialen und sozioöko-nomischen Belastun-gen ausgesetzt sind	Beratung über Elternkom-petenzen schon in der Schwangerschaft, Infor-mationsvermittlung über Themen der Säuglings-pflege und -ernährung, Informationsvermittlung über Entwicklung des Kindes im ersten Lebens-jahr, Sensibilisierung für Bedürfnisse des Kindes, Förderung sozialer Netzwerke	Vermittlung über Beratungs-stellen, Kinderkliniken usw., Gutscheine für Elternbil-dungskurse, zugeschnitten auf Lebenssituation der Teilneh-mer, Vernetzung von Mitar-beitern unterschiedlicher Berufsgruppen.	nicht bekannt	http://www. caritas.de/ 40583.asp?id =25&page=1 &area=dcv& tid=78
32.) Babynest – leichter Start mit Kind	Bildungs-werk der Erzdiözese Köln in Kooperation mit dem DiCV Köln	Köln (NRW)	Mütter mit ihren Babys und Kleinkin-dern von von 8 Wochen bis 2 Jahren in eher bildungs-fernen Milieus	Verbindung von Erwach-senenbildung und Klein-kindpädagogik	Eltern-Kind-Kurse mit Be-rücksichtigung der Interessen und Lerngewohnheiten einer eher bildungsfernen Teilneh-mergruppe. Vermittlung von Informationen und Ratschlä-gen und Möglichkeit zum Erfahrungsaustausch.	wissenschaft-liche Beglei-tung durch die Universitäten Düsseldorf und München	http://www. caritas.de/ 40583.asp?id =27&page=1 &area=dcv& tid=78

Name des Projekts	Wer bietet an?	Land/ Region/ Ort	Zielgruppe	Zielsetzung	Methodik	Maßnahmen der Quali- tätssicherung	URL
33.) *Mutter-Kind-Treff OASE*	Caritasverbund für die Stadt Münster e. V.	Stadt Münster (NRW)	junge, sozial benachtei- ligte Mütter, oft ausländi- scher Herkunft	Unterstützung der Mütter, ein soziales Netz in ihrem Nahraum aufzubauen, um einen Erfahrungsaustausch zu ermöglichen. Abbau von Schwellenängsten für eine eventuell indizierte zukünftige Inanspruch- nahme sozialer Dienstlei- tungen.	Wöchentlicher Treff für Mütter und ihre Kinder unter der Leitung von zwei Mitar- beiterinnen aus der Erzie- hungsberatungsstelle und der sozialpädagogischen Fami- lienhilfe, mit beratender und informierender Funktion.	nicht bekannt	http://www. caritas.de/ 40583.asp?id =70&page=1 &area=dcv& tid=78

Name des Projekts	Wer bietet an?	Land/ Region/ Ort	Zielgruppe	Zielsetzung	Methodik	Maßnahmen der Quali- tätssicherung	URL
34.) Safety – geborgen bei mir	Erziehungs- und Schwange- ren- beratungs- stelle der Caritas Nürnberg	Nürnberg (Bayern)	Prinzipiell alle jungen Eltern, die Interesse haben; Schwange- re im letzten Schwan- gerschaftsd rittel, Eltern in schwieri- gen Lebensla- gen, Eltern von Kindern mit ge- sundheitlic hen Beeinträch- tigungen, Eltern, die selbst keine gute Kindheit hatten.	Stärkung der Elternkom- petenz, Förderung der Eltern-Kind-Bindung, Stärkung der Sensibilität für Bedürfnisse, Vermitt- lung von Informationen über den Entwicklungs- stand ihres Kindes.	Gruppenarbeit und Einzelbera- tung, Videoaufzeichnungen und deren Analyse, Zusam- menarbeit mit Schwanger- schaftsberatungsstellen, Erziehungsberatung, Frauen- häusern, Mutter-Kind-Häusern	nicht bekannt	http://www. caritas- rose.com/ 40583.asp?id =36&page=2 &area=dcv& tid=78

Name des Projekts	Wer bietet an?	Land/ Region/ Ort	Zielgruppe	Zielsetzung	Methodik	Maßnahmen der Quali- tätssicherung	URL
35.) *PAULA – Patent und lebensprak- tisch im Alltag*	IN VIA Katholische Mädchenso- zialarbeit für die Diözese Osnabrück e.V.	Landkreis Osnab- rück (Nieder- sachsen)	junge Mütter (in einem Stadtteil mit über- durch- schnittlich hoher Arbeitslo- sigkeit)	Verbesserung der Bezie- hung zwischen Mutter und Kind, Kennenlernen des Netzwerkes vor Ort, Vermittlung von lebens- praktischen Kompetenzen (Finanzen, Einkauf, Haushaltsführung usw.)	Zehnwöchiger, kostenloser Kurs (Treffen einmal wö- chentlich), geleitet von einer Familientherapeutin. Inhalte: Video-Home-Training, Anlegen von Haushaltsbü- chern, Aufsuchen verschiede- ner Unterstützungseinrichtun- gen, Methoden zur Stärkung der Erziehungskompetenzen (z.B. Positivtagebuch), gemeinsamer Einkauf und gemeinsames Kochen, Zu- sammenarbeit mit einer Hebamme (Anbieten von Babymassage).	nicht bekannt	http://www. caritas-rose. com/ 40583.asp? id=45&page =2&area= dcv&tid=78

Name des Projekts	Wer bietet an?	Land/ Region/ Ort	Zielgruppe	Zielsetzung	Methodik	Maßnahmen der Quali- tätssicherung	URL
36.) EL- TERN STÄRKEN – Jugendamt und Eltern im Dialog	Jugendamt Dortmund	Dortmund (NRW)	Mütter und Väter	Kinderschutz ist nur möglich, wenn auch die Eltern geschützt werden, deshalb Stärkung der Eltern	Dialogische Seminare zur Erweiterung der elterlichen Kompetenz. Die Eltern lernen, mit Unterstützung der Gruppe, ihr Erziehungsverhalten zu reflektieren und zu verändern. Spezielle Seminare für dro- genabhängige, substituierte Mütter. Ausbildung von Dialogbeglei- tern, oft auch mit Migrations- hintergrund.	nicht bekannt	http://sfbb. berlin- brandenburg. de/sixcms/ media.php/ bb2.a.5723.de/ 04Dialog%20 mit%20Eltern% 20innovatives% 20Konzept%20 aus%20Dort mund%202.pdf

Name des Projekts	Wer bietet an?	Land/ Region/ Ort	Zielgruppe	Zielsetzung	Methodik	Maßnahmen der Quali- tätssicherung	URL
37.) *Mutter-Kind-Café*	Familienhil-fezentrum des Caritas-verbandes Solingen	Solingen (NRW)	junge Mütter, „Teenage-Mütter"	niedrigschwelliges Projekt, das Müttern die Möglichkeit bieten soll, Kontakte zu knüpfen, sich zu entspannen und Entlas-tungsmöglichkeiten zu finden.	fachliche Beratung (finanzielle Fragen, Versorgung von Kleinkindern), Förderung von Selbsthilfepotenzialen, Gruppengespräche zur Ver-meidung von Isolation.	nicht bekannt	http://www. caritas-rose. com/ 40583.asp?id= 35&page=2& area=dcv&tid= 78

Name des Projekts	Wer bietet an?	Land/ Region/ Ort	Zielgruppe	Zielsetzung	Methodik	Maßnahmen der Quali- tätssicherung	URL
38.) *Kinder- und Fami- lienzentrum „Blauer Elefant" Katernberg*	Deutscher Kinder- schutzbund Ortsverband Essen e.V.	Essen (NRW)	vorwie- gend Kinder alleinerzie- hender Elternteile sowie Kinder aus Familien in Krisen- und Notsituati- onen, prinzipiell aber alle Kinder aus dem Stadtteil	Unterstützung der Fami- lien durch vielschichtige Angebote	Kombination aus Kindergarten und offenem Angebot, beste- hend aus Betreuungsplätzen in Kindertagesstätten, Hausauf- gabenbetreuung, integrierte Erziehungsberatungsstelle. Freizeitgestaltung und Nut- zung des Fahrdienstes sowie weitere Angebote für Familien und Eltern und die Vermitt- lung von Tagesmüttern	nicht bekannt	http://www. flexiblekinder betreuung.de/ pdf/blau_ elefant.pdf
39.) *„Netz- werk Frühe Hilfen" Harburg*	Jugendhilfe und Sozial- psychiatri- sche Betreu- ung im Kirchenkreis Harburg	Hamburg	Familien, Mütter und Väter mit Kindern im Säuglings- und Kleinkind- alter	Optimierung des Fami- lienalltags und der Eltern- Kind-Beziehung, gesunde Entwicklung des Kindes	Veranstaltungen und Grup- penangebote	nicht bekannt	http://www. margareten hort.de/pdf/ fruehe Hilfen.pdf

Name des Projekts	Wer bietet an?	Land/ Region/ Ort	Zielgruppe	Zielsetzung	Methodik	Maßnahmen der Quali- tätssicherung	URL
40.) *Mo.Ki – Monheim für Kinder*	Jugendamt der Stadt Monheim am Rhein	Monheim am Rhein (NRW)	Kinder und deren Familien	Prävention als aktive Steuerung und Gestaltung, Aufbau eines Netzwerks mit zahlreichen Koopera- tionspartnern; Kindern eine Entwicklungs- und Bildungskarriere ermögli- chen, Abmildern des Zusammenhangs zwischen sozialer Herkunft und Bildungserfolg.	Präventionskette von der Geburt bis zur Berufsausbil- dung, bei der Familien über institutionelle Übergänge hinweg begleitet werden, um Eltern zu unterstützen und Kinder möglichst früh zu stärken.	nicht bekannt	http://www. monheim.de/ moki/
41.) *Haus- besuchsan- gebot des Kinder- und Jugend- gesundheits- dienstes Steglitz- Zehlendorf/ Projekt „Ich bin stark im Babyjahr"*	Weg der Mitte e. V.	Berlin	sozial benachtei- ligte junge Eltern, minderjäh- rige Mütter, MigrantIn- nen und allein erziehende Elternteile	Vermittlung von Wissen über kindliche Entwick- lung, Fokussierung von entwicklungsfördernden Faktoren in der Familie, Entlastung und Unterstüt- zung der Eltern, Stärkung der Erziehungskompetenz	Ersthausbesuchsdienst mit Case Management Funktion in Verbindung mit Familienhilfe und Gruppenangeboten	nicht bekannt	http://www. wegdermitte. de

Name des Projekts	Wer bietet an?	Land/ Region/ Ort	Zielgruppe	Zielsetzung	Methodik	Maßnahmen der Quali- tätssicherung	URL
42.) „Haus des Säug- lings"	Gesund- heitsamt Charlotten- burg- Wilmersdorf	Berlin	Familien mit Säug- lingen	Beratung und Hilfe für Eltern, Vermittlung von Wissen über Pflege von Säuglingen und Kleinkin- dern, Aufbau einer guten Eltern-Kind-Beziehung, soziale Integration	Kombination aus Hausbe- suchsdienst, Gruppenangebo- ten und ärztlicher sprechstun- denaufsuchender Elternhilfe	nicht bekannt	http://www. berlin.de/ ba-charlotten burg- wilmersdorf/ org/gesund heit/haus_des _saeuglings. html
43.) „Tau- send und keine Nacht"	Entwick- lungs- psychologi- sche Bera- tungsstelle Regensburg	Oberp- falz, Nieder- bayern (Bayern)	Eltern mit Kindern im Alter von 0-3 Jahren	Familien so früh errei- chen, dass sich negative Interaktionsmuster und Kreisläufe noch nicht verhärtet haben.	Beratung, Interaktionsbe- obachtung, Video-Feedback	nicht bekannt	http://www. dji.de/cgi-bin/ projekte/ output.php? projekt=693& Jump1=LINK S&Jump2=30

Name des Projekts	Wer bietet an?	Land/ Region/ Ort	Zielgruppe	Zielsetzung	Methodik	Maßnahmen der Quali- tätssicherung	URL
44.) „SA-FE®– Sichere Ausbildung für Eltern"	Hauner Verein in Kooperation mit der Abteilung für Pädiatri-sche Psy-chosomatik und Psycho-therapie der Kinderklinik und Polikli-nik im Dr. Haunerschen Kinderspital der Ludwig-Maximi-lians-Universität München	München (Bayern)	werdende Eltern	Förderung einer sicheren Beziehung zwischen Eltern und Kind, Verhin-derung der Weitergabe von traumatischen Erfah-rungen über Generationen.	Beratung, Anleitung und Wissensvermittlung sowie Therapie	wissenschaft-liche Beglei-tung durch die Ludwig-Maximilians-Universität München	http://www.safe-programm.de/

Name des Projekts	Wer bietet an?	Land/ Region/ Ort	Zielgruppe	Zielsetzung	Methodik	Maßnahmen der Quali- tätssicherung	URL
45.) *Ambu- lante Erziehungs- hilfen – Beratung und prakti- sche Hilfe für Familien und Allein- erziehende (AEH)*	Netzwerk Genrut und Familie e. V.	München (Bayern)	Familien mit Neuge- borenen und Kleinkin- dern sowie Familien, die von Gehörlo- sigkeit betroffen sind	Unterstützung bei Erzie- hungsaufgaben und der Bewältigung von Krisen, Vermittlung zu Ämtern und Institutionen, soziale Integration.	Kooperation innerhalb des Vereins mit dem Mobilen Hilfedienst, dem Café Netz- werk (Qualifizierungs- und Beschäftigungsbetrieb für Mütter) und der Beratungsstel- le für Natürliche Geburt und Eltern Sein e. V.	nicht bekannt	http://www. kinderschutz. de/angebote/ alphabetisch/ aeh
46.) *EKiB – Entwicklung von Kindern in Bezie- hung, Netzwerk gesunde Kinder*	Klinik für Kinder- und Jugendme- dizin Lauchham- mer der Klinikum Niederlau- sitz GmbH	Oberspree- spree- wald, Lausitz (Bran- denburg)	alle Familien des Land- kreises Ober- spreewald, Lausitz	Präventiver Beitrag zur Förderung der seelischen, körperlichen und geistigen Entwicklung von Kindern.	Begleitung durch ehrenamtli- che PatInnen	nicht bekannt	http://www. ekib.info/ ziele.php
47.) *„Ade- bar'' – Familien- zentrum*	Gemeinwese narbeit St. Pauli Süd e.V.	St. Pauli, Hamburg	Familien mit beson- deren psychoso- zialen Risiken	Verbesserung der sozialen und gesundheitlichen Situation der Familien, Stärkung von Erziehungs- und Alltagsbewältigungs- kompetenzen	Kombination aus verschiede- nen aufsuchenden und nicht aufsuchenden Angeboten, Methoden unterschiedlich je nach Angebotsbestandteil	nicht bekannt	http://www. adebar-st- pauli.de/

Name des Projekts	Wer bietet an?	Land/ Region/ Ort	Zielgruppe	Zielsetzung	Methodik	Maßnahmen der Quali-tätssicherung	URL
48.) Frühbe-ratungsstelle – Haus der Familien	Amt für Soziale Dienste in Kooperation mit der Fachbera-tung des ASD	Bremen	Familien mit Kin-dern im Alter von 0-3 Jahren.	frühest mögliche Errei-chung von psychosozial belasteten Familien mit Kindern.	Einzelberatung, Gruppenbera-tung, Diagnostik mit Videobe-obachtung und –analyse, eingebettet in ein Familien-zentrum		http://www.familiennetz-bremen.de/angebote/suche/anbieter/haus_der_familie_hemelingen_im_familien_zentrum_mobile/?no_cache=1

Name des Projekts	Wer bietet an?	Land/ Region/ Ort	Zielgruppe	Zielsetzung	Methodik	Maßnahmen der Quali-tätssicherung	URL
49.) Bremer Familien-hebammen	Sozialpädi-atrische Abteilung des Gesund-heitsamtes Bremen	Bremen	Schwange-re und Mütter mit Kindern bis zu einem Jahr mit besonderen gesundheit-lichen, medizini-schen oder psychoso-zialen Risiken	Gewährleistung der Pflege und Versorgung des Kindes, Gewinnung von Alltagspraxis	Beratung und Einzelfallhilfe durch Hebammen	nicht bekannt	http://www.bekd.de/dokumente/kinderkranken schwester 24_05_9_365.pdf
50.) Beglei-tung und Primärhilfe in Familien	AWO Soziale Dienste GmbH Westmeck-lenburg	Schwerin (Meck-lenburg-Vorpom-mern)	belastete Familien mit Säug-lingen	Gesundheitsförderung von Mutter und Kind	individuell, in aufsuchender Form	nicht bekannt	nicht bekannt

Name des Projekts	Wer bietet an?	Land/ Region/ Ort	Zielgruppe	Zielsetzung	Methodik	Maßnahmen der Quali- tätssicherung	URL
51.) Eltern stark machen in Mecklen- burg- Vorpom- mern	Deutscher Kinder- schutzbund Landesver- band Mecklen- burg- Vorpom- mern e.V.	Mecklen- burg- Vorpom- mern	Fachkräfte aus Be- rufsgruppe n im pädagogi- schen / psychoso- zialen Bereich, Familien mit Unter- stützungs- bedarf	Weiterentwicklung der Erziehungskompetenz sowohl auf der Seite der Fachkräfte, als auch auf der Seite der Eltern	Fortbildung und Supervision der Fachkräfte. Beratung, Vorträge, Gruppenarbeiten für die Familien	nicht bekannt	http://www. eltern-stark- machen.de/
52.) Aufsu- chende Familienhil- fe für junge Mütter, Netzwerk Familien- hebammen Niedersach- sen	Stiftung „Eine Chance für Kinder"	Nieder- sachsen	sozial benachtei- ligte Familien	soziale Integration, Gewinnung von Alltags- praxis, Aufbau einer guten Eltern-Kind-Beziehung	Betreuung, Beratung, Wis- sensvermittlung und medizini- sche Versorgung durch Familienhebammen und enger Kooperation mit der Jugend- hilfe	nicht bekannt	http://www. eine-chance- fuer- kinder.de/

Name des Projekts	Wer bietet an?	Land/ Region/ Ort	Zielgruppe	Zielsetzung	Methodik	Maßnahmen der Qualitätssicherung	URL
53.) *Soziales Frühwarnsystem Gütersloh*	Kooperation der Jugendhilfe und des Gesundheitswesens	Gütersloh (NRW)	Kinder im Alter von 0-3 Jahren und deren Eltern	Früherkennung von riskanten Entwicklungen bei Säuglingen und Kindern, Unterstützung und Begleitung bei besonderen Belastungen	Stillunterstützung, Beratung zum Thema Ernährung, Betreuung	nicht bekannt	http://www. sozialesfruehwarn system.de/
54.) *„Hebammen beraten Familien", Qualifizierungsmaßna hme in RheinlandPfalz*	Ministerium für Arbeit, Soziales, Gesundheit, Familie und Frauen des Landes RheinlandPfalz, gehört der Initiative VIVA FAMILIA an	Rheinland-Pfalz	Familien mit Unterstützungsbedarf	Stärkung des sozialpädagogischen Blicks von Hebammen und Hilfestellung von Familien in Alltagsproblemen	Begleitung der Familien während der Schwangerschaft und Geburt, Nachsorge und Weitervermittlung	wissenschaftliche Begleitung	http://www. vivafamilia. de/ fileadmin/ downloads/ Hebammen_ beraten_ Familien/ Abschluss bericht Anhang.pdf
55.) *Frühkindliche Entwicklungspsychologische Beratung*	Lebensberatungs-stelle Trier	Trier (RheinlandPfalz)	Eltern mit Säuglingen und Kleinkindern	Förderung der Eltern-Kind-Beziehung und der Erziehungskompetenzen, Prävention von Entwicklungsstörungen	situationsorientiert, bezogen auf konkrete Probleme	nicht bekannt	nicht bekannt

Name des Projekts	Wer bietet an?	Land/ Region/ Ort	Zielgruppe	Zielsetzung	Methodik	Maßnahmen der Quali- tätssicherung	URL
56.) Ent- wicklungs- psychologi- sche Bera- tung	Erziehungs- und Fami- lienberatung sstelle Pößneck, Familienbe- ratungsstelle der AWO in Jena	Thürin- gen	Eltern von Frühgebo- renen, Eltern von Kindern mit Regu- lations- oder Entwick- lungs- störungen, minderjäh- rige Eltern, Alleiner- ziehende	Prävention von Verhal- tensauffälligkeiten und Entwicklungsstörungen in der frühen Kindheit	Videogestützte Beratung, Wissensvermittlung	wissenschaft- liche Beglei- tung durch die Universität Ulm	http://www. thueringen.de/ imperia/ md/content/ tmsfg/ abteilung4/

Name des Projekts	Wer bietet an?	Land/ Region/ Ort	Zielgruppe	Zielsetzung	Methodik	Maßnahmen der Quali- tätssicherung	URL
57.) *Stadt- teilmütter Berlin- Neukölln*	Diakoni- sches Werk Neukölln- Oberspree	Berlin	Einwander erfamilien mit Kin- dern zwischen 0 und 12 Jahren sowie erwerbslo- se Migran- tinnen.	Ermutigung und Sensibili- sierung von Eltern, ihre Erziehungsverantwortung aktiv wahrzunehmen, Vermittlung zentraler Information zur frühkind- lichen Bildung, Förderung der Kommunikation zwischen Eltern und Kindertagesstätten und Grundschulen, Qualifizie- rung erwerbsloser Migran- tinnen.	Begleitung der Familien durch „Stadtteilmütter", die im Rahmen einer sechsmonatigen Schulung qualifiziert wurden. Jede Familie wird zehnmal besucht, wobei zehn Themen- schwerpunkte rund um Kindererziehung vermittelt werden.	interne Evaluation	http://www. bildungwerk. paritaet.org/ fachtagungen/ dokumente 2007/stadt teilmuetter. htm
58.) *Mütter für Mütter (MüfuMü) Berlin Moabit*	Diakoniege meinschaft Bethania e.V. Berlin- Moabit	Berlin	Familien mit Migra- tionserfahr ung in Berlin Moabit	Brücken zwischen isolier- ten Familien und Bera- tungsangeboten bauen, Vertrauen schaffen und ermutigen durch vielspra- chige, niedrigschwellige Angebote, Erweiterung der Erziehungskompetenz und Sprachförderung, Erkennen und Stärkung der Ressourcen der Familien	Aufsuchende Arbeit durch geschulte Multiplikatorinnen (Mütter) bei Familien, die isoliert leben und schwer erreichbar sind.	interne Evaluation	http://www. sozialestadt. de/praxis datenbank/ suche/ ausgabe. php?id=484

Name des Projekts	Wer bietet an?	Land/ Region/ Ort	Zielgruppe	Zielsetzung	Methodik	Maßnahmen der Quali- tätssicherung	URL
59.) Stadt- teilmütter Berlin Kreuzberg	Sozial- und Familienbe- ratungsstelle tam, Diako- nisches Werk Berlin Stadtmitte e.V.	Berlin	Interessier- te Familien mit und ohne Migrati- onshintergr und.	Bildungschancen von Kindern aus sozial be- nachteiligten Familien frühzeitig verbessern, Stärkung der Erziehungs- kompetenz der Eltern, Abbau der Zugangsbarrie- ren, berufliche Qualifizie- rung erwerbsloser Migran- tinnen.	Aufsuchende Arbeit durch geschulte Multiplikatorinnen („Stadtteilmütter")	wissenschaft- liche Beglei- tung durch die Berlin School of Public Health an der Charité Berlin	http://www. dw-stadtmitte. de/index.php? id=12
60.) Brücken bauen – Stadtteilmüt- ter in Köln- Mülheim	Christliche Sozialhilfe Köln e.V., Jugendamt Interkultu- reller Dienst, Köln.	Köln (NRW)	Frauen und Mütter mit und ohne Migrati- onshintergr und aus Köln- Mühlheim.	Schaffung von Perspekti- ven durch Empowerment	Aufsuchende Arbeit durch geschulte Multiplikatorinnen („Stadtteilmütter")	nicht bekannt	http://www. netzwerkmuel heim.de/ mapm.php? ID=125

Name des Projekts	Wer bietet an?	Land/ Region/ Ort	Zielgruppe	Zielsetzung	Methodik	Maßnahmen der Qualitätssicherung	URL
61.) Stadt-teilmütter in Fulda	Bürgerzent-rum Aschenberg, AWO Fulda	Fulda (Hessen)	Migrantin-nen und deren Familien	Vermittlung von Informa-tion und Bildung, Hilfe zur Selbsthilfe, Förderung der Integration.	Aufsuchende Arbeit durch geschulte Multiplikatorinnen („Stadtteilmütter"), die selbst Migrantinnen sind.	wissenschaft-liche Beglei-tung durch die Hochschule Fulda	http://www. fulda.de/ fileadmin/ buergerservice/ pdf_ frauenbuero/ Handbuch/ Migrantinnen/ ProjektStadt teilmuetter-Mi.pdf

Zusammenfassung

Die ersten drei Lebensjahre eines Kindes sind aus entwicklungspsychologischer Perspektive die intensivste Zeit des Lernens und können den Zugang zum Bildungssystem grundlegend öffnen. Gleichzeitig sind die ersten Lebensjahre auch mit großen Unsicherheiten auf Seiten der Eltern verbunden, da diese „alles richtig machen" und ihren Kindern eine positive Entwicklung ermöglichen möchten. Dieser Anspruch stellt eine Herausforderung dar, die auch zu Überforderungs- oder Überlastungssituationen führen kann. Aus diesen Erkenntnissen heraus wurden in den letzten Jahren bundesweit Projekte im Bereich der „Frühen Hilfen" ins Leben gerufen die darauf zielen, Eltern und Kinder in dieser frühen Phase kindlicher Entwicklung zu unterstützen.

Das in dieser Arbeit evaluierte Modellprojekt „Starke Mütter – Starke Kinder" des Deutschen Kinderschutzbundes Mainz e.V. ist dem sozialpädagogischen Handlungsfeld der „Frühen Hilfen" zuzuordnen und orientiert sich an den Bedürfnissen der Kinder in dieser sensiblen ersten Lebensphase. Zielsetzung des Projektes war es, die Erziehungskompetenz der Eltern zu erweitern und damit gleichermaßen Förderung für das Kind als auch Entlastung für die Eltern zu ermöglichen.

Die gewählte Methode der formativen Evaluation bot die Möglichkeit, wichtige Ergebnisse noch im Projektverlauf an die Projektleitung zurückzumelden. Erkenntnisse daraus konnten direkt in die konzeptionelle Weiterentwicklung des Projektes mit einfließen. Die vorliegende Dissertation zeigt die daraus resultierende Projektentwicklung der drei Jahre Projektlaufzeit auf und macht diese nachvollziehbar.

Die Arbeit ist in zwei Teile gegliedert. Der erste Teil beinhaltet einen Überblick über den Praxis- und Forschungsstand der Frühen Hilfen in Deutschland sowie eine ausführliche Darstellung der wissenschaftlichen Begleitung des Modellprojektes „Starke Mütter – Starke Kinder" und dessen Entwicklung hin zum Eltern-Kind-Kompetenzzentrum „El KiKo – international". Im zweiten Teil der Arbeit werden die Perspektiven der zentralen Akteurinnen, die im Projekt als „Erziehungspartnerinnen" und „begleitete Mütter" bezeichnet werden, anhand qualitativer Analysen eingehend reflektiert und Hinweise, die sich daraus für eine Weiterentwicklung insbesondere aufsuchender Angebote ergeben, herausgearbeitet. Die Arbeit endet mit einer Zusammenfassung sowie der Darstellung der sich aus den Ergebnissen dieser Arbeit ergebenden Forschungsdesiderate.

Ausbildungs- und Studienverlauf: Sabine Krömker

Persönliche Daten

Geburtsdatum:	12.05.1973
Geburtsort:	Ludwigshafen am Rhein
Staatsangehörigkeit:	deutsch
Familienstand:	verheiratet
Kinder:	Sohn Jakob Elias, geb. 31.01.2001
	Tochter Lya Rose, geb. 19.05.2004

Ausbildungsverlauf

1979-1983	Theodor-Heuss-Grundschule Mannheim
1983-1992	Peter-Petersen-Gymnasium Mannheim
1992	Abitur
1994-2002	Studium der Psychologie an der Universität Mannheim
	Abschluss: Diplom
	akademische Lehrer:
	Prof. Dr. Roland Mangold
	Prof. Dr. Theo Herrmann
2002	Diplom
2011	Dissertation an der Johannes Gutenberg-Universität Mainz (Tag des Prüfungskolloquiums: 10.08.11)
	akademischer Lehrer:
	Prof. Dr. Franz Hamburger

Berufstätigkeit

10/02-09/03	Wissenschaftliche Mitarbeiterin an der Klinik für Psychosomatik und Psychotherapeutische Medizin, Zentralinstitut für seelische Gesundheit, Mannheim
09/06-dato	Wissenschaftliche Mitarbeiterin am Institut für Erziehungswissenschaft der Johannes Gutenberg-Universität Mainz

Aus unserem Verlagsprogramm:

Sophia Rieder
Museen und Kindergärten – Gemeinsam für frühkindliche kulturelle Bildung in Museen
Eine explorative Studie zum Projekt des Bundesverbands Museumspädagogik e.V. und ein Beitrag zur Didaktik der Frühpädagogik
Hamburg 2011 / 266 Seiten / ISBN 978-3-8300-6076-5

Katharina Novotný
Freizeitverhalten von Jugendlichen mit Lernbeeinträchtigungen
Eine deskriptive Untersuchung von Schülern der Klassen 7 bis 9 an Schulen zur Lernförderung und Sonderpädagogischen Förderzentren in Mittel-, Ober- und Unterfranken
Hamburg 2011 / 424 Seiten / ISBN 978-3-8300-5862-5

Corinna Semmelhack
Ein „Forum" für Kinder psychisch kranker Eltern
Die Lebenswelt der Kinder und ein Ansatz zur Ergänzung sozialpädagogischer Angebote mittels neuer Medien
Hamburg 2011 / 224 Seiten / ISBN 978-3-8300-5839-7

Zih-Shian Chang
Die Frühförderung durch das Programm „Kleine Schritte und Yoga" in Familien mit Kindern mit Autismus-Spektrum-Störungen (ASS)
Eine Interventionsstudie in Taiwan und Deutschland
Hamburg 2011 / 276 Seiten / ISBN 978-3-8300-5738-3

Rahel Dreyer
Frühkindliche Bildung, Betreuung und Erziehung in Deutschland und Frankreich
Strukturen und Bedingungen, Bildungsverständnis und Ausbildung des pädagogischen Personals im Vergleich
Hamburg 2010 / 466 Seiten / ISBN 978-3-8300-4807-7

Nadine Öhding
Interaktive Experimentierstationen im Elementarbereich
Eine kategoriengeleitete Videostudie zur Analyse des Lern- und Arbeitsverhaltens von Kindergartenkindern im Vorschulalter an interaktiven Experimentierstationen
Hamburg 2009 / 330 Seiten / ISBN 978-3-8300-4654-7

Georg Schultz
Entwicklung, Bedürfnisse und Macht in der intensiven sozialpädagogischen Einzelbetreuung
Ein Beitrag zur Kinder- und Jugendhilfeforschung
Hamburg 2009 / 502 Seiten / ISBN 978-3-8300-4462-8

Hansjosef Buchkremer und Michaela Emmerich (Hrsg.)
Individualpädagogik im internationalen Austausch
Hamburg 2008 / 244 Seiten / ISBN 978-3-8300-3452-0

VERLAG DR. KOVAČ
FACHVERLAG FÜR WISSENSCHAFTLICHE LITERATUR

Postfach 57 01 42 · 22770 Hamburg · www.verlagdrkovac.de · info@verlagdrkovac.de